新时代地方高校人力资源管理的理论与实践研究

施　俊　著

中国矿业大学出版社
· 徐州 ·

内容提要

本书立足新时代高等教育改革背景，系统梳理地方高校人力资源管理的理论基础、历史进程与现状挑战，深入剖析国内外经验与本土问题，提出契合地方高校定位与教师发展需求的体制机制优化策略，旨在为破解地方高校发展瓶颈、提升人才效能提供理论与实践参考。

本书适合地方高校管理者、人力资源部门从业者、高等教育政策研究者及相关领域教师、学者阅读参考。

图书在版编目(CIP)数据

新时代地方高校人力资源管理的理论与实践研究 / 施俊著. — 徐州 ：中国矿业大学出版社，2025. 6.

ISBN 978-7-5646-6780-1

Ⅰ. G647.23

中国国家版本馆 CIP 数据核字第 2025J630Y2 号

书　　名　新时代地方高校人力资源管理的理论与实践研究

著　　者　施　俊

责任编辑　陈　慧

出版发行　中国矿业大学出版社有限责任公司

（江苏省徐州市解放南路　邮编 221008）

营销热线　(0516)83885370　83884103

出版服务　(0516)83995789　83884920

网　　址　http://www.cumtp.com　**E-mail**：cumtpvip@cumtp.com

印　　刷　苏州市古得堡数码印刷有限公司

开　　本　787 mm×1092 mm　1/16　**印张** 15　**字数** 262 千字

版次印次　2025 年 6 月第 1 版　2025 年 6 月第 1 次印刷

定　　价　58.00 元

自　序

在中华民族伟大复兴的战略全局和世界百年未有之大变局交织激荡的今天，高等教育作为国家发展的重要基石，其使命与价值愈发凸显。地方高校作为我国高等教育体系的主体力量，既是区域经济社会发展的智力引擎，也是教育公平与人才培养的重要载体。然而，随着新时代教育现代化进程的加速推进，地方高校在办学定位、资源分配、人才竞争等方面面临前所未有的机遇与挑战。如何通过科学、高效的人力资源管理激发高校内生动力，优化资源配置，服务地方需求，已成为推动高等教育高质量发展的关键命题。本书的研究，可谓恰逢其时。

本书立足于中国式现代化的历史方位，以系统思维和创新视角，对地方高校人力资源管理的核心问题展开深入探讨。全书基于本人多年深耕高等教育管理领域的实践经验，结合理论分析与实证研究，既从宏观层面揭示了新时代地方高校人力资源管理面临的转型压力与战略方向，又从微观层面提出了具有可操作性的改革路径与方法论工具。全书以问题为导向，以实践为依托，既有理论高度，又具现实温度，可为破解地方高校人才困境、释放教育创新活力提供参考。

一、新时代地方高校的使命重构与人才需求

当前，我国高等教育正处于从规模扩张向内涵式发展的转型期。地方高校作为区域发展的"智库"与"孵化器"，其功能定位已从传统的人才培养、科学研究逐步拓展至社会服务、文化传承与国际交流。这种多维使命的叠加，对人力资源管理提出了更高要求：既要培养适应产业升级的复合型人才，又要构建服务地方需求的科研团队；既要传承地域文化特色，又要推动国际视野下的学术合作。然而，受制于资源禀赋差异、体制机制惯性等因素，许多地方高校仍面临高层次人才引进难、青年教师成长通道不畅、学科团队协同效率不足等痛点。本书通过大量案例剖析，揭示了这些问题背后的深层次矛盾——人力资源管理理念滞后于教育现代化需求，制度设计未能充分体现地方高校的差异化特征。

例如，在人才评价体系中，"唯论文、唯帽子"的倾向尚未根本扭转，导致部分教师重科研轻教学、重短期成果轻长期积累；在激励机制上，薪酬分配与绩效考核的针对性不足，难以激发教师服务地方产业的积极性；在组织文化层面，行政化思维与学术自主性的张力依然存在，制约了创新活力的释放。这些问题若不能有效解决，地方高校将难以在"双一流"建设的竞争格局中找准定位，更难以承担起服务乡村振兴、区域协调发展的时代责任。

二、理论创新：构建中国特色地方高校人力资源管理范式

本书的突出贡献在于，突破了传统人力资源管理理论的"移植性"局限，着力构建与中国高等教育国情相适应、与地方高校发展阶段相匹配的理论框架。新时代地方高校的人力资源管理应实现"三个转向"：从"工具理性"转向"价值理性"，注重人的全面发展与组织使命的融合；从"标准化管理"转向"差异化治理"，尊重不同区域、不同类型高校的独特生态；从"行政主导"转向"多元共治"，形成学术共同体、地方政府、行业企业协同参与的治理模式。

这一理论创新具有鲜明的时代特征。基于我们正处于数字经济背景下，本书特别强调人力资源管理的数字化转型，提出通过大数据分析精准识别人才需求，利用智能化平台优化资源配置，借助虚拟组织模式突破地域限制。例如，某地方高校通过构建"云端智库"，整合分散在各地的校友资源与行业专家，形成"柔性引进＋在地服务"的人才共享机制，有效缓解了高端人才短缺问题。此类实践案例不仅验证了理论的可操作性，也为其他高校提供了可复制的经验。

三、实践探索：破解难题的方法论工具箱

理论的价值在于指导实践。本书后半部分聚焦地方高校人力

资源管理的具体场景，从岗位聘任、绩效考核、薪酬激励、职业发展等多个维度提出解决方案。其中，“差异化岗位分类管理体系”颇具启发性：针对教学型、科研型、社会服务型等不同岗位，设计差异化的评价标准与发展路径，既避免“一刀切”的弊端，又为教师提供了多元成长通道。例如，某地方高校将教师参与企业技术攻关的成果纳入职称评审指标，显著拓宽了校企合作的深度与广度。

在青年教师培养方面，提出“三维赋能”模型——通过制度赋能（完善导师制与项目扶持）、文化赋能（营造包容创新的学术氛围）、技术赋能（搭建数字化学习平台），帮助青年教师突破职业发展瓶颈。此外，本书还深入探讨了地方高校与区域经济的互动机制，提出“人才链—产业链—创新链”三链融合策略，为高校人力资源管理与地方产业升级的协同发展提供了新思路。

四、未来展望：以人力资源管理变革驱动高校生态重塑

教育强国目标的实现，离不开每一所地方高校的提质增效。本书结尾部分指向更具前瞻性的议题：在人工智能革命、人口结构变化、教育国际化浪潮等趋势叠加下，地方高校如何通过人力资源管理创新构建面向未来的竞争力？未来高校人力资源管理的核心将是从“管理”走向“治理”，从“控制”转向“激活”。这需要建立更加开放包容的生态系统，如探索“跨校联合聘用”“终身教职柔性化”“学术休假制度化”等机制创新，同时强化伦理规范与人文关怀，避免技术主义对教育本质的异化。

本书的出版，不仅为地方高校管理者提供了行动指南，也为高等教育研究者开辟了新的学术增长点。最后，谨以此序致敬所有在地方高校默默耕耘的教育工作者。正是他们的坚守与创新，让更多学子得以在乡土中汲取力量，在时代中成就梦想。期待本书能激发更多关于高等教育现代化的思考与实践，共同书写中国式现代化征程中的教育新篇章。

扬州大学　施俊

2025 年春于扬州

前　言

在新时代的背景下，随着国家对高等教育质量和效率的不懈追求，地方高校作为我国高等教育体系的关键组成部分，其人力资源管理正面临前所未有的挑战与机遇。根据教育部2022年统计数据，我国地方本科院校占比超过95%，承担了全国70%以上的本科生培养任务。这些高校不仅是区域人才供给的主阵地，更是地方产业升级、文化传承的重要支撑。然而，与部属高校相比，地方高校普遍面临"马太效应"加剧的困境：高层次人才流失严重、科研平台建设滞后、服务地方能力不足等问题交织，制约其功能发挥。特别是在乡村振兴、新型城镇化等国家战略背景下，地方高校如何通过人力资源管理改革，构建"在地化"发展模式，已成为亟待破解的课题。

近年来，尽管地方高校在人事制度改革上取得了一定进展，但深层次矛盾依然突出。一方面，"重引进、轻培育"的短视思维导致人才梯队断层；另一方面，行政化色彩浓厚的评价体系难以适应多元化发展需求，教师疲于应对量化考核，产教融合、社会服务等核心职能被边缘化。更为严峻的是，数字化转型浪潮对传统管理模式形成冲击——人工智能辅助教学、虚拟教研室建设、跨区域科研协作等新场景，暴露出人力资源配置僵化、数据治理能力薄弱等短板。这些问题的背后，折射出人力资源管理理念与新时代教育治理需求的结构性错位。

西方人力资源管理理论虽具借鉴意义，但其"效率至上"的逻辑与中国高校的公益性、学术性本质存在分歧。本书试图突破"拿来主义"窠臼，立足中国教育制度与文化传统，构建具有本土特色的理论框架。例如，将"立德树人"根本任务嵌入绩效管理体系，探索"学术共同体治理"与"党委领导下的校长负责制"的协同机制，这些创新既是对西方理论的批判性扬弃，也是对中国特色社会主义教育发展道路的理论回应。

本书综合运用文献综述、案例分析和比较研究等方法，从理论和实践两个层面深入探讨了当前地方高校人力资源管理的现状、面临的问题及其成因。首先，通过梳理国内外相关理论研究，构建了符合地方高校特色的理论框架；接着，选取具有代表性的地方高校进行研究，通过实地考察和深度访谈收集数据，并采用定性与定量相结合的分析方法，对人力资源管理实践进行了全面的系统分析；最终，基于上述分析结果，提出了具有针对性的策略建议，包括建立更为科学合理的人才评价体系、完善激励机制、加强师资队伍建设等。

本书的附录部分聚焦×大学新时代地方高校人力资源管理实践，分为两大板块：一是×大学人力资源管理的理论与实践研究案例，通过具体案例分析展现该校在人力资源管理中的创新举措与成效；二是×大学人力资源管理的支撑文件，涵盖其人事管理工作的战略规划、政策文件及操作流程，全面反映其制度设计与实践路径。附录内容既是对正文理论的实证补充，也是为其他高校提供的可借鉴的范本。

本书的研究核心在于如何将先进的人力资源管理理念与地方高校的实际情况相融合，构建一套有效的管理体系。这不仅有助于解决地方高校在人才引进、培养、使用和留存等方面遇到的具体难题，而且对于推动整个高等教育领域的改革与创新具有深远的意义。通过实施这些策略，预期能够助力地方高校更有效地服务于区域经济社会的发展需求，并为其他同类院校提供可借鉴的经验。

作　者

2025年1月

目　录

第一章　绪　　论

第一节　地方高校的地位作用概述

在我国高等教育的飞跃式进步中，地方高校扮演了不可或缺的角色。它们在推动高等教育强国的建设中表现出色，展现出强劲的争优创先势头，令人振奋。根据软科2023年中国地方高校100强的排名，有32所地方高校跻身2023中国高校排行榜100强，占比超过三分之一；而在U. S. News 2023世界大学排名中，也有23所地方高校位列中国内地高校排名前100强。随着加快教育强国建设，实现中国式现代化的伟大征程，地方高校的振兴发展指日可待。

“教育、科技、人才是全面建设社会主义现代化国家的基础性、战略性支撑”——这是新时代高等教育高质量发展的根本遵循。地方高校要实现高质量发展，必须深化改革，突破制约创新发展的体制机制性障碍，摆脱“贫困”的束缚和“困难”的困境，激发高校改革发展的内在动力和办学活力。应以人力资源管理改革为突破口，大力推进高等教育综合改革，加速地方大学体制机制的创新改革，提升高等教育融入和支持区域发展的能力。

在新时代的广阔背景下，地方高校的人力资源管理正面临前所未有的挑战与机遇。这一时代背景不仅包括了全球化进程的加速、信息技术的迅猛发展，还包括了社会经济结构的深刻变革以及教育理念的持续更新。这些因素共同作用，要求地方高校在人力资源管理方面必须进行深刻的反思与重构。

全球化进程的加速，使得地方高校不再局限于区域性教育机构的角色，而是逐渐成为全球知识网络中的关键节点。这一转变要求高校在人力资源管理上必须具备更广阔的国际视野和更强的跨文化管理能力。高校需要吸引和留住具有国际视野和背景的优秀人才，同时也要培养本土教师和行政人员。这种双重需求无疑对高校的人力资源管理提出了更高的要求。

信息技术的迅猛发展，特别是人工智能、大数据和云计算等新兴技术的广泛应用，为高校人力资源管理带来了革命性的变革。这些技术不仅能够提高管理效率，还能通过数据分析和预测，优化人力资源配置，提升教职员工的绩效。然而，技术的引入也带来了新的挑战，如数据隐私保护、技术伦理等问题，这些都需要高校在人力资源管理中予以充分考虑。[1]

随着社会经济结构的深刻变革，尤其是知识经济的崛起，高等教育在社会发展中的作用日益凸显。地方高校作为知识创新和人才培养的关键基地，其人力资源管理必须与时俱进，适应这些变化。高校不仅要培养具备创新精神和实践技能的人才，还应为教职员工提供持续的职业发展机会，以满足知识经济时代对人才多样化的需求。[2]

教育理念的不断更新，尤其是以学生为中心的教育理念的普及，要求高校在人力资源管理中更加注重教职员工的教学能力和学生服务意识。高校需要通过有效的激励机制和培训体系，提升教职员工的教学水平和服务质量，从而更好地满足学生的个性化需求和全面发展需要。[3]

综上所述，在新时代的背景下，地方高校的人力资源管理正面临诸多挑战与机遇。全球化、信息化、社会经济的变革以及教育理念的更新等因素，共同塑造了这一复杂且多变的时代背景。地方高校必须在这样的背景下，不断创新其人力资源管理模式，以适应新时代的需求，实现自身的可持续发展。[4]

第二节　地方高校人力资源管理现状

在新时代的背景下，地方高校人力资源管理正面临前所未有的复杂性和多样性挑战。这一现状不仅映射了高等教育体系的深刻变革，同时也揭示了地方高校在人力资源配置、开发与管理方面所面临的独特挑战与机遇。

目前，地方高校人力资源管理的核心问题之一是其人力资源结构的多元化与复杂化。随着高等教育大众化的快速推进，地方高校不仅要应对不断扩大的招生规模，还要满足日益多样化的人才需求。这种多元化不仅体现在学科设置的广泛性上，更体现在教职员工背景、能力和需求的多样性上。例如，地方高校往往需要同时吸引和保留具有国际视野的高端人才和适应本地需求的实用型人才。这种多元化的需求使得地方高校人力资源管理在招聘、培训和激励机制上必须具备高度的灵活性和针对性。

此外，地方高校在人力资源管理上面临的另一个重大挑战是资源的有限性。与中央直属高校相比，地方高校在财政支持和政策倾斜方面通常处于不利地位。这种资源的有限性直接影响了其在人力资源开发上的投入，特别是在高端人才引进和培养上的成效。因此，如何在有限的资源条件下，最大化地发挥人力资源的效能，成为地方高校人力资源管理亟待解决的重要课题。[5]

尽管面临众多挑战，新时代同样为地方高校的人力资源管理带来了前所未有的机遇。首先，信息技术的飞速进步为地方高校提供了新的管理工具和方法。例如，利用大数据分析和人工智能技术，地方高校能够更精确地进行人才需求预测和人力资源配置，从而提升管理的科学性和效率。其次，全球化的加速发展为地方高校打开了更广阔的人才交流平台。通过参与国际合作和交流项目，地方高校能够吸引更多具备国际视野和背景的人才，进而提高教学和科研的整体水平。[6]

此外，新时代社会需求的演变也为地方高校的人力资源管理指明了新的方向。随着社会对创新和创业型人才需求的增长，地方高校在人力资源管理方面亦需更加重视培育具备创新精神和实际操作能力的人才。这不仅要求高校在课程设计和教学方法上进行革新，还必须在人力资源管理领域构建相应的激励和评价体系，以点燃教职员工的创新激情。[7]

综上所述，在新时代的背景下，地方高校的人力资源管理现状展现出多元化、资源有限性以及技术驱动的特征。面对这些挑战，地方高校必须通过创新管理理念和方法，充分利用新技术和社会变革所提供的机遇，以实现人力资源的最优配置和高效利用。这不仅是地方高校自身发展的需求，也是适应新时代高等教育发展趋势的必然选择。[8]

第三节 新时代地方高校人力资源管理的挑战

在新时代的背景下，地方高校人力资源管理正遭遇前所未有的复杂性和多样性挑战。这些挑战既源于外部环境的快速变化，也根植于内部结构的深层次调整。首先，全球化和技术革新的双重冲击迫使地方高校直面人才竞争的加剧。信息技术的迅猛发展导致知识和技能更新速度前所未有，地方高校在吸引和留住高素质人才方面承受着巨大压力。这种压力不仅体现在薪酬和福利的竞争上，更在于如何构建一个能够持续学习和创新的工作环境。

其次，政策环境的变动为地方高校的人力资源管理带来了不确定性。政府在教育领域的政策调整，例如教育经费的分配、教师编制的规定等，都会直接影响高校的人力资源配置和管理策略。特别是在财政紧缩的背景下，地方高校如何在有限的资源下实现人力资源的最优配置，成为一个亟须解决的问题。

此外，社会对高等教育质量的日益关注，使得地方高校在人力资源管理上面临更高的期望和要求。公众对高校教师的教学质量、科研能力以及社会服务水平的期待越来越高，这要求高校在人力资源管理中不仅要关注数量，更要注重质量。如何在确保教师队伍稳定的同时，提升其专业素养和综合能力，是新时代地方高校必须应对的重大挑战。[9]

此外，地方高校在新时代背景下面临的一个重大挑战是内部管理机制的落后。许多高校在管理理念、制度构建以及执行力方面存在缺陷，这影响了人力资源管理的效率和成效。例如，传统的层级管理模式难以满足现代高校所倡导的扁平化和网络化管理趋势，同时，激励机制的不健全也制约了教师积极性和创造性的充分展现。[10]

最后，新时代地方高校人力资源管理遭遇了文化多样性和价值观多元化的挑战。随着国际化的步伐加快，高校教师和学生的文化背景、价值观念变得越来越多元。在尊重和包容这些差异的同时，构建一个和谐且高效的工作与学习环境，成为地方高校人力资源管理亟须思考和解决的课题。

综上所述，新时代地方高校人力资源管理所面临的挑战是多方面的、多层次的。这些挑战不仅考验着高校管理者的智慧和能力，同时也为高校的发展带来了新的机遇。只有通过持续创新和优化人力资源管理策略，地方高校才能在新时代的浪潮中稳固自己的地位。

第四节　新时代地方高校人力资源管理的机遇

在新时代的宏大背景下，地方高校人力资源管理正面临前所未有的发展机遇。这些机遇不仅源于社会经济结构的深刻变革，更得益于科技进步与全球化进程的加速推进。首先，新时代为地方高校提供了更为广阔的人才引进平台。随着信息技术的迅猛发展，人才的流动性与可见性显著增强，地方高校可以通过网络平台、社交媒体等多种渠道，跨越地域限制，吸引全球范围内的优秀人才。这种全球视野下的人才引进策略，不仅能够弥补地方高校在某些学科领域的短板，还能够带来多元化的学术视角和创新思维，从而推动高校的整体发展。[11]

其次，新时代的科技进步为地方高校人力资源管理提供了强大的技术支持。人工智能、大数据分析等前沿技术的应用，使得高校能够更加精准地进行人才评估、绩效管理和职业发展规划。例如，通过大数据分析，高校可以深入了解教职员工的工作状态、学术成果和职业发展需求，从而制定更加个性化和有效的激励机制。此外，人工智能在招聘、培训和绩效评估等环节的应用，不仅提高了管理效率，还减少了人为因素的干扰，确保了管理的公正性和科学性。

再者，新时代的社会需求变化为地方高校人力资源管理带来了新的发展方向。随着社会对高等教育质量要求的不断提高，地方高校需要培养更多具备创新能力和实践能力的高素质人才。这就要求高校在人力资源管理中，更加注重教职员工的继续教育和职业发展，通过建立完善的培训体系和职业发展路径，不断提升教职员工的专业素养和教学水平。同时，高校还需要关注教职员工的心理健康和工作满意度，通过营造良好的工作环境和文化氛围，激发教职员工的工作热情和创造力。[12]

此外，新时代的政策环境也为地方高校人力资源管理提供了有力支持。国家对高等教育的重视程度不断提升，出台了一系列支持高校发展的政策措施。这些政策不仅为高校提供了更多的资金和资源支持，还为高校在人才引进、薪酬体系、职称评定等方面提供了更大的自主权。地方高校可以充分利用这些政策优势，制定更加灵活和具有竞争力的人力资源管理策略，吸引和留住优秀人才。[13]

最后，新时代的全球化进程为地方高校人力资源管理带来了国际化的机遇。随着国际交流与合作的不断深化，地方高校可以与国外高校建立更加紧密的合作关系，通过联合培养、学术交流等方式，引进国际先进的管理理念和经验。这不仅有助于提升高校的管理水平，还能够为教职员工提供更广阔的国际视野和发展平台，促进高校的国际化发展。[14]

综上所述，新时代为地方高校人力资源管理带来了多方面的机遇。地方高校应积极把握这些机遇，通过创新管理理念、引入先进技术、优化政策环境、加强国际合作等途径，不断提升人力资源管理水平，为高校的可持续发展提供有力保障。

第五节 地方高校人力资源管理的研究意义与目的

在新时代的宏阔背景下，地方高校人力资源管理的研究不仅具有深远的理论意义，更承载着实践层面的迫切需求。随着全球化进程的加速和科技革命的迅猛发展，地方高校作为区域知识创新和人才培养的核心阵地，其人力资源管理的有效性直接关系到高校的竞争力和可持续发展能力。因此，深入探讨新时代地方高校人力资源管理的挑战与机遇，对于提升高校的整体管理水平和教育质量具有不可估量的价值。

从理论层面来看，新时代地方高校人力资源管理的研究有助于丰富和完善人力资源管理理论体系。传统的人力资源管理理论多基于企业环境，而高校作为非营利性组织，其人力资源管理具有独特的复杂性和多样性。通过系统研究地方高校人力资源管理的特殊性，可以为理论界提供新的研究视角和理论框架，推动人力资源管理理论的发展和深化。

在实践层面，本研究的意义更为显著。地方高校在资源配置、管理模式和人才引进等方面面临着诸多挑战，如师资队伍结构不合理、激励机制不完善、职业发展路径不清晰等。这些问题不仅制约了高校的内部管理效率，也影响了高校的社会服务能力和学术创新水平。通过深入分析这些问题的根源，并提出切实可行的解决方案，本研究有望为地方高校提供一套科学、系统的人力资源管理策略，从而提升高校的整体竞争力和可持续发展能力。

此外，新时代背景下，地方高校人力资源管理的研究还具有重要的社会意义。高校不仅是知识的传播者和创造者，更是社会进步的推动者。通过优化人力资源管理，地方高校可以更好地发挥其在区域经济发展、社会服务和文化传承中的作用，为社会培养更多高素质的人才，推动区域经济社会的全面发展。

新时代地方高校的人力资源管理应实现“三个转向”：从“工具理性”转向“价值理性”，注重人的全面发展与组织使命的融合；从“标准化管理”转向“差异化治理”，尊重不同区域、不同类型高校的独特生态；从“行政主导”转向“多元共治”，形成学术共同体、地方政府、行业企业协同参与的治理模式。

综上所述，新时代地方高校人力资源管理的研究不仅在理论上具有重要的学术价值，更在实践中具有紧迫的现实意义。通过深入探讨新时代背景下地方高校人力资源管理的挑战与机遇，本研究旨在为地方高校提供一套科学、系统的人力资源管理策略，从而提升高校的整体竞争力和可持续发展能力，为区域经济社会的全面发展贡献力量。

第二章　新时代地方高校人力资源管理工作的理论基础

第一节　人力资源管理的科学概念

一、人力资源管理的基本概念

人力资源管理(human resource management，HRM)并非仅仅是传统意义上的人员招聘、薪酬管理和员工福利的集合，而是一个涵盖了战略规划、组织发展、员工关系和绩效管理等多维度的复杂系统。在高等教育机构中，这一概念的内涵和外延更是得到了进一步的扩展和深化。人力资源管理的核心在于将人视为组织最重要的资源，通过科学的管理手段和策略，最大限度地发挥人的潜能，从而推动组织的整体发展。在地方高校的语境中，这一概念的实践意义尤为突出。地方高校往往面临着资源有限、竞争激烈和地域特色鲜明等挑战，因此，如何有效地管理和开发人力资源，成为决定其生存与发展的关键因素。[15]

第一，人力资源管理在地方高校中的基本概念强调了“以人为本”的管理理念。这一理念要求地方高校管理者不仅要关注教职员工的物质需求，更要重视其精神需求和职业发展。通过建立健全的激励机制和职业发展通道，地方高校可以激发教职员工的积极性和创造力，从而提升整体教学和科研水平。第二，人力资源管理的基本概念还包括了战略人力资源管理的思想。在新时代背景下，地方高校需要将人力资源管理纳入学校的整体战略规划中，使其成为推动学校战略目标实现的重要力量。这要求地方高校在制定人力资源政策时，不仅要考虑当前的需求，更要预见未来的发展趋势，确保人力资源的配置和开发能够与学校的长期发展目标相契合。第三，人力资源管理的基本概念还涉及了组织文化和领导力的重要性。地方高校的组织文化直接影响着教职员工的工作态度和行为模式，而领导力则是推动组织文化建设和变革的关键因素。通过培养具有战略眼光和领导能力的管理者，地方高校可以构建积极向上的组织文化，从而提升整体的凝聚力和竞争力。第四，人力资源管理的基本概念还包括了绩效管理和持续改进的理念。在地方高校中，绩效管理不仅仅是对教职员工工作表现的评估，更是对其职业发展和能力提升的引导。通过建立科学的绩效评估体系，学校可以及时发现和解决人力资源管理中的问题，推动管理水平的持续改进。

新时代地方高校人力资源管理的基本概念是一个多维度、多层次的复杂系统。它不仅要求地方高校管理者具备科学的管理理念和方法，更需要其在实践中不断探索和创新，以适应不断变化的外部环境和内部需求。通过深入理解和应用这一概念，地方高校可以更好地发挥人力资源的优势，推动学校的可持续发展。[16]

二、人力资源管理的理论框架

在探讨新时代地方高校人力资源管理的理论基础时，我们不可避免地要深入分析人力资源管理的理论框架。这一框架不仅为地方高校人力资源管理提供了系统的理论支持，还为其在新时代背景下的实践应用奠定了坚实的基础。

人力资源管理的理论框架可以被视为一个多维度的结构，它涵盖了从微观到宏观的多个层面。首先，从微观层面来看，人力资源管理的核心在于个体员工的激励与开发。这一层面的理论基础主要来源于激励理论，如马斯洛的需求层次理论、赫茨伯格的双因素理论以及麦克利兰的成就动机理论。这些理论为地方高校管理者提供了理解员工需求和动机的工具，从而能够设计出更为有效的激励机制，激发教师的教学热情和科研创新能力。

其次，中观层面的理论框架则关注组织内部的结构与流程。组织行为学和组织发展理论在这一层面扮演了重要角色。组织行为学通过研究个体、群体和组织层面的行为，揭示了高校内部的管理规律和互动模式，而组织发展理论则强调通过系统的变革和干预措施，提升组织的适应性和效能。例如，地方高校可以通过组织发展理论中的团队建设、流程再造等手段，优化内部管理流程，提升整体运作效率。

宏观层面的理论框架则涉及更广泛的社会、经济和文化背景。战略人力资源管理理论在这一层面提供了重要的理论支持。战略人力资源管理强调人力资源管理与组织战略的紧密结合，通过人力资源的战略性配置和开发，支持高校的长远发展目标。例如，地方高校在制定发展战略时，需要考虑如何通过人力资源管理来吸引和保留高素质的教师队伍，以及如何通过培训和发展计划来提升教师的教学和科研能力，从而增强高校的竞争力。

此外，新时代背景下，人力资源管理的理论框架还需要融入创新和变革的元素。创新管理理论和变革管理理论为高校提供了应对快速变化环境的工具。创新管理理论强调通过创新来驱动组织发展，而变革管理理论则关注如何在变革过程中保持组织的稳定性和员工的积极性。例如，地方高校可以通过引入创新管理理论中的创新文化建设、创新激励机制等手段，激发教师的创新活力；同时，通过变革管理理论中的变革沟通、变革领导等策略，确保变革过程的顺利进行。

综上所述，新时代地方高校人力资源管理的理论框架是一个多层次、多维度的结构，它不仅涵盖了个体激励、组织行为和战略管理等微观和中观层面的理论，还融入了创新和变革的宏观视角。这一理论框架为高校在新时代背景下的人力资源管理提供了全面的理论支持，有助于高校在复杂多变的环境中实现可持续发展。

第二节　人力资源管理的基本理论

在探讨人力资源管理在高等教育领域的应用时，首先需要深入理解人力资源管理的基本理论。这些理论不仅为地方高校人力资源管理提供了坚实的理论基础，也为实践中的策略制定和执行提供了指导。

人力资源管理的基本理论可以追溯到20世纪初，随着工业革命的推进，企业开始意识到人力资源的重要性。早期的理论主要集中在工作效率和员工激励上，如泰勒的科学管理理论和梅奥的人际关系理论。这些理论为后来的发展奠定了基础，但它们主要适用于工业环境，对于高等教育这种知识密集型组织来说，其适用性有限。随着时间的推移，人力资源管理理论逐渐演变为更加复杂和多元化的体系。其中，马斯洛的需求层次理论、赫茨伯格的双因素理论以及麦格雷戈的X理论和Y理论等，为理解员工动机和行为提供了新的视角。这些理论强调了员工个体差异的重要性，以及如何通过满足不同层次的需求来激发员工的积极性和创造力。[17]

在高等教育领域，人力资源管理的基本理论同样具有重要意义。高校作为知识生产和传播的中心，其人力资源管理不仅涉及教职员工的招聘和培训，还包括学术研究的支持、教学质量的提升以及员工的职业发展。因此，高校人力资源管理需要结合学术自由、创新精神和知识共享等特点，制定相应的管理策略。例如，基于马斯洛的需求层次理论，地方高校可以通过提供良好的工作环境、职业发展机会和学术支持，满足教职员工在安全、社交、尊重和自我实现等不同层次的需求。这不仅有助于吸引和留住优秀人才，还能激发他们的学术热情和创新能力。此外，赫茨伯格的双因素理论也为高校人力资源管理提供了有益的启示。该理论区分了激励因素和保健因素，前者如成就感、认可度和成长机会，后者如工作条件、薪酬和福利。地方高校可以通过强化激励因素，如提供更多的学术交流机会、科研资助和职业晋升通道，来提升教职员工的满意度和工作积极性。麦格雷戈的 X 理论和 Y 理论则提醒我们，高校在人力资源管理中应避免传统的控制和监督方式，转而采用更加人性化和参与式的管理风格。通过信任和授权，激发教职员工的内在动力，使其在学术研究和教学中发挥更大的创造力和主动性。

综上所述，人力资源管理的基本理论为高校人力资源管理提供了丰富的理论资源和实践指导。通过结合这些理论，地方高校可以制定更加科学和有效的人力资源管理策略，从而提升整体竞争力和学术影响力。

第三节　新时代地方高校人力资源管理的特点

一、高等教育领域人力资源管理的特点

在探讨高等教育领域人力资源管理的特点时，不可避免地要触及这一领域独有的复杂性和多元性。高等教育机构，作为知识生产和传播的核心场所，其人力资源管理不仅涉及传统的招聘、培训和绩效评估，更涵盖了学术自由、职业发展以及知识创新等独特维度。[18]

首先，高等教育领域的人力资源管理具有显著的学术导向性。与企业环境中的员工不同，高校的教职员工通常是高度专业化的知识工作者，他们的工作不仅仅是执行既定的任务，更是进行原创性的研究和教学。因此，人力资源管理策略必须充分考虑到学术自由和创新的需要，鼓励教师和研究人员在不受过度约束的环境中进行探索和实验。这种学术导向性要求人力资源管理在制定政策和实践时，必须平衡行政效率与学术自由之间的关系，确保管理措施既能促进学术生产力，又不至于抑制创新精神。

其次，高等教育领域的人力资源管理呈现出强烈的职业发展导向。高校教职员工的职业发展路径通常包括教学、研究和服务等多个方面，这要求人力资源管理必须提供多样化的职业发展机会和支持系统。例如，通过设立明确的晋升路径、提供持续的专业发展培训以及支持跨学科合作，高校可以有

效地激励教职员工不断提升自身能力，从而推动整个机构的知识创新和学术进步。此外，职业发展导向还意味着人力资源管理需要关注教职员工的长期职业规划，帮助他们在学术生涯中找到个人成就与机构目标之间的最佳契合点。

再者，高等教育领域的人力资源管理具有高度的社会责任感。高校不仅是知识的殿堂，更是社会进步的引擎。因此，高校的人力资源管理不仅要关注内部员工的福祉和发展，还要考虑到其对社会的影响和贡献。例如，通过制定公平的招聘和晋升政策，高校可以促进社会多样性和包容性；通过支持社区服务和公共教育项目，高校可以增强其社会影响力。这种社会责任感要求人力资源管理在制定策略时，必须考虑到更广泛的社会背景和伦理标准，确保高校在追求学术卓越的同时，也能履行其社会责任。

最后，高等教育领域的人力资源管理面临着持续的变革和适应性挑战。随着全球化和技术进步的加速，高等教育机构必须不断调整其人力资源管理策略，以应对新的挑战和机遇。例如，数字化转型正在改变教学和研究的方式，要求人力资源管理必须适应新的技术环境，提供相应的培训和支持。同时，全球竞争加剧也促使高校必须更加注重吸引和保留顶尖人才，这要求人力资源管理必须具备前瞻性和灵活性，能够快速响应外部环境的变化。[19]

综上所述，高等教育领域的人力资源管理具有学术导向性、职业发展导向、高度的社会责任感以及持续的变革和适应性挑战等特点。这些特点不仅反映了高等教育机构的独特性，也为人力资源管理提供了丰富的理论基础和实践框架。在新时代背景下，理解和把握这些特点，对于提升地方高校人力资源管理的有效性和创新性具有重要意义。

二、人力资源管理在高等教育中的应用实践

在探讨人力资源管理在高等教育中的应用实践时，我们不可避免地要触及这一领域内多层次、多维度的复杂性。高等教育机构，作为知识生产和传播的核心场所，其人力资源管理不仅仅是传统意义上的员工管理，更是一种深层次的文化塑造和战略规划。在这一部分，我们将深入分析人力资源管理在高等教育中的具体应用，以及这些实践如何与高校的战略目标和教育使命相契合。[20]

首先，高等教育机构的人力资源管理实践必须紧密围绕其核心使命——教育与研究。这意味着，招聘和选拔过程不仅要关注候选人的学术背景和专业技能，更要评估其教育理念和学术研究潜力。例如，许多高校在招聘教授

时，不仅要求候选人具备深厚的学术造诣，还强调其教学能力和对学生发展的关注。这种综合性的选拔标准确保了高校能够吸引并保留那些不仅在学术上有所成就，而且在教育上有深刻见解的人才。其次，培训与发展是高等教育人力资源管理中的另一个关键环节。高校需要不断投资于教职员工的职业发展，以确保他们能够适应快速变化的教育环境和学术需求。这包括提供定期的专业发展课程、学术交流机会以及研究资助。通过这些措施，高校不仅能够提升教职员工的专业能力，还能激发他们的创新思维和研究热情，从而推动整个学术社区的进步。此外，绩效管理在高等教育中也扮演着至关重要的角色。传统的绩效评估往往侧重于教学和研究的量化指标，如发表论文的数量和教学评价的分数。然而，现代的高等教育绩效管理更加注重综合评估，包括教学质量、研究影响力、服务社区的能力以及领导力等多个维度。这种全面的绩效评估体系有助于识别和培养潜在的领导者，同时也为教职员工提供了明确的发展方向和激励机制。在激励机制方面，高等教育机构需要设计出既能满足教职员工个人发展需求，又能促进高校整体战略目标实现的激励方案。这可能包括灵活的工作安排、学术休假、研究资助以及基于绩效的薪酬体系。通过这些激励措施，高校能够增强教职员工的归属感和工作满意度，进而提升整体的工作效率和学术产出。最后，人力资源管理在高等教育中的应用还涉及组织文化的塑造。高校作为一个知识密集型组织，其文化氛围对教职员工的行为和态度有着深远的影响。因此，人力资源管理实践需要致力于营造一个开放、包容、创新和合作的文化环境。这不仅有助于吸引和保留顶尖人才，还能促进跨学科合作和知识共享，从而推动高校在教育和研究领域的持续领先。[21]

人力资源管理在高等教育中的应用实践是一个多维度、多层次的过程，涉及招聘、培训、绩效管理、激励机制以及组织文化等多个方面。通过这些实践，地方高校不仅能够有效地管理其人力资源，还能推动其在教育和研究领域的持续发展和创新。

三、人力资源管理的功能与职责

在新时代背景下，高校人力资源管理的功能与职责被赋予了更为复杂和多元的内涵。人力资源管理不再仅仅是传统意义上的招聘、培训和薪酬管理，而是逐渐演变为一个涵盖战略规划、组织文化建设、绩效评估和员工发展等多维度的综合性体系。这一转变不仅反映了高等教育机构在应对全球化和技术变革中的适应性需求，也体现了人力资源管理在提升高校整体竞争力和可持续发展能力中的核心作用。

首先，战略规划是新时代高校人力资源管理的首要功能。在快速变化的教育环境和日益激烈的市场竞争中，高校需要通过人力资源管理来制定和实施与学校战略目标相一致的人力资源策略。这包括对未来人才需求的预测、人才储备计划的制订以及关键岗位的继任规划。通过战略性的人力资源管理，高校能够确保其人力资源配置与学校的长远发展目标相协调，从而在竞争中占据有利位置。

其次，组织文化建设是人力资源管理的重要职责之一。在新时代，高校的组织文化不仅影响着教职员工的归属感和工作满意度，更是吸引和留住优秀人才的关键因素。人力资源管理通过制定和推广符合学校价值观的文化建设方案，如通过定期的团队建设活动、员工关怀计划和内部沟通机制，来增强组织的凝聚力和向心力。这种文化建设不仅有助于提升员工的工作积极性和创造力，还能促进高校内部的知识共享和创新氛围。

绩效评估是人力资源管理中不可或缺的一环。在新时代，绩效评估不再是年度考核的单一形式，而是通过多元化的评估工具和方法，如 360 度反馈、关键绩效指标（KPI）和平衡计分卡等，来全面评估员工的工作表现和贡献。这种评估体系不仅能够更准确地反映员工的工作能力和潜力，还能为员工的职业发展提供有针对性的反馈和指导。通过科学的绩效评估，高校能够有效地激励员工，提升整体工作效率和质量。

最后，员工发展是新时代高校人力资源管理的核心职责之一。在知识经济时代，高校的竞争优势在很大程度上取决于其员工的素质和能力。因此，人力资源管理需要通过系统的培训和发展计划，如专业技能培训、领导力发展项目和国际交流机会等，来提升员工的综合素质和专业能力。这不仅有助于员工的个人成长和职业发展，也能为高校培养出更多具备创新能力和国际视野的高素质人才，从而推动学校的持续发展和进步。

新时代地方高校人力资源管理的功能与职责已经超越了传统的管理范畴，成为高校战略发展的重要支撑。通过战略规划、组织文化建设、绩效评估和员工发展等多方面的综合管理，人力资源管理不仅能够提升地方高校的整体竞争力，还能为学校的可持续发展提供坚实的人才保障。[22]

第三章　新时代地方高校人力资源管理的历史进程

第一节　地方高校人力资源管理的演变

人力资源管理(HRM)的概念起源于工业革命时期,最初主要关注工厂工人的管理与激励。随着时间的推移,这一概念逐渐扩展到包括知识型员工在内的更广泛领域,特别是在高等教育机构中,HRM 的实践经历了显著的转型与发展。

早期的 HRM 实践主要集中在行政管理层面,如招聘、薪酬和福利管理。这一阶段的高校人力资源管理更多地依赖于传统的行政流程,缺乏对员工个体需求的深入理解与关注。然而,随着社会经济的发展和教育需求的多样化,高校逐渐意识到人力资源不仅是行政管理的对象,更是推动教育创新与学术进步的核心动力。20 世纪中叶,随着管理学理论的蓬勃发展,人力资源管理开始引入更多的战略性思考。这一时期,高校开始重视员工的职业发展与培训,试图通过提升员工的专业素养来提高教育质量。例如,美国的一些高校率先引入了职业发展规划,旨在通过系统的培训与指导,帮助教师提升教学与科研能力。这种战略性的人力资源管理实践,不仅提升了教师的工作满意度,还显著提高了教育质量。进入 21 世纪,随着全球化和技术进步的加速,人力资源管理在高等教育领域迎来了新的挑战与机遇。一方面,全球化带来了人才流动的加剧,高校需要在全球范围内吸引和留住顶尖人才;另一方面,信息技术的发展为人力资源管理提供了新的工具与平台,如电子招聘系统、在线培训平台等,极大地提升了管理的效率与效果。在这一背景下,高校人力资源管理逐渐转向以人为本的管理理念,强调员工的个性化需求与全面发展。例如,一些高校开始实施灵活的工作安排,如远程办公和弹性工作时间,以适应知识型员工的工作习惯与生活方式。此外,高校还注重构建多元化的工作环境,通过多样化的激励机制,如学术休假、科研资助等,激发员工的创造力与积极性。

人力资源管理在高等教育领域的发展历程，是一个从行政管理到战略管理，再到以人为本管理的演变过程。这一过程中，高校不断调整与优化人力资源管理的策略与方法，以适应不断变化的教育需求与社会环境。未来，随着人工智能、大数据等新技术的广泛应用，人力资源管理在高等教育领域的实践将更加智能化与个性化，为高校的可持续发展提供强有力的支持。

一、地方高校人力资源管理的演变

在新时代背景下，地方高校人力资源管理的演变历程不仅是对传统管理模式的继承与革新，更是对现代教育理念与技术进步的深刻回应。这一过程可以被视为一个多维度的转型，涉及管理理念的更新、组织结构的优化以及技术手段的融合。

从历史的角度来看，地方高校人力资源管理的演变可以追溯到 20 世纪末期，当时的高校管理主要依赖于传统的行政管理模式。这种模式下，人力资源管理更多地被视为一种行政职能，其核心任务是确保教职员工的日常运作和基本福利。然而，随着全球化进程的加速和信息技术的发展，高校开始意识到人力资源管理不仅仅是行政事务的处理，更是推动高校整体发展的重要战略资源。

进入 21 世纪，地方高校人力资源管理逐渐从单一的行政管理向战略性人力资源管理转变。这一转变的背后，是对高校核心竞争力的重新定义。高校开始重视教职员工的职业发展、创新能力以及跨学科合作，这些都成为提升高校教育质量和科研水平的关键因素。例如，通过实施绩效管理体系，高校能够更有效地评估教职员工的工作表现和激励教职员工，从而提升整体教学和科研效率。

与此同时，地方高校人力资源管理的演变也受到了外部环境变化的深刻影响。随着互联网和移动智能终端的普及，高校管理面临着前所未有的信息爆炸和数据安全挑战。在这一背景下，高校开始探索如何将大数据技术有机融入人力资源管理中，以提升管理的科学性和前瞻性。例如，通过构建数字资源管理平台，高校能够更有效地整合和利用教学资源，提升教学质量和学生学习效果。[23]

此外，新时代的地方高校人力资源管理还强调了对教职员工个人价值的尊重和开发。高校通过实施多样化的培训和发展项目，帮助教职员工提升专业技能和综合素质，从而更好地适应快速变化的教育环境。这种以人为本的管理理念，不仅提升了教职员工的工作满意度和忠诚度，也为高校的长远发展奠定了坚实的人才基础。

总的来说，新时代地方高校人力资源管理的演变是一个复杂而动态的过程，涉及管理理念的更新、技术手段的融合以及组织文化的重塑。这一过程不仅提升了高校的管理效率和教育质量，也为未来的发展提供了宝贵的经验和启示。通过不断探索和创新，地方高校将在新时代的教育改革中发挥更加重要的作用。

二、政策驱动下的人力资源管理改革

在新时代背景下，地方高校人力资源管理的改革进程显著受到政策驱动的影响，这一过程不仅是对传统管理模式的深刻反思，更是对未来教育发展趋势的积极响应。政策驱动下的人力资源管理改革，可以被视为一种自上而下的变革力量，它通过制定和实施一系列政策措施，推动地方高校在人力资源管理方面实现质的飞跃。

政策驱动的第一步是对现有管理体系的全面审视。在这一阶段，政策制定者通过对地方高校人力资源管理现状的深入调研，识别出管理中存在的结构性问题和功能性障碍。例如，传统的人力资源管理往往侧重于人员的招聘和配置，而忽视了对员工职业发展的长期规划和激励机制的建立。政策通过引入现代人力资源管理理念，如战略性人力资源管理（SHRM），强调人力资源管理应与高校的战略目标紧密结合，从而提升管理的整体效能。

随后，政策驱动下的改革进入实施阶段。这一阶段的关键在于政策的具体化和操作化，即将宏观的政策目标转化为可执行的管理措施。例如，政策可能要求地方高校建立完善的人才评价体系，通过科学的评估方法，识别和培养高潜力人才。同时，政策还能推动高校实施灵活的薪酬制度，以市场为导向，激励员工的工作积极性和创新能力。这些措施的实施，不仅提升了人力资源管理的科学性和专业性，也为高校吸引和留住优秀人才提供了有力保障。

政策驱动的另一个重要方面是推动高校人力资源管理的数字化转型。随着信息技术的快速发展，政策鼓励地方高校利用大数据、人工智能等先进技术，优化人力资源管理流程。例如，通过建立数字化的人力资源管理平台，高校可以实现对员工信息的实时更新和动态管理，提升管理的透明度和效率。此外，数字化转型还促进了高校内部的知识共享和协同工作，增强了团队的凝聚力和创新能力。

然而，政策驱动下的改革并非一帆风顺。在实施过程中，地方高校可能面临诸多挑战，如管理理念的转变、技术应用的障碍以及员工对新管理模式的适应问题。为此，政策制定者需要提供持续的支持和指导，帮助高校克服这些挑战。例如，通过组织培训和研讨会，提升管理人员的专业素养和创新意识；通过建立政策反馈机制，及时调整和优化政策措施，确保改革的顺利进行。

政策驱动下的人力资源管理改革是新时代地方高校发展的重要推动力。通过政策的引导和支持，地方高校不仅能够优化人力资源管理体系、提升管理效能，还能为未来的教育发展奠定坚实的人才基础。这一改革进程不仅是对传统管理模式的深刻变革，更是对未来教育发展趋势的积极响应，具有深远的战略意义。

三、人力资源管理实践的创新案例分析

在新时代背景下，地方高校人力资源管理的创新实践呈现出多样化和深度化的趋势，这些实践不仅反映了高校对人力资源管理理念的深刻理解，也体现了其在应对复杂教育环境和市场需求中的灵活性与前瞻性。以下将通过四个典型案例，深入剖析这些创新实践的具体内容及其所带来的深远影响。

案例一：某地方高校在人力资源管理中引入了"人才池"概念，这一创新举措旨在打破传统的招聘模式，通过建立一个动态的人才储备库，高校能够更迅速地响应教学和科研需求。该人才池不仅包括校内的教师和研究人员，还吸纳了校外的专家和行业精英，形成了一个多元化的智力资源网络。通过定期的评估和更新机制，高校能够确保人才池中的每一位成员都处于最佳状态，从而在关键时刻提供强有力的支持。这一实践不仅提升了高校的应急响应能力，还促进了校内外资源的有效整合，为高校的长远发展奠定了坚实基础。[24]

案例二：某地方高校在人力资源管理中推行了"导师制"与"学徒制"相结合的模式。这种模式旨在通过资深教师的指导，帮助年轻教师快速成长，同时通过年轻教师的创新思维，激发资深教师的教学活力。具体而言，每位资深教师将指导若干名年轻教师，通过定期的教学研讨、课题合作等方式，促进双方在教学理念和方法上的交流与碰撞。此外，年轻教师在实践中积累的经验和见解，也为资深教师提供了新的视角和灵感。这种双向互动不仅加速了年轻教师的职业发展，也提升了整体教学团队的素质和创新能力。

案例三：某地方高校在人力资源管理中引入了"绩效导向"的激励机制。

该机制通过设定明确的绩效指标和评估体系，将教师的教学、科研和社会服务等多方面表现纳入考核范围。绩效考核结果不仅与教师的薪酬和晋升挂钩，还作为教师职业发展规划的重要依据。通过这种激励机制，高校能够有效激发教师的工作积极性和创造力，推动其在各自领域取得更为显著的成果。同时，绩效导向的管理模式也促使教师更加注重自身能力的提升和职业素养的培养，从而形成了一个良性循环。

案例四：某地方高校在人力资源管理中探索了“跨界合作”的新路径。该高校与地方政府、企业和其他高校建立了广泛的合作关系，通过联合培养、项目合作等方式，实现了资源的共享和优势的互补。例如，高校与地方政府合作，共同开发了多个社会服务项目，不仅提升了高校的社会影响力，也为教师和学生提供了丰富的实践机会。此外，高校还与企业合作，设立了多个产学研基地，通过实际项目的参与，教师和学生能够更好地将理论知识应用于实践，提升了其综合素质和市场竞争力。

新时代地方高校在人力资源管理中的创新实践，不仅丰富了管理手段和方法，也提升了管理效能和水平。这些创新案例为其他高校提供了宝贵的经验和启示，展示了人力资源管理在推动高校发展中的重要作用。未来，随着教育环境的不断变化和人力资源管理理念的持续更新，地方高校在人力资源管理领域的创新实践将更加多样化和深入化，为高校的可持续发展注入新的动力。

第二节　新时代地方高校人力资源管理演变

在探讨新时代地方高校人力资源管理的历史进程时，我们不得不追溯其根源，审视其演变，并理解其当前的复杂性。这一进程并非线性发展，而是受到多重因素的交织影响，包括教育理念的变迁、技术进步的推动、社会经济结构的深刻变革。

早期的大学，尤其是地方高校，其人力资源管理更多地依赖于传统的行政管理模式。这一时期，人力资源管理的核心任务是确保教职员工的稳定性和教学活动的顺利进行。随着时间的推移，特别是在 20 世纪中叶以后，随着高等教育的大规模扩展和全球化进程的加速，地方高校开始面临前所未有的挑战和机遇。这一时期，人力资源管理逐渐从单纯的行政职能转变为战略性的管理活动，强调人才的吸引、培养和保留。[25]

进入 21 世纪，互联网的普及和信息技术的迅猛发展为地方高校的人力资源管理带来了革命性的变化。数字化和网络化的教学资源管理平台不仅改变了教学方式，也深刻影响了人力资源的管理模式。例如，通过大数据分析，高校能够更精准地评估教职员工的工作表现和学生的学习效果，从而优化人力资源配置。此外，移动智能终端的广泛应用使得教职员工和学生的互动更加便捷，进一步提升了管理的效率和效果。

然而，这一进程并非一帆风顺。地方高校在人力资源管理方面面临着诸多挑战，如资源分配的不均衡、信息安全的风险，以及传统管理观念的制约。因此，如何有效地整合和利用现代技术，推动人力资源管理的创新和升级，成为新时代地方高校面临的重要课题。

在这一历史进程中，我们可以看到，地方高校的人力资源管理经历了从简单到复杂、从单一到多元的演变。这一过程中，不仅技术手段和管理理念不断更新，更重要的是，高校逐渐认识到人力资源管理在提升教育质量和推动教育创新中的核心作用。未来，随着人工智能、大数据等新兴技术的进一步应用，地方高校的人力资源管理将迎来更加智能化、个性化的发展阶段。[26]

可见，新时代地方高校人力资源管理的历史进程是一个充满挑战和机遇的复杂过程。通过对这一进程的深入分析，我们可以更好地理解其背后的动力和逻辑，从而为未来的管理实践提供有益的启示。

第三节　高校人力资源管理理论的早期发展

一、人力资源管理的起源与演变

在探讨高校人力资源管理理论的早期发展时，我们不得不追溯到人力资源管理这一概念的起源与演变。人力资源管理的雏形可以追溯到工业革命时期，当时的企业开始意识到劳动力不仅仅是生产过程中的一个要素，还是具有巨大潜力的资源。这一认识逐渐催生了现代人力资源管理的早期形态——人事管理。[27]

人事管理最初的关注点主要集中在员工的招聘、培训和薪酬管理上，其目的是确保企业能够有效地利用人力资源以实现生产目标。然而，随着时间的推移，特别是在20世纪中叶，随着组织理论和行为科学的兴起，人事管理的范围和深度得到了显著扩展。学者们开始认识到，员工不仅仅是生产工具，他们的行为、动机和满意度对组织的整体绩效有着深远的影响。

在这一背景下，人力资源管理的概念逐渐形成。与传统的人事管理相比，人力资源管理更加强调员工的全面发展和组织的长远战略目标。人力资源管理不再仅仅关注员工的日常管理，也开始涉及员工的职业生涯规划、绩效评估、激励机制以及组织文化建设等方面。这一转变标志着人力资源管理从单纯的行政管理向战略管理的转变。

在高等教育领域，这一转变同样显著。传统的高校人事管理主要集中在教师的招聘、晋升和薪酬管理上，而随着人力资源管理理论的发展，高校开始意识到，教师和行政人员的发展对学校的整体竞争力和学术成就有着至关重要的影响。因此，高校人力资源管理逐渐从单一的行政管理向战略人力资源管理转变，强调通过系统的人力资源规划、培训和发展、绩效管理和激励机制来提升学校的整体绩效。

此外，随着全球化和技术进步的加速，高校人力资源管理面临着新的挑战和机遇。全球化带来了人才的跨国流动和多元文化的融合，这要求高校在人力资源管理中更加注重跨文化沟通和全球视野的培养。技术进步则推动了人力资源管理的信息化和智能化，使得高校能够更有效地进行人才的招聘、培训和绩效管理。

高校人力资源管理理论的早期发展是一个从人事管理向人力资源管理转变的过程，这一转变不仅扩展了管理的范围和深度，也提升了管理的战略性和前瞻性。随着时代的进步，高校人力资源管理将继续在理论和实践中不断演进，以应对日益复杂和多变的内外部环境。

二、早期人力资源管理的理论框架

在探讨高校人力资源管理理论的早期发展时，我们不可避免地要追溯到其理论框架的构建过程。这一时期的理论框架，虽然在今天看来或许显得基础和初步，但它们为后续更为复杂和精细的人力资源管理理论奠定了坚实的基础。

早期的人力资源管理理论框架主要围绕着“人事管理”这一核心概念展开。这一概念的提出，标志着组织管理从单纯的物质资源管理向人力资源管理的转变。人事管理的核心在于将员工视为组织的重要资源，而非仅仅是生产过程中的附属品。这一观念的转变，虽然在当时并未引起广泛的关注，但却为后来的理论发展提供了重要的思想基础。

在理论框架的构建过程中，学者们开始关注如何通过科学的方法来管理人力资源。例如，泰勒的科学管理理论在这一时期得到了广泛的应用。泰勒主张通过科学的方法来分析工作流程，从而提高工作效率。这一理论在高校管理中的应用，促使高校开始关注如何通过科学的手段来管理教师和行政人员的工作。然而，泰勒的理论也存在一定的局限性，它过于强调效率和标准化，忽视了员工的个体差异和情感需求。

随着时间的推移，马斯洛的需求层次理论逐渐进入了人力资源管理的视野。马斯洛的理论强调人的需求是多层次的，从基本的生理需求到自我实现的需求，每一层次的需求都需要得到满足。这一理论的应用，促使高校管理者开始关注员工的情感需求和职业发展，而不仅仅是工作效率的提升。

此外，赫茨伯格的双因素理论也为早期的人力资源管理理论框架提供了重要的支持。赫茨伯格认为，影响员工工作满意度的因素可以分为两类：保健因素和激励因素。保健因素主要包括工资、工作环境等，而激励因素则包括成就感、认可度和成长机会等。这一理论的应用，促使高校管理者开始关注如何通过提供激励因素来提升员工的工作满意度。

早期的人力资源管理理论框架虽然在今天看来或许显得简单和初步，但它们为后续更为复杂和精细的人力资源管理理论奠定了坚实的基础。这些理论不仅为高校管理者提供了科学的管理方法，也为后来的理论发展提供了重要的思想基础。随着时间的推移，这些早期的理论框架逐渐被更为复杂和精细的理论所取代，但它们在人力资源管理理论的发展历程中，始终占据着不可替代的重要地位。

三、早期人力资源管理的实践与挑战

在探讨高校人力资源管理理论的早期发展时，我们不可避免地要审视那个时期人力资源管理的实践及其所面临的挑战。早期的实践往往根植于传统的人事管理模式，这种模式在很大程度上依赖于行政命令和规章制度，而非现代意义上的战略性人力资源管理。

在那个时代，高校的人力资源管理主要集中在员工的招聘、薪酬管理和基本福利的提供上。这些活动虽然为高校的日常运作提供了必要的支持，但它们往往缺乏对员工潜能的深入挖掘和对组织长远发展的战略考量。这种管理方式的局限性在于，它未能充分认识到人力资源作为组织核心资产的价值，也未能有效地将人力资源管理与高校的整体战略目标相结合。

早期的挑战之一是管理理念的滞后。在许多高校中，人力资源管理被视为一种行政职能，而非战略合作伙伴。这种观念的滞后导致了人力资源部门在决策过程中的边缘化，限制了其在高校发展中的影响力。此外，由于缺乏系统的培训和发展机制，人力资源管理人员的专业素质往往难以满足日益复杂的管理需求。

另一个显著的挑战是管理模式的陈旧。传统的人事管理模式往往采用“一刀切”的方法，忽视了员工的个体差异和多样性。这种模式不仅难以激发员工的积极性和创造力，还可能导致人才的流失和组织的僵化。随着高校规模的扩大和竞争的加剧，这种管理模式的弊端愈发明显，促使管理者开始反思和探索更为灵活和人性化的管理方式。

此外，早期的高校人力资源管理还面临着社会环境变化的挑战。随着市场经济的深入发展和社会对高等教育需求的增加，高校不仅需要应对内部管理的复杂性，还要面对外部环境的快速变化。这种内外交织的压力要求高校人力资源管理必须具备更强的适应性和创新能力，而传统的管理模式显然难以满足这些新的需求。

总的来说，早期的高校人力资源管理实践虽然在一定程度上维持了高校的正常运作，但其局限性和面临的挑战也显而易见。这些挑战不仅推动了人力资源管理理念的更新和模式的变革，也为后续的理论发展和实践创新奠定了基础。通过回顾这一时期的历史，我们可以更清晰地认识到现代高校人力资源管理理论的演进路径，以及未来发展的方向。[28]

第四节　现代高校人力资源管理理论的形成与发展

一、现代高校人力资源管理理论的提出

现代高校人力资源管理理论的提出，标志着高校管理从传统的人事管理向更为系统化和科学化的人力资源管理转变。这一转变的背后，是社会经济的发展、高校内部管理需求的提升以及人力资源管理理论的不断成熟。

表 3-1 和图 3-1 展示了现代高校人力资源管理理论在不同时期的主要发展阶段和关键事件。从 20 世纪 80 年代开始，高校逐渐意识到传统人事管理的局限性，提出了向人力资源管理转变的需求。到了 20 世纪 90 年代，随着人力资源管理理论在企业中的广泛应用，高校开始借鉴这些经验，初步形成了自己的理论体系。进入 21 世纪初，高校人力资源管理理论进一步强调战略性人力资源管理的重要性，并在 2010 年代，注重人力资源的战略规划和绩效管理，理论得到了进一步的发展和完善。[29]

表 3-1　现代高校人力资源管理理论在不同时期的主要发展阶段和关键事件

时期	重要事件	代表人物
20 世纪 80 年代	高校开始意识到传统人事管理的局限性，提出向人力资源管理转变的需求	吴鹏、胡巧珍
20 世纪 90 年代	人力资源管理理论在企业中得到广泛应用，高校开始借鉴企业管理经验	张弘弢、李娟
21 世纪初	高校人力资源管理理论初步形成，强调战略性人力资源管理的重要性	石镇荣、刘鸿
2010 年代	高校人力资源管理理论进一步发展，注重人力资源的战略规划和绩效管理	刘春英、翁子健

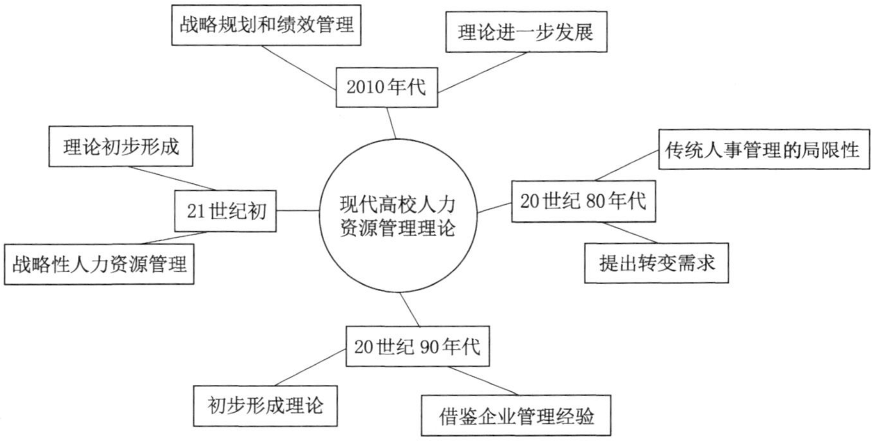

图 3-1　现代高校人力资源管理理论在不同时期的主要发展阶段和关键事件

二、现代高校人力资源管理理论的核心内容

现代高校人力资源管理理论的核心内容涵盖了多个关键观点和概念，这些观点和概念相互关联，共同构成了这一领域的理论框架。

图 3-2 所示思维导图展示了现代高校人力资源管理理论的主要观点及其相互关系。图中，“现代高校人力资源管理理论”作为根节点，其下分为六个主要分支：人力资源规划、招聘与选择、培训与发展、绩效管理、薪酬与福利、劳动关系。每个分支又进一步细分为具体的子概念。[30]

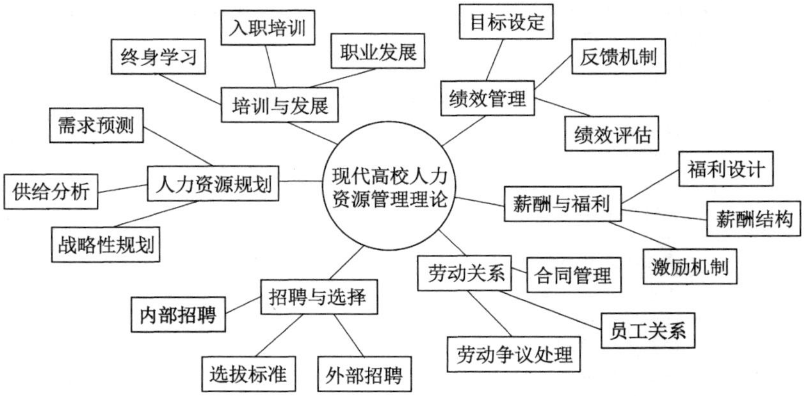

图 3-2 现代高校人力资源管理理论思维导图

（1）人力资源规划：包括战略性规划、需求预测和供给分析。战略性规划涉及高校长期人力资源需求的规划，需求预测是对未来人力资源需求的预测，供给分析是对内部和外部人力资源供给的分析。

（2）招聘与选择：涵盖内部招聘、外部招聘和选拔标准。内部招聘是指从现有员工中选拔，外部招聘是指从外部市场招聘，选拔标准是指确定选拔过程中的标准和条件。

（3）培训与发展：包括入职培训、职业发展和终身学习。入职培训是为新员工提供的初始培训，职业发展是为员工提供职业晋升和发展的机会，终身学习则是鼓励员工持续学习和提升。

（4）绩效管理：涉及目标设定、绩效评估和反馈机制。目标设定是为员工设定明确的工作目标，绩效评估是对员工工作表现的评估，反馈机制则是为员工提供及时的反馈和指导。

（5）薪酬与福利：包括薪酬结构、福利设计和激励机制。薪酬结构是确定员工的薪酬水平和结构，福利设计是为员工提供各种福利，激励机制是指通过各种激励手段激发员工的工作积极性。

（6）劳动关系：涉及合同管理、员工关系和劳动争议处理。合同管理是管理员工与高校之间的合同关系，员工关系是维护良好的员工与高校之间的关系，劳动争议处理是指处理员工与高校之间的劳动争议。

这些核心内容相互关联，共同构成了现代高校人力资源管理理论的框架，为高校的人力资源管理提供了理论支持和实践指导。[31]

三、现代高校人力资源管理理论的实践与应用

现代高校人力资源管理理论在实际操作中的应用情况，可以通过比较不同高校在人力资源管理实践中的效果来深入分析。图 3-3 所示柱状图展示了三所高校在人力资源管理实践中的效果对比。由图可见，高校 C 在员工满意度、绩效提升和人才保留率方面均表现最佳，分别为 90%、88%和 95%；高校 A 在员工满意度和人才保留率方面表现良好，分别为 85%和 90%，但在绩效提升方面略低于高校 C，为 78%；高校 B 在各项指标上均略低于高校 A 和高校 C，员工满意度、绩效提升、人才保留率分别为 75%、82%和 85%。

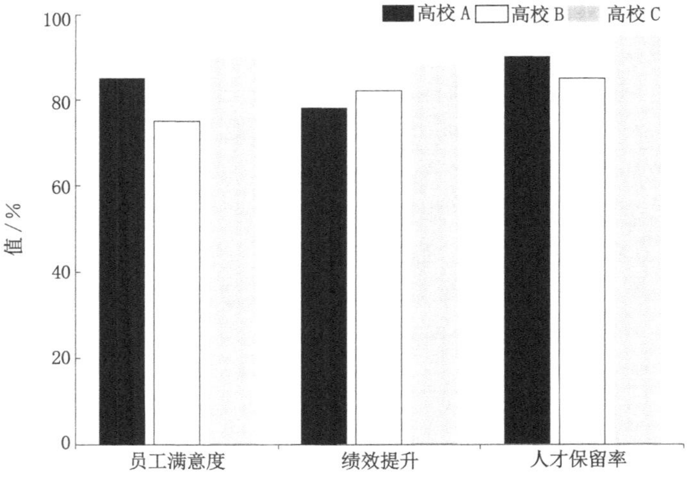

图 3-3　不同高校人力资源管理实践效果对比图

通过分析，可以看出高校 C 在人力资源管理实践中的效果最为显著，其成功可能归因于其先进的管理理念和有效的实施策略。高校 A 和高校 B 虽然在某些方面表现良好，但仍有改进空间，特别是在绩效提升方面。

为了深入探讨现代高校人力资源管理理论的实践与应用，我们可以进一步分析高校 C 的成功经验。高校 C 之所以能在员工满意度、绩效提升和人才保留率方面取得优异成绩，主要得益于以下几个方面：首先，高校 C 注重战略性人力资源规划，根据学校的长远发展目标，制定详细的人力资源需求预测和供给分析。这种规划不仅确保了学校能够及时获取所需的人才，还避免了人力资源的浪费和错配。其次，高校 C 在招聘与选择方面，建立了严格的选

拔标准和流程。无论是内部招聘还是外部招聘，都遵循公平、公正、公开的原则，确保选拔出真正符合学校需求的人才。同时，高校C还注重员工的职业发展，为员工提供多样化的培训和发展机会，鼓励员工持续学习和提升。在绩效管理方面，高校C建立了科学的目标设定、绩效评估和反馈机制。通过明确的工作目标和及时的绩效评估，员工能够清晰地了解自己的工作表现，并获得有针对性的指导和反馈。这种机制不仅激发了员工的工作积极性，还提高了学校的整体绩效。此外，高校C在薪酬与福利设计方面也非常注重激励性。通过合理的薪酬结构和多样化的福利设计，学校成功地激发了员工的工作热情、提高了忠诚度。同时，高校C还建立了有效的激励机制，通过奖励优秀员工、提供晋升机会等方式，进一步增强了员工的归属感和满意度。最后，高校C在劳动关系管理方面也非常出色。学校注重维护良好的员工关系，通过合同管理、员工关系维护和劳动争议处理等方式，确保了员工与学校之间的和谐稳定。这种良好的劳动关系不仅提高了员工的工作满意度和忠诚度，还为学校的长远发展奠定了坚实的基础。

综上所述，现代高校人力资源管理理论的实践与应用对于提升高校的管理水平和竞争力具有重要意义。通过借鉴高校C的成功经验，其他高校可以不断完善自己的人力资源管理体系，提高员工满意度、绩效提升和人才保留率，为学校的长远发展提供有力保障。[31]

第四章　新时代地方高校人力资源管理工作的现状与挑战

第一节　地方高校海外高端人才队伍长效建设机制

地方高校在人才引进、师资队伍建设等方面与一流高水平大学相比处于相对的劣势，必须抓住新一轮大学建设、学科建设的潮流，全面提升高端人才队伍的建设水平。

一、高校海外高端人才的内涵解析

1. 高端人才的社会定义

人才资源是当今社会最重要的资源，要实现科学发展，关键在科技，根本在人才。《国家中长期人才发展规划纲要(2010—2020年)》指出，人才是指具有一定的专业知识或专门技能，进行创造性劳动并对社会作出贡献的人，是人力资源中能力和素质较高的劳动者。海外高端人才，亦称高层次人才，是高层次留学人才和海外科技专家的统称。其中"高层次留学人才"是指我国公派或自费出国留学，学成后在海外从事科研、教学、工程技术、金融、管理等工作并取得显著成绩，为国内所急需的高级管理人才、高级专业技术人才、学术技术带头人，以及拥有较好产业化开发前景的专利、发明或专有技术的人才[32]。高校的海外高端人才一般都是某学科或领域内的专家，具有高学历和海外留学的经历，有较为丰富的科研、教学经验，有助于高校在人才培养、学科建设、科学研究、社会服务等方面发挥重要的作用。

2. 海外高端人才的实践分类

改革开放以来，我国出国留学人员已逾千万人，其中约半数学成回国。学成后仍留在海外工作的学子中，约有5%进入企业的高层、任职大学教授、主持重要科研项目或实验室，这些人被认为是"尖子人才"；有大约10%进入中层领域，担任助理教授及工程技术骨干，他们被认为是"优秀人才"。上述人员一般被定位为海外高层次留学人才。这是高校引才的重点对象，其中尤以“尖子人才”为重中之重。这部分人在海外有稳定的工作和较高的收入，他们与国内同行大多保持一定的学术和业务联系。

二、国外高端人才队伍建设的机制借鉴

1. 分阶段构建高端人才的动态成长机制

良好的平台建设是人才成长的基础：一是良好的工作环境，从制度上保证多劳多得；二是提前打造科研团队，等待高端人才的加入领衔；三是配备高端的、完备的科研设施，保障人才成长的硬件设施首先达到高端水平。例如，美国可以以各名牌大学为依托，供高端人才在各工业园进行创业和投资；日本建立高水平的研究基地来吸引世界各地的高端人才并供其成长。灵活的聘任制度的设立对高端人才的成长起到了促进和推动作用，如英国伦敦大学帝国学院已经建立了良性的高端人才聘任制度[33]，有力地促进了高校的教学和科研活动的开展。

2. 有针对性地制定高端人才的弹性引进和退出机制

在国外，异国国籍的人才流动主要是依靠跨国的猎头公司去运作的，高校的引进机制也比较有弹性，具有操作性强、灵活性高的特点。例如，美国通过改革移民的政策、简化签证的手续，优先考虑高层次技术人才的输入，真正为高端人才敞开了国家的大门。对高端人才的衡量也是比较苛刻和严厉的，如英国高校引进高端人才以聘任制为核心，并建立聚集师资人才的流动机制，所有高端人才的专业技术职务晋升建立在竞争机制上，并严格实行“非升即走”的残酷淘汰制。

3. 柔性与刚性结合的多维评价机制

目前，国内已经有高校建立柔性与刚性结合的评价机制，但是还没有全面地在所有的高校实行。在国外，高校基本采用柔性与刚性结合的多维评价机制，也就是刚柔并济的方式：一是有完整的高端人才管理体系，营造良好的民主、自由氛围，充分按照高端人才的实际教学、科研需求制定人性化、科学化的目标；二是充分信任引进的高端人才，按照既定的考核目标任其发展，不过多地进行干涉；三是严格考核任务，对照考核要求，逐条比对，严格评分，实施奖励惩罚机制。

三、地方高校海外高端人才队伍建设长效机制建设

1. 创新引进手段，优化引进程序

地方高校在引进海外高端人才的过程中可以创新机制，灵活手段，采取多种途径与高端人才建立合作联系方式，遵循国际惯例，不断优化引进的程序，逐步建立“绿色通道”，提高办事效率。地方高校可以充分调动国内外、校内外的资源，通过知名的专家、海内外的校友、国际学术会议、人才招聘猎头，积极主动利用一切方式、方法、资源、人力和财力，搜集专家信息组建信息库引进高端人才，共同组建引进高端人才的社会网络架构。一是可以通过广告广而告之，在一流媒体、顶级学术期刊、优质网页中发布高端人才的引进计划，并在此基础上建立专门的部门与介绍主页；二是委托专业公司运作，加强对人才的深刻了解与审核，规避人才引进风险；三是主动瞄准定位，与国外科研院所和高校建立长期的合作关系，并举办有针对性的招聘会，重点人才一对一沟通，做到“一人一议，一人一价，一事一报，一事一决”；四是利用各种国内外的学术会议引进高端人才，在与会之机，直接和高端人才面谈；五是以才荐才，通过科研项目合作、校友会、同乡会、专家推荐等平台大力引进高端人才；六是建立“柔性引进”制度，柔性引进就是“不求所有、但求所用”。如扬州大学通过构建“云端智库”，整合分散在各地的校友资源与行业专家，形成“柔性引进＋在地服务”的人才共享机制，有效缓解了海外高端人才短缺问题。

2. 优化引进标准，完善评价制度

地方高校的海外高端人才引进战略应与学校的发展定位和发展规划紧密联系，尤其是地方综合性大学通常定位为教学研究型大学，应结合自身实际情况，形成层次清晰、评价科学的人才引进标准，并根据办学规模、学科特色、发展方向、现有师资结构等理性确定高端人才引进的重点领域与层次、类型。地方高校引进的海外高端人才应确保是重点学科、专业建设的急需人才，尤其是新建专业、有特殊专业的学科带头人，必须加大引进力度，加速培养，使其尽早脱颖而出。人才的引进要精，要管用，避免盲目引进，而且要避免大材小用、引而不用，造成人才的浪费。在海外高端人才的引进环节，应建立严格的评审制度。组建学校的专家评审委员会，对拟引进的人才进行评估评审，确保所引进的人才都是具有真实实力，符合学校发展、学科建设需要的人才。在评估时可以重点把握人才的师德人品、国际声望，在某一学科领域的突出贡献和声誉等。目前的高端人才引进以个人引进为主，到校工作后难

以适应新的环境，可以援用、引进学术能力强的大师级高端人才领衔带领的学术团队，对团队重点支持、重点投入，促进学科和人才的全方位优化和组合，打造国内领先、学术成果丰硕的优秀创新团队，以此带动地方高校的学科进入国内领先行列，增强学科的影响力，全面提升学科的整体水平，最终实现“以人才吸引人才”的团队效应[34]。

3. 革新管理体制，完善系统机制

古人云“人才聚则事业举”。地方高校面对竞争日益激烈的发展局势，面对要快速提升内涵式发展的艰巨任务，应通过完善、革新管理体制，建立、加强配套体系，以开放的视野、超常的措施来实施人才强校战略。地方高校在引进人才的竞争中并不是“高地”，灵活的引才机制和良好的用人心态就显得十分重要。一是进一步完善海外高端人才引进待遇等举措，在条件方面给予大幅度的政策优惠和照顾，以此吸引高端人才，促使其安心工作，激发其创造的热情，全身心地投入学校的发展事业中。二是合理制定海外高端人才的管理政策。每个海外高端人才都有其独特的个性与特点，使用灵活、有针对性、有个性化的管理，及时为其提供配套服务，包括实验室、科研助手、办公环境等软件和硬件条件，创造宽松和谐的人文氛围和“尊重知识、承认差异、相互欣赏”的研究氛围，使其尽快投入教学科研工作。三是灵活管理海外高端人才。越来越多的海外高端人才利用假期业余时间来国内兼职做研究，这就在客观上为地方高校创造了挖掘人才的机会，不必拘泥于是否全职到校工作，可采取“讲座教授”“兼职教授”等多种形式，聘请海内外的高端人才，构建共同攻关的平台，使海外高端人才间的交流、互动变得更为长期、稳定。四是通过领航、铸魂、修德、卓越、暖心等五项工程，助力海外高端人才在教育教学、科研路上继续成长。

4. 动态分类考核，强化过程管理

对不同的学科、不同的岗位设置不同的招聘要求，面向海外高端人才实施分类管理，并制定分类考核的办法，明确海外高端人才在短期、中期、长期要达到什么样的目标、要完成什么样的任务，在引进协议中予以规定；在协议中还必须明确海外高端人才在学校的教学任务、科研任务、社会服务等方面的要求和任务，并制定相应的考核评价办法。建立以人为本，以绩效为核心，定性考核和定量考核相结合，由德、勤、绩、能等要素构成的海外高端人才考核评价体系，提高考核评价的科学性、规范性和可操作性。只有这样，地方高校的长效持久发展才会有更为强劲的人才队伍支撑保障，形成地方高校与海外高端人才的良性互动和协调发展、科学发展、和谐发展、持续发展。

第二节　提升高校青年教师思想政治工作实效策略

2013年中共中央组织部、中共中央宣传部、中共教育部党组联合印发《关于加强和改进高校青年教师思想政治工作的若干意见》，阐明了在新形势下高校青年教师思想政治工作的意义、学习内容和形式。目前，高校中青年教师人数占比较高，大部分青年教师爱岗敬业、思维活跃、勇于拼搏，他们中的很多人在教学、科研和管理工作中做出了优秀成绩，成为我国高等教育事业发展的中坚力量。同时也应看到，少数高校青年教师存在政治信仰迷茫、理想信念模糊、职业情感与职业道德淡化、服务意识不强等问题，个别教师甚至言行失范，不能为人师表。因此，加强师德师风建设、加强教师党员队伍建设、加强高校青年教师思想政治教育就成为高校青年教师党建工作的重要内容。

一、当前高校青年教师思想政治教育工作存在的问题分析

1. 高校对青年教师思想政治教育工作的重要性认识不够

当前我们正处于一个经济高速发展、信息飞速传播的时代，高校在教学、科研、社会服务方面的竞争尤为激烈。很多高校偏重于教师的科研贡献量、专利获得率、文章发表数，往往忽视高校青年教师的思想政治教育工作，导致其处于滞后甚至停滞状态。部分高校对青年教师的思想政治工作缺乏足够的认识和动力，工作流于形式，经常务虚不务实，缺乏相应的理论研究、制度建设和内容探索。同时，这些高校的政策导向造成许多青年教师急功近利，忽略对自我学习的要求，放松了对自身思想的建设，而热衷于追逐更多的物质利益。这种高校的"一手硬，一手软"政策在一定程度上造成了其青年教师思想政治教育工作的弱化。

2. 青年教师思想政治教育工作体系建设不完善

高校学生思想政治教育具有一套完整而高效的工作体系并配有专职的学生思想政治辅导员，对学生的学习提高、引导教育具有重要的意义。而高校教师尤其是青年教师的思想政治工作还处于一个尴尬的地位，不仅没有完善的垂直工作体系，而且缺乏相应的青年教师思想政治工作运行机制和工作机构。

3. 青年教师思想政治教育工作内容缺乏创新

随着高校一系列提高青年师资队伍综合素质能力的人才工程的开展，青年教师的素质水平得到了很大的提高。这要求高校青年教师的思想政治工作必须与时俱进、创新形式、丰富内容、拓展素材，使思想政治工作与青年教师的生活、工作与理论相结合。目前高校青年教师的思想政治教育工作存在内容不够丰富、缺乏创新等问题，往往还是机械沿用以往的或者针对学生的思想政治工作内容，缺乏对马克思主义中国化最新研究成果的时代化和校本化，从而使青年教师思想政治教育工作难以适应变化迅速的客观环境，不能满足新形势下高校提高青年教师综合素质的要求。

4. 青年教师的自我学习意识不强

高校青年教师面临着诸如科研、教学、婚恋、生活等各种压力，价值取向容易出现偏差，很多青年教师把对物质的追求和强化作为首要人生目标，注重索取而非贡献，对思想政治素质的自我学习、自我提高觉悟不高。

二、提升高校青年教师思想政治工作实效策略

1. 围绕政治理论学习，提升青年教师思想政治学习的主动性

高校青年教师的思想政治工作应该把坚持正确的政治方向放在第一位。政治认同是思想政治工作的重要目标。理论是行动的指南，高校在新形势下尤其要加强青年教师的思想政治教育，用中国特色社会主义理论来武装青年教师，提高广大青年教师的政治素质，使他们端正教书育人的态度，增强教师的职业道德，真正做到为人师表，成为学生的良师益友。同时，高校的各级领导层都要加强对青年教师思想政治工作必要性和紧迫性的认识，必须从学校发展和社会进步的战略高度来看待青年教师思想政治教育工作。要强化青年教师的政治理论学习，完善并严格执行青年教师的政治理论学习制度。在保证政治理论学习时间和质量的基础上，充分结合青年教师自身的岗位和职业特点巩固学习成果。通过多种形式的政治学习统一教师的认识，激发青年教师的工作积极性和热情。

2. 健全党建工作机制，强化青年思想政治工作队伍建设

高校党委应本着帮扶、引领的宗旨，以人为本，创造各种机会，搭建各种平台帮助青年教师学习成长。实践证明，高校青年教师思想政治工作应该统一在学校党委的领导下，构建由党委宣传部牵头，其他职能部门如人事、组

织、教务、工会等为配合部门，学院为管理基本单位的党政工团“齐抓共管”的领导管理机制。健全机制，完善“齐抓共管”是加强和改进高校青年教师思想政治工作的关键[35]。高校青年教师既是教育者也是受教育者，要吸收优秀的青年教师充实政治工作干部队伍，全方位拓展高校德育空间，健全完善系统化、多层次、多渠道的青年教师思想政治教育工作体系。同时高校还应建设配套的青年教师思想政治工作激励机制，即通过合理的政策、健全的措施、必要的载体等形态，配套合理的利益分配机制，最大限度地调动广大青年教师的积极性，激发教师的责任感、荣誉感，并将之升华为青年教师的良好群体行为，促使广大青年教师能够自觉地全面提高自身素质。

3. 打造青蓝工程平台，发挥教授在青年思想政治工作中的引领作用

高校中德高望重的教授在青年思想政治教育工作中具有举足轻重的引领作用，因此如何发挥好教授的这种榜样引领作用至关重要。党的十八大报告明确提出：要探索教授治学的有效途径，充分发挥教授在教学、学术研究和学校管理中的作用。可以通过无私奉献、爱岗敬业、开拓创新、学术严谨、思维缜密、师德崇高的教授的“传帮带”来开展思想政治教育工作。青蓝工程正是这样一个符合要求的平台。青年教师学历层次比较高，知识结构比较新，思想比较活跃，视野比较开阔，善于吸收新观点，是高校教师队伍中生机与活力的代表。同时，青年教师的特质决定了其比较容易受社会环境和多元文化思潮的影响，加之当前高校青年教师的生活、工作压力普遍比较大，这些都给青年教师思想政治教育工作带来了挑战。因此，可以充分依靠青蓝工程、以导师制为抓手开展青年教师思想政治教育工作。导师群体可以根据青年教师的特点结合自身的经验来帮助他们端正思想、制定教学目标、进行工作实践。实践证明，导师制可以有效促进青老教师的沟通交流，加强青年教师的师德师风建设，帮助青年教师专业能力的成长。

4. 创新工作理念，提升青年教师思想政治工作的影响力

高校青年教师思想政治教育工作要突出长效性、专业化等特点，以培训为主要手段，以党校为主要渠道，定期制定青年教师党员培训规划，构建多层次、多渠道的党员教师教育培训体系。高校应树立以人为本的思想，切实关心教师的利益，满腔热情地帮助他们解决实际问题。高校应理解教师的具体处境，设身处地地为他们着想，尊重教师的人格、权利、个性、兴趣、爱好。第

一，高校应通过讲座、论坛、教学、科研，强化社会主义核心价值体系教育，加强学术道德建设，培育优良师风学风，引导高校青年教师自觉抵制急功近利、心浮气躁的倾向，志存高远、不慕虚名，倾心育人、专心治学。第二，高校应研究新时代的新情况和青年教师的新特点，丰富教育方法，拓宽教育途径，搭建教育平台，加大教育投入，善于利用社会实践、师生互动、网络教育服务等多种方式，在潜移默化中渗透青年教师的思想政治教育工作。第三，高校应广泛开展青年教师社会实践活动，鼓励青年教师走出课堂、走向社会，在实践中进一步了解国情、社情、民情，正确认识国家前途命运以及自身所承担的社会责任。高校要创造条件，搭建平台，选派青年教师挂职锻炼，鼓励青年教师参与产学研结合项目，推动青年教师深入基层参加生产劳动，开展调查研究、学习考察、志愿服务活动。第四，高校应组织青年教师积极参与学生思想政治教育工作，在参与学生思想政治教育实践中进一步提高自身的思想认识水平。要健全青年教师参与学生思想政治教育的有效途径和长效机制，完善有关聘任、管理和考核制度，落实相关待遇。第五，创新青年教师网络思想政治教育工作。一方面要加强网络道德建设，强化青年教师对自身网上言行的法律意识和责任意识；另一方面要积极搭建网络教育服务平台，充分发挥、挖掘网络在青年教师思想政治教育工作中的功能。

第三节　地方高校教辅人才队伍建设路径

在“双一流”建设与创新驱动发展战略的推动下，地方高校已成为国家科技创新体系的核心力量。作为支撑教学与科研活动的关键角色，教辅人才（包括实验技术人员、图书情报人员、信息技术支持人员、设备管理人员等）的作用日益凸显。然而，当前教辅人才队伍建设普遍存在定位模糊、职业通道狭窄、能力更新滞后等问题，制约着大学核心竞争力的提升。根据国家《统筹推进世界一流大学和一流学科建设总体方案》，大学“双一流”建设核心是一流学科建设。拥有一流学科的重要标志是：有一流的人才队伍，有较好的学科方向，培育出一流的人才，产出一流的成果。而建设一流学科必须有一个重要的支撑条件，即条件良好的基地，这个基地就是实验室。目前国内高校实验室包括国家级重点实验室、省部级重点实验室、校级实验室以及各类工程研究中心等，层次和种类比较多。因此，要管理好、建设好这些不同层次和种类的实验室，除高水平的教学、科研、管理队伍外，大学还要抓好三项工作：实验队伍、实验设备和实验室管理。

地方高校分别从“高水平”和“研究型”两个方面对大学的发展提出了要求，关键标志主要包括三个方面：一是培养高质量高层次人才，二是实现国家重大科技目标，三是整体实力具有国际竞争力。研究型大学区别于其他普通大学的标志在于“研究型”，即重视科学研究并取得高水平的成果，而高层次人才和创新团队要做出较高水平的科研成果，就必须依靠高水平的实验室。建设高水平的科学研究实验室离不开先进的科研设备和优越的环境条件，更为重要的是离不开一支政治素质过硬、创新能力较强、教学科研水平较高、综合素质较高的实验人才队伍，高水平实验室与实验人才队伍是相辅相成的辩证统一关系。因此如何建设实验人才队伍，提高地方高校实验室的教学水平、科研成效、自主创新能力等，是众多大学亟待解决的问题。

一、当前高校人力资源管理工作存在的问题分析

1. 重视程度不够，岗位职责不清

长期以来，专任教师是高校的主体，实验技术人员归类于教辅队伍，且在“双一流”背景下，高校决策层大多只重视高层次人才的引进与培养工作，对实验技术人员的岗位职责还停留在管理维护实验设备、准备学生实验教学、协助教师做好教学科研工作等层面，所以这支队伍一直未引起足够的重视，应有的职能和效能未能得到有效发挥。

2. 学校地位不高，发展空间有限

受传统观念束缚，实验技术人员处于辅助、从属地位，在人员配备、队伍建设、人员晋升、福利待遇、进修培训等方面与专任教师存在较大差距[36]。实验技术人员作为教辅人员，从学校管理层面上得不到应有的权利与尊重，甚至有“低人一等”的心态，对实验教学、实验科研和实验管理等工作缺乏价值认同感、岗位责任感和职业荣誉感。

3. 制度不够健全，队伍不够稳定

国家针对高校的师资队伍建设出台了一系列的鼓励优惠政策，各省和高校也配套出台了一揽子人才引培计划，但是针对高校的实验人才队伍建设的整体规划和激励举措一直处于模糊状态。很多大学配套的实验人员管理制度和竞争机制不够健全，缺乏有效的激励与竞争，实验人才存在年龄结构老化、学历层次不高、素质能力不高、人员流动性较大等现象，直接影响了实验教学和科研、实验室的发展与建设。

二、人才队伍建设路径探析

1. 更新观念、合理规划

加强实验人才队伍建设，首在转变传统观念。中国科学院院士冯端教授曾经说过："实验室是现代大学的心脏，实验室的作用再强调也不过分"[37]。这充分说明了实验室在大学开展教学、科研、社会服务等工作中的地位。地方高校无论是在人才培养、教师队伍、科学研究，还是在社会服务、文化传承创新、科技成果转化等方面都离不开一流实验室作为支撑和载体，而高水平的实验人才队伍则是一流实验室建设发展的重要保障，是地方高校办学的重要基础。地方高校决策层应充分考虑到在新时代实验人才队伍建设与高层次人才队伍建设具有同等重要性，实验人才队伍的质量直接决定了学校是否具有高水平、是否具有"双一流"建设的能力。

在高校，一般把实验人才列为教辅人员，聘任在专业技术岗位上，随着"双一流"建设的加快，实验人才不是简单意义上的仪器设备的操作和维护者，而是教学实验的授课者，大型先进仪器设备的操作和维护者，科学研究的实践者，科研平台、基地的建设者，自主研发科研设备的先行者。实验人才队伍建设是一项复杂、长期而又艰巨的任务，地方高校应根据《中共中央 国务院关于分类推进事业单位改革的指导意见》和《国家中长期发展教育改革和发展规划纲要(2010—2020年)》等文件的指导，结合学校的发展目标和整体定位，将实验人才队伍建设纳入学校整体人才队伍建设发展规划，逐步形成一支结构合理、业务技能精湛，具有较强实践创新能力的实验人才队伍。

2. 定岗定编、分类管理

按照教育部编制规定，根据实验教学、科学研究、社会服务等岗位不同要求和任务，对地方高校的实验室进行合理定编设岗，合理设置各个岗位数量，并采取公开招聘、竞争上岗等办法，逐步实行固定编制和流动编制相结合的聘任制度[38]。实验人才队伍根据人员工作特点和性质可以细分为实验教学岗、实验技术岗和实验管理岗[39]。

在实际工作中，根据岗位特点和工作需要，明确各个岗位的岗位职责和工作任务，可实行一人兼任多个岗位或多人执行相同的岗位职责。实验教学岗位可由具有丰富实验教学经验的人员担任，主要负责实验课的教学授课、实验课程研究与改革、实验教材的编写、大学生创新创业项目的研究与指导等。实验技术岗位可由技术骨干担任，主要负责仪器设备的采购、管理、操作与维护，实验室的日常管理，实验室的安全与卫生，精密高端仪器设备的使用管理、操作培训、开放共享、自主或参与研发仪器设备等。实验管理岗位可由具有管理能力的人员担任，主要负责实验室的发展与规划，把学科建设与实验室建设紧密结合在一起，明确实验室从事科学研究的方向，真正让实验室服务于学科。

在现有岗位编制下综合考虑地方高校各学院、平台、中心等的学生人数，学科方向，实验教学课时数，仪器设备体量、规模，科研承担工作量等因素，采用科学设岗、灵活用人的机制逐渐配备配齐实验人才。一是采用事业编制和人事代理相结合的方式。关键岗位、重要岗位、技术类岗位等可引进高层次人才作为实验室队伍的骨干和核心力量，重复性工作、技术含量不高等岗位可聘用人事代理身份人员。二是采用专职和兼职结合的方式。地方高校应建立以专职实验人才为主、兼职实验人才共同参与的模式。三是采用固定岗位和流动岗位结合的方式。地方高校可根据承担的科研项目和任务、精密高端仪器设备开放利用程度等，设置合同流动岗位，用于短期的人员培训、仪器设备开放与利用指导、重点实验室建设规划与指导等。

3. 完善机制、强化考核

完善地方高校实验人才专业技术职务晋升通道和制度设计。实验人才队伍要放到一流学科建设中，按技术门类进行分类建设，形成系统评价标准和考核机制，技术等级应按照教师岗位分类别、分层次设计，确保实验技术人员的发展空间和晋升渠道[40]。设立正高级实验师岗位；修订专业技术职务评聘办法，优化评审条件，根据实验人才工作特点和岗位任务分类管理、分类评价；指标单列、单独评审。如 2018 年扬州大学按照“双一流”建设目标要求，修订了学校专业技术职务评审资格条件，其中包含了实验技术系列，同时开通正高级实验师的晋升渠道。评审条件着重发明专利、科研成果、实验教学、实验技术创新、实验室建设、仪器设备改造创新等，拒绝“唯论文”。引导实验技术人员在实验教学创新、实验技术改革创新、实验工艺流程优化、开放共享实验室建设、实验仪器设备改造升级、功能开发、实验室建设等方面展开研究，为培养高水平实验技术人员创造了良好的条件。

一流的工程师对产出一流的科研成果具有不可估量的作用，要树立一流科学家和一流工程师同等重要的理念，打通教师与实验技术人员的职务边界，实施教师可转岗到实验技术系列。同时，还要凭借灵活的用人机制，聘任企业能工巧匠作为专兼职技术人员，壮大实验人才队伍。实验室建设不仅对校内开放，还要对外开放。例如，国外一流的实验室大多对外开放，不仅收取高额的管理费，还共享一流的科学家和实验成果，有利于巩固和提升学科的引领地位。

提高地方高校实验人才的收入水平和制度设计。在薪酬待遇上，建立与专任教师同岗同酬的薪资待遇体系，同时引入年薪制、协议工资制、项目工资制等多元化薪酬制度[41]。鼓励实验人才积极参与教学、科研和社会服务工作，将实验人才的教学科研成果纳入教学科研奖励范畴[42]。

建立科学、合理、公正的实验人才队伍考核评价制度是实现实验人才队伍稳定发展的重要途径。根据各个岗位的不同，制定不同的考核内容和要求，建立以聘期考核为主、年度考核为辅的考核评价体系，考评方法以定性与定量相结合，考核结果与职务晋升、工资绩效、进修培训、人员奖励、岗位聘任等挂钩[43]。实验教学岗位考核内容主要包括教学能力、课程设计、教学成效、培养学生、实验教学改革创新、教材编写、教学论文发表、设计教学项目、获奖等。实验技术岗位考核内容主要包括仪器设备操作、维护，自主或参与仪器设备研发、课题项目情况，论文发表和科研成果数量等。实验管理岗位考核内容主要包括学习能力、研究能力、协调沟通能力、统筹规划能力、服务质量、工作效率等[44-45]。

建立健全物质激励和精神激励相结合的激励机制，从而激发实验人才的工作热情，提高其积极性，建立良性循环的机制[46]。如在物质奖励方面，制定考核工作量的同时，将工作量以量化的形式与年终绩效分配有机结合；在精神奖励方面，根据情况设置各类奖项，对优秀的实验人才及时予以肯定和奖励。

4. 引进人才、加强培训

引进实验技术高层次人才，引领实验室建设。制定实验技术高层次人才引进的基本标准，采取有效措施，积极引进具有博士学位的高层次人才。学校可给予购房补贴、安家费等待遇保障，使高层次人才来校后能安心稳定、积极迅速投入实验教学、科研合作、人才培养、实验课程设计等方面的工作。另外，可鼓励青年专任教师转岗专职或兼职从事实验技术工作，优化实验人才队伍的学历结构、职称结构和年龄结构，提升整体素质[47]。

建立完善的培训制度。重视实验技术人员的培训，使其从入校起就接受系统的岗前培训，并增加入职宣誓仪式等环节，增强其责任感和使命感。现代实验仪器设备日新月异，技术手段不断升级，实验人才必须与时俱进，不断学习和更新知识，积极提升自身的业务素质和能力，因此建立多形式、多层次、高标准、高要求、全方位的实验人才队伍进修培训机制十分必要。将实验人才队伍培训内容纳入学校师资队伍建设整体规划，在经费和人员上给予保障，逐步从基础理论知识培训向专题专项培训过渡。建立实验人才学历进修、技术培训、能力培养等线上、线下的培训体系，如实验专家交流会、理论专家指导会、业务能力提升班、技术骨干进修班、实验教学与创新人才培养班、高校科研院所实验交流班、国内高校访问学者项目、海外合作交流项目、学校公派出国项目、校企合作项目、英语培训强化班等，保证实验人才培训、交流、进修的系统性和完整性，从政治思想素质到工作业务能力，从入职基础知识培训到实验技术前沿，从管理知识到学科知识，全面提升实验人才队伍的综合素质和创新思维。

三、结语

实验人才队伍建设是地方高校实验室建设的关键环节，是培养创新创业人才的有力保障，是开展教学科研、社会服务、文化传承创新的有力载体，是科技创新成果研究推广的有力支撑。在“双一流”建设背景下，地方高校应重视实验人才队伍建设问题，通过完善机制体制，加强人事制度设计，逐步建立起一支政治素质过硬、创新能力较强、教学科研水平较高、结构合理、综合素质较高的实验人才队伍，从根本上助推“双一流”大学的建设发展。

第五章 国内外高校人力资源管理模式比较研究

第一节 国外高校人力资源管理模式概述

一、美国高校的人力资源管理模式

美国高校的人力资源管理模式以其高度专业化和系统化的特点著称，这一模式不仅体现了美国高等教育体系的灵活性和创新性，也为全球其他国家的高校提供了宝贵的借鉴经验。[48]

美国高校的人力资源管理强调个性化发展，鼓励教职员工根据自身的研究兴趣和专长进行职业规划，这不仅激发了教职员工的工作热情，也促进了学术创新和科研进步。此外，美国高校普遍实行灵活的聘任制度，如终身教职制度，既保障了教职员工的职业稳定性，又激发了他们的职业发展和创新潜力。同时，美国高校注重教职员工的绩效评估和激励机制，通过定期的评估和反馈，帮助教职员工明确工作方向，提升工作效能，并通过丰厚的薪酬、奖金和福利待遇，吸引和留住优秀人才。[48]

美国高校还十分注重教职员工的职业培训和继续教育，为他们提供丰富的学习资源和成长机会，不断提升教职员工的专业素养和综合能力。这种对教职员工个人成长和职业发展的重视，进一步增强了教职员工的归属感和忠诚度，为高校的长远发展奠定了坚实的人才基础。另外，美国高校的人力资源管理模式还强调团队合作和跨学科交流，鼓励教职员工之间的合作与共享，促进了学术交叉和融合，为高校的创新发展提供了源源不断的动力。[48]

美国高校还建立了完善的教职员工参与机制，鼓励教职员工参与到学校的决策和管理中来，这不仅增强了教职员工的主人翁意识，也提高了学校决策的民主性和科学性。同时，美国高校还注重教职员工的心理健康和福利保障，为他们提供心理咨询和健康管理服务，以及多样化的福利项目，如家庭关怀计划、灵活的工作时间和远程工作选项等，这些措施有效缓解了教职员工的工作压力，提升了他们的生活质量和工作满意度。

综上所述，美国高校的人力资源管理模式在促进教职员工个人成长、增强团队合作、提升学校创新能力和维护教职员工心理健康等方面都表现出了显著的优势，为全球高等教育的发展树立了典范。

通过分析，我们可以更深入地理解美国高校人力资源管理模式的复杂性和多样性。这一模式不仅为美国高校的持续发展提供了有力支持，也为全球其他国家的高校提供了宝贵的借鉴经验。在新时代背景下，深入研究和借鉴美国高校的人力资源管理模式，对于提升我国地方高校的管理水平具有重要意义。

二、欧洲高校的人力资源管理模式

在探讨欧洲高校的人力资源管理模式时，首先需要理解其独特的历史背景和文化传统。欧洲的高等教育体系，深受其悠久的学术传统和多元文化影响，形成了与美国等其他地区截然不同的人力资源管理实践。欧洲高校的人力资源管理模式，通常强调学术自由、平等和合作，这与欧洲社会对民主和集体主义的重视密切相关。[49]

在欧洲，高校人力资源管理的核心在于对学术人员的尊重和保护。学术自由被视为高等教育的基本原则，因此在人力资源管理中，学术人员的自主权和决策参与度得到了高度重视。例如，在德国，教授的聘用和晋升通常需要经过严格的同行评审，确保学术质量的同时，也保障了学术人员的职业发展空间。这种模式不仅体现了对学术能力的尊重，也反映了欧洲社会对专业知识和技能的高度认可。

此外，欧洲高校的人力资源管理还注重平等和多样性。在许多欧洲国家，高校的招聘和晋升过程必须遵循严格的平等原则，确保所有候选人都能在公平的环境中竞争。例如，瑞典的高校在招聘过程中，会特别关注性别、年龄和种族的多样性，以促进校园文化的多元化和包容性。这种做法不仅有助于提升高校的整体竞争力，也为学生提供了更加丰富和多元的学习环境。[49]

在管理结构上，欧洲高校通常采用分散化的管理模式，赋予各学院和系部更大的自主权。这种模式有利于激发基层单位的创新活力，同时也要求人力资源管理具备更高的灵活性和适应性。例如，在英国，许多高校采用“学院制”管理模式，每个学院都有自己的管理委员会，负责本学院的人力资源管理。这种模式不仅提高了管理的效率，也增强了学术人员对组织的归属感和责任感。

欧洲高校的人力资源管理还强调合作和团队精神。在许多欧洲国家，高校的学术研究和教学工作通常以团队形式进行，强调集体智慧和协作精神。例如，在法国，高校的科研项目通常由多个教授和研究人员共同承担，通过跨学科的合作，提升研究的质量和影响力。这种模式不仅促进了学术交流和合作，也为学术人员提供了更多的职业发展机会。[50]

总的来说，欧洲高校的人力资源管理模式以其独特的历史背景和文化传统为基础，形成了强调学术自由、平等、多样性和合作的管理实践。这种模式不仅体现了欧洲社会对高等教育的高度重视，也为全球高校的人力资源管理提供了宝贵的经验和启示。通过深入研究和比较，我们可以更好地理解不同文化背景下的人力资源管理模式，从而为我国地方高校的人力资源管理改革提供有益的借鉴。

三、日本高校的人力资源管理模式

日本高校的人力资源管理模式在很大程度上反映了其独特的文化背景和社会结构，这种模式不仅强调了学术自由和创新，同时也注重集体主义和社会责任。日本高校的人力资源管理可以被概括为一种“公式化”的管理模式，这种模式在保持灵活性的同时，也确保了高度的组织纪律性和效率。[50]

在日本，高校人力资源管理的核心在于“终身雇佣制”和“年功序列制”。终身雇佣制意味着一旦教师被聘为正式员工，他们通常会在同一所大学工作直至退休，这种制度为教师提供了稳定的工作环境和长期的职业发展路径。年功序列制则根据教师的工龄和资历来决定其薪酬和职位晋升，这种制度鼓励教师在同一机构内长期服务，从而形成深厚的专业知识和经验积累。

此外，日本高校的人力资源管理还强调“内部晋升”和“团队合作”。内部晋升制度确保了管理层的稳定性和连续性，同时也激励教师在学术和行政领域内不断提升自己。团队合作则是日本高校文化的重要组成部分，教师们通常以团队的形式进行教学和研究，这种合作模式不仅提高了工作效率，也促进了知识的共享和创新。

在招聘和选拔方面，日本高校通常采用“推荐制”和“公开招聘”相结合的方式。推荐制依赖于现有教师的推荐和评价，这种方式确保了新教师的质量和适应性。公开招聘则通过竞争性的选拔过程，吸引和选拔最优秀的人才。这两种方式的结合，既保证了教师队伍的高素质，也体现了公平和公正的原则。

日本高校的人力资源管理还注重"持续教育"和"职业发展"。高校通常会为教师提供各种培训和进修机会，帮助他们不断提升专业技能和知识水平。此外，高校还会定期评估教师的绩效，并根据评估结果提供个性化的职业发展建议和支持。

总的来说，日本高校的人力资源管理模式是一种高度结构化和系统化的管理方式，它既体现了日本社会的集体主义和长期主义价值观，也反映了高校对学术自由和创新的追求。这种模式在保持组织稳定性和效率的同时，也为教师的职业发展和个人成长提供了广阔的空间。通过对日本高校人力资源管理模式的深入研究，我们可以获得许多有益的启示，尤其是在如何平衡组织纪律性和个体创造力方面。

第二节　国内高校人力资源管理模式概述

一、传统管理模式的特点与局限性

在深入探讨国内高校人力资源管理模式的演进过程中，传统管理模式无疑占据了重要的历史地位。这一模式在特定的历史时期内，为高校人力资源的配置与管理提供了基础框架，但随着时代的变迁，其内在的特点与局限性也逐渐显露。

1. 特点

传统管理模式的核心特点在于其高度集中化和制度化的管理方式。在这种模式下，高校人力资源的管理主要依赖于自上而下的行政命令和严格的规章制度。具体而言，传统管理模式具有以下几个显著特点：

（1）行政主导

高校人力资源的管理决策主要由行政机构制定和执行，教职员工的选拔、晋升和评价等环节均受到行政权力的严格控制。这种行政主导的管理方式确保了高校在特定历史时期内的稳定运行，但也导致了管理决策的灵活性和创新性不足。

（2）制度化管理

传统管理模式强调制度的刚性和稳定性，通过制定详细的规章制度来规范教职员工的行为和工作流程。这种制度化管理虽然在一定程度上保障了高校的运行秩序，但也容易导致管理僵化和缺乏弹性。

(3) 层级分明

传统管理模式下的高校组织结构呈现出明显的层级特征,从校级领导到基层教职员工,每一层级都有明确的职责和权限划分。这种层级分明的管理结构有助于明确责任和提高执行效率,但也可能导致信息传递的滞后和决策的迟缓。

(4) 重视资历

在传统管理模式下,教职员工的晋升和评价往往与资历密切相关,资历越深,晋升的机会越大。这种重视资历的管理方式在一定程度上激励了教职员工的长期投入,但也可能导致人才选拔的僵化和创新能力的不足。

2. 局限性

尽管传统管理模式在特定的历史时期内发挥了重要作用,但其内在的局限性也逐渐成为制约高校人力资源管理进一步发展的瓶颈。具体而言,传统管理模式的局限性主要体现在以下几个方面:

(1) 灵活性不足

传统管理模式的高度集中化和制度化管理方式导致管理决策的灵活性不足,难以适应快速变化的外部环境和内部需求。特别是在新时代背景下,高校面临着多样化和个性化的管理需求,传统管理模式的僵化性愈发凸显。

(2) 创新能力受限

传统管理模式下的层级分明和重视资历的管理方式,往往抑制了教职员工的创新能力和积极性。在这种管理模式下,教职员工的晋升和评价主要依赖于资历和行政命令,而非实际的工作表现和创新能力,从而导致高校在创新方面的动力不足。

(3) 信息传递滞后

传统管理模式下的层级分明和行政主导的管理方式,导致信息传递的渠道单一且滞后。特别是在信息化和网络化快速发展的今天,传统管理模式的信息传递滞后性愈发成为制约高校管理效率的重要因素。

(4) 人才选拔僵化

传统管理模式下的重视资历和制度化管理方式,导致人才选拔的机制僵化和缺乏灵活性。在这种管理模式下,教职员工的选拔和晋升往往依赖于既定的规章制度和行政命令,而非实际的工作能力和潜力,从而导致高校在人才选拔方面的效率和效果不佳。

传统管理模式在特定的历史时期内为国内高校人力资源的管理提供了

基础框架，但随着时代的变迁，其内在的特点与局限性也逐渐显露。在新时代背景下，高校人力资源管理需要突破传统管理模式的束缚，探索更加灵活、创新和高效的管理模式，以适应快速变化的外部环境和内部需求。[51]

二、现代管理模式的改革与发展

在国内高校人力资源管理模式的改革与发展中，现代管理模式的引入与实践无疑扮演了至关重要的角色。这一进程不仅是对传统管理模式的深刻反思，更是对全球化背景下高等教育管理理念的积极响应。现代管理模式的改革与发展，其核心在于将人力资源视为高校发展的战略资源，而非仅仅是行政管理的附属品。

首先，现代管理模式在高校中的应用，显著体现在人力资源规划的科学化与系统化。传统的高校人力资源管理往往依赖于经验主义和行政指令，缺乏对未来人才需求的精准预测和规划。而现代管理模式则强调通过数据分析和市场调研，制定出符合高校长远发展目标的人力资源战略。例如，通过引入人力资源信息系统（HRIS），高校能够实时监控教职员工的工作状态、绩效表现及职业发展路径，从而为人才的引进、培养和保留提供科学依据。

其次，现代管理模式在激励机制上的创新，也是其改革与发展的重要组成部分。传统的高校激励机制以职称晋升和薪资调整为主，这种单一的激励方式难以满足现代高校教职员工多元化的需求。现代管理模式则倡导构建多元化的激励体系，包括但不限于绩效奖金、职业发展规划、学术自由度提升等。例如，某些高校通过设立“青年学者计划”，为年轻教师提供更多的学术资源和研究支持，从而激发其科研创新的热情。

此外，现代管理模式在人才培养与开发上的改革，也是其显著特征之一。传统的高校人才培养模式往往侧重于知识的传授，而忽视了教职员工的全面发展。现代管理模式则强调通过系统化的培训和开发计划，提升教职员工的综合素质和专业能力。例如，通过引入“导师制”和“轮岗制”，高校能够为教职员工提供更多的实践机会和职业发展路径，从而增强其职业竞争力和归属感。

最后，现代管理模式在绩效评估上的改革，也是其不可或缺的一部分。传统的绩效评估以年度考核为主，评估标准单一且缺乏灵活性。现代管理模式则倡导构建动态的、多元化的绩效评估体系，通过360°反馈、关键绩效指标（KPI）等方式，全面评估教职员工的工作表现和贡献。例如，某些高校通过引入“绩效合约”制度，将教职员工的绩效目标与高校的战略目标紧密结合，从而确保绩效评估的科学性和公正性。

现代管理模式在国内高校人力资源管理中的改革与发展，不仅是对传统管理模式的深刻反思，更是对全球化背景下高等教育管理理念的积极响应。通过科学化的人力资源规划、多元化的激励机制、系统化的人才培养与开发以及动态的绩效评估体系，现代管理模式为国内高校人力资源管理注入了新的活力和动力，也为高校的长远发展奠定了坚实的基础。[51]

三、创新型管理模式的探索与实践

在国内高校人力资源管理模式的演进中，创新型管理模式的探索与实践无疑占据了一个至关重要的位置。这一模式的核心在于通过引入先进的管理理念和技术手段，推动高校人力资源管理的现代化和科学化，从而提升整体教育质量和学术水平。

在创新型管理模式的实践中，高校首先注重的是人力资源的战略性配置。传统的管理模式往往侧重于人员的数量和基本职能的满足，而创新型管理模式则更加强调人员的质量和战略性作用。通过引入大数据和人工智能技术，高校能够更精准地分析和预测人力资源的需求，从而实现人员的优化配置。例如，某些高校已经开始利用大数据分析学生的学习行为和教师的教学效果，以此为基础进行人力资源的动态调整，确保每一位教师和学生都能在最适合的环境中发挥最大的潜力。

其次，创新型管理模式强调的是人力资源的持续发展和终身学习。在知识经济时代，知识的更新速度极快，高校作为知识的传播和创新中心，必须确保其人力资源具备持续学习和创新的能力。为此，许多高校引入了“学习型组织”的概念，通过建立完善的培训体系和职业发展路径，鼓励教师和行政人员不断更新知识和技能。例如，一些高校设立了专门的职业发展中心，为教师提供定期的培训和进修机会，同时也为行政人员提供管理技能的提升课程，从而确保整个组织能够适应不断变化的教育环境。[52]

此外，创新型管理模式还注重人力资源的激励机制和绩效管理。传统的激励机制往往依赖于单一的薪酬体系，而创新型管理模式则更加多元化和灵活。通过引入绩效管理系统和多样化的激励手段，高校能够更有效地激发员工的工作积极性和创造力。例如，某些高校已经开始实施基于绩效的薪酬体系，将教师的科研成果、教学质量和学生评价等多方面因素纳入考核范围，从而确保薪酬的分配更加公平和合理。同时，高校还通过设立各种奖励机制，如科研奖励、教学创新奖等，进一步激发教师的创新热情和工作动力。

最后,创新型管理模式还强调人力资源管理的社会责任和可持续发展。在当前的社会背景下,高校不仅要关注自身的学术成就和教育质量,还要承担起推动社会进步和可持续发展的责任。为此,许多高校在人力资源管理中引入了社会责任的概念,通过制定和实施一系列的社会责任项目,鼓励教师和学生参与社会服务和公益活动。例如,一些高校设立了社会责任基金,用于支持教师和学生的社会服务项目,同时也通过与企业和社会组织的合作,推动产学研结合,促进科技成果的转化和应用。

创新型管理模式在国内高校的探索与实践中,不仅推动了人力资源管理的现代化和科学化,也为高校的可持续发展提供了强有力的支持。通过战略性配置、持续发展、多元化激励和社会责任等多方面的创新实践,高校能够更好地适应新时代的教育需求,培养出更多具有创新精神和实践能力的高素质人才。

第三节　中外高校人力资源管理模式的比较分析

一、招聘与选拔机制方面

在探讨中外高校人力资源管理模式的招聘与选拔机制差异时,不仅需要关注流程的表面差异,还需深入分析其背后的文化、制度及教育理念的根源。通过对比分析,我们可以揭示出不同文化背景下招聘与选拔机制的独特性和共通性,从而为新时代地方高校的人力资源管理提供有益的启示。

从流程图的角度来看,中外高校在招聘与选拔机制上存在显著差异。在西方高校,招聘流程通常更为透明和标准化,从职位发布、简历筛选、面试到最终录用,每一步都有明确的规范和标准。这种流程的透明性不仅确保了公平性,也提高了招聘效率。相比之下,中国高校的招聘流程可能更加注重人际关系和内部推荐,这在一定程度上影响了招聘的公平性和透明度。然而,随着中国高等教育改革的深入,越来越多的高校开始引入西方的招聘模式,逐步实现招聘流程的规范化和透明化。

中外高校在招聘与选拔机制上的发展趋同。从历史角度来看,西方高校的招聘机制经历了从家族式管理到现代人力资源管理的转变,这一过程中,招聘流程逐渐规范化、科学化。而中国高校的招聘机制则经历了从计划经济时代的行政任命到市场经济时代的自主招聘的转变。近年来,随着全球化进程的加快,中外高校在招聘机制上的差异逐渐缩小,双方都在借鉴对方的优点，逐步实现招聘机制的优化和升级。

中外高校在招聘与选拔机制中的侧重点不同。在西方高校，招聘过程中更注重候选人的专业能力和学术背景，强调个人能力和创新精神；在中国高校，除了专业能力和学术背景外，候选人的政治素质和道德品质也是重要的考量因素。这种差异反映了不同文化背景下对高校教师角色的不同期待。西方高校更倾向于将教师视为学术研究者和知识传播者，而中国高校则更强调教师的全面素质和社会责任感。

中外高校在招聘与选拔机制中的具体操作有差异。例如，在简历筛选环节，西方高校通常采用计算机辅助筛选系统，通过关键词匹配快速筛选出符合条件的候选人；中国高校则可能更多依赖人工筛选，通过阅读简历和推荐信来评估候选人的综合素质。在面试环节，西方高校通常采用多轮面试和小组讨论的形式，以全面评估候选人的能力和潜力；中国高校则可能更多采用一对一面试和试讲的形式，以考察候选人的教学能力和沟通技巧。

最后，中外高校在招聘与选拔机制中有各自的创新实践。例如，一些西方高校已经开始采用大数据和人工智能技术来优化招聘流程，通过分析候选人的社交媒体活动和在线行为来评估其潜在能力。一些中国高校则开始尝试引入心理测评和职业性格测试，以更全面地了解候选人的个性和职业倾向。这些创新实践不仅提高了招聘的科学性和准确性，也为新时代地方高校的人力资源管理提供了新的思路和方法。

通过上述的分析，我们可以清晰地看到中外高校在招聘与选拔机制上的差异和共同之处。这些差异不仅反映了不同文化背景下的教育理念和管理模式，也为新时代地方高校的人力资源管理提供了宝贵的经验和启示。在未来的发展中，地方高校应积极借鉴国内外高校的优秀经验，结合自身实际情况，逐步实现招聘与选拔机制的优化和升级，以适应新时代高等教育的发展需求。

二、培训与发展机会提供方面

在探讨中外高校人力资源管理模式的培训与发展机会提供方面，我们不可避免地触及一个核心问题：如何在不同文化和社会背景下，有效地促进教职员工的职业成长与学术进步。这一议题不仅关乎个体的发展，更深刻地影响着高校的整体竞争力与创新能力。

首先，从培训机制的角度来看，西方高校往往更加注重系统性和前瞻性。例如，美国的许多大学设有专门的职业发展中心，提供从入职培训到高级管理课程的全方位服务。这些培训项目通常由经验丰富的教育专家设计，内容涵盖教学方法、科研管理、领导力培养等多个领域。此外，西方高校还倾向于采用模块化的培训模式，允许教职员工根据自身需求选择课程，从而实现个性化的职业发展路径。相比之下，中国高校在培训机制上虽已取得显著进步，但仍存在一定的改进空间。近年来，随着“双一流”建设的推进，越来越多的中国高校开始重视教职员工的培训与发展。然而，培训内容的多样性和灵活性仍有待提升。许多培训项目仍停留在传统的讲座式教学，缺乏互动性和实践性，难以满足现代高等教育对创新型人才的需求。

其次，在发展机会的提供方面，西方高校通常更加开放和多元化。例如，欧洲的许多大学鼓励教职员工参与国际合作项目，提供丰富的海外交流和研究机会。这种国际化的视野不仅有助于提升教职员工的学术水平，还能增强高校的国际影响力。此外，西方高校在晋升机制上也更加透明和公正，通过明确的绩效评估体系，确保每一位教职员工都能获得公平的发展机会。

中国高校在发展机会的提供上，近年来也取得了一定的进展。例如，许多高校开始设立青年教师科研启动基金，支持年轻教师开展独立研究。然而，在国际化和晋升机制方面，中国高校仍需进一步完善。部分高校在国际化合作方面仍存在局限性，海外交流机会相对较少，限制了教职员工的国际视野。同时，晋升机制的透明度和公正性仍有待提升，部分高校在职称评定过程中仍存在“论资排辈”的现象，影响了年轻教师的职业发展。

中外高校在培训与发展机会的提供上存在显著差异。西方高校在培训机制的系统性和前瞻性、发展机会的多元化和国际化方面具有明显优势。而中国高校虽已取得显著进步，但在培训内容的多样性和灵活性、国际化视野的拓展以及晋升机制的透明度和公正性方面仍有待提升。未来，中国高校应借鉴西方高校的成功经验，结合自身实际情况，进一步优化培训与发展机制，为教职员工提供更加广阔的职业发展平台，从而推动高校的整体发展。

三、绩效评价与激励机制设计方面

在探讨中外高校人力资源管理模式的绩效评价与激励机制设计时，我们不可避免地触及一个核心问题：如何在不同文化背景和社会制度下，构建既符合学术自由与创新精神，又能有效提升组织效能的评价体系。这一问题的复杂性在于，它不仅涉及技术层面的指标设定与数据分析，更关乎深层次的价值观冲突与文化适应性。

从西方高校的视角来看，绩效评价往往强调个人成就与学术贡献的量化评估。例如，美国高校普遍采用的“同行评议”机制，通过匿名评审确保评价的客观性与公正性。然而，这种模式在实践中也暴露出其局限性，如过度依赖论文发表数量和引用率，可能导致学术研究的功利化倾向。此外，西方高校在激励机制设计上，倾向于通过薪酬、晋升等物质手段来激发教师的积极性，这在一定程度上确实能够提升工作效率，但也可能引发“过度竞争”现象，损害学术合作的氛围。

相比之下，中国高校在绩效评价与激励机制的设计上，更多地融入了集体主义与长期发展的考量。例如，许多中国高校在评价体系中引入了“师德”“师风”等软性指标，强调教师的社会责任感与道德修养。这种设计在一定程度上弥补了单纯量化评估的不足，有助于培养教师的全面素质。然而，这种模式也存在挑战，例如如何确保软性指标的客观性与可操作性，避免评价过程中的主观偏见。

进一步分析，中外高校在绩效评价与激励机制设计上的差异，实质上反映了两种不同的管理哲学。西方高校更倾向于“结果导向”，通过明确的指标体系来驱动教师的行为；中国高校则更注重“过程导向”，通过多元化的评价维度来引导教师的全面发展。这两种模式各有优劣，关键在于如何在实践中找到平衡点，既激发教师的创新潜力，又维护学术环境的和谐稳定。

在此基础上，我们可以提出一种“融合式”的绩效评价与激励机制设计思路。具体而言，这种模式应结合量化指标与质性评价，既关注教师的学术产出，也重视其教学质量与社会服务。同时，激励机制应多元化，不仅包括物质奖励，还应涵盖职业发展、学术自由等非物质层面的支持。通过这种方式，我们或许能够在全球化背景下，构建一种既符合国际标准，又具有本土特色的高校人力资源管理模式。[53]

中外高校在绩效评价与激励机制设计上的比较分析，不仅揭示了不同文化背景下的管理差异，更为我们提供了一种跨文化融合的思考路径。未来的研究应进一步探讨如何在实践中有效实施这种“融合式”模式，以期在全球化与本土化的双重挑战下，推动高校人力资源管理的持续创新性发展。

第六章　新时代地方高校的定位与教师专业发展的内涵

第一节　地方高校教师内涵式发展路径

2011 年 4 月 24 日，胡锦涛在清华大学百年校庆上发表了重要讲话，明确提出要积极推动协同创新，通过体制机制创新和政策项目引导，鼓励高校同科研机构、企业开展深度合作，建立协同创新的战略联盟，促进资源共享，联合开展重大科技项目攻关，在关键领域取得实质性成果。为了落实这一指示，教育部、财政部启动实施“2011 计划”[54]。教育部启动的“2011 计划”旨在推动提高中国高校的创新能力，促进创新力量的协同创新，而协同创新需要有人才、学科、科研三位一体的人才团队和人才梯队，那么教师内涵式发展就成为这一视角下的紧迫要求，这对地方高校教师而言无疑是新的机遇与挑战。

一、“2011 计划”现状解读

“2011 计划”即高等学校创新能力提升计划，围绕重大科学问题和国家重大需求，增强人才培养、学科建设，科研之间的协同与互动，增强创新要素的有效集成，增强高校创新能力发展的导向性，增加投入与产出的效益，其中人才是根本。以协同创新中心为载体，构建四类协同创新模式，大力推进学校与学校、与科研院所、与行业企业、与区域发展、与国际合作的深度融合，探索建立面向科学前沿、行业产业、区域发展以及文化传承创新的重大需求的四类协同创新模式[55-56]。地方高校要建成国内有地位、国际有影响的大学，要完成四类协同创新，必须有一流的师资，一流的师资必须有一个有特色的教师团队，既要有领军人物，也要有中坚力量，更要有梯队人才。目前地方高校教师距离“2011 计划”要求的教学、科研、合作的水平还有一定的差距。

二、审视地方高校教师普遍存在的问题

地方高校因其所在地方的局限性,教师的竞争性和创造性不足,交流和合作的程度也不够。

1. 地方的局限性

地方的局限性体现在高校所在的城市地理位置、城市的经济贸易、城市功能与定位、城市的对外吸引力、城市的国际合作与交流等方面,这些都与一所高校所拥有的资源与特色、定位与优势、思路与格局密切相关。高校教师要充分打破地方的局限性,发挥校地互动的作用,坚持“引进来,走出去”并举,利用优势专业和学科辐射周边农村与薄弱地区,解决当下急需解决的科学技术难题,为地方经济的发展提供科技人才的保障,促进校地的共存共荣,把这种地方局限性降到最低。

2. 教师的创造性和竞争性不足

地方高校因立足服务于地方、教师可利用的产学研资源有限等因素的限制,其教师所表现出的创造性和竞争性对比“211”高校和“985”高校明显不足。因此,地方高校首先要完善人事管理制度、教师考核评价体系、薪酬分配激励制度等,鼓励教师挖掘各种渠道加强自我的学习与提高;其次要统筹规划,整合资源,坚持“引进一人,带领十人,影响百人”, 大力引进高层次人才增强学科、专业影响力,带领科研团队提高创造力,进而提升竞争力。

3. 交流与合作的深度不够

高校与高校、高校与科研院所、高校与企业、高校与区域间的人才交流、科研合作的深度还不够,尤其是高校与高校之间。地方高校由于自身定位的局限,很多优质的资源、信息不能得到很好的利用,在新一轮高校竞赛中应重视如何加强合作与交流。传统的如项目、研讨会、学术会议等形式的交流与合作的深度、力度还远远不够,可以在传统的交流基础上进一步加强高校、企业、区域等单位人才整合,实现范围内的人才、教师共享,进而实现学科的合作整合,形成区域高校的强势学科、专业。当然,这些需要领导层和教师更新观念,统一思想和行动。

综上所述,目前地方高校教师对比“2011 计划”的要求还存在诸多的不足,要从自身实际出发寻找新的路径来解决这些问题。

三、适应与主动——教师内涵式发展的必由之路

地方高校教师必须适应新形势下的要求，主动学习，提高自我素质和专业能力。地方高校要通过赋能“三维赋能”模型——制度赋能（完善导师制与项目扶持）、文化赋能（营造包容创新的学术氛围）、技术赋能（搭建数字化学习平台），帮助青年教师突破职业发展瓶颈。

1. 内涵式发展

地方高校在完成了教育、人才的规模发展的历史任务后，现阶段主要任务是如何提高教师的水平和能力。教师内涵式发展主要包括教师的思想道德、专业知识和自身能力（包含教学技能、科研水平、创新能力）的完善和提高，要求教师在知识、学科不断扩增的今天，能够不断更新科研教学创新方式和不断追求专业成长式发展，真正完成从以输出为主的“教”型教师到以输入为主的“学”型教师的转变。内涵式教师的发展并非不需要外在性指标，但更看重的是内在性指标，追求的是学者式的成长。地方高校教师担负着科研、教学的重要任务，唯有不断学习，接受新知识，掌握新技能，用最新的观念和知识来不断丰富自己、发展自己，才能适应“2011 计划”对教师不断提升知识水平的要求。教师内涵式发展是当下地方高校可持续发展的必然要求。在推进内涵式发展过程中，地方高校要建立严格的科学管理机制，建立和完善人事、师资管理制度；要注重加强教师梯队、团队的培养，并培养他们爱岗敬业、奉献乐业的精神；采取多种形式，提高教师学历层次和专业水平；大胆选拔、培养和使用青年教师承担教学科研重任，使他们脱颖而出，健康成才；要增强人才意识，加大力度引进高水平、高层次人才；完善校内特殊岗位津贴制度，强化激励机制等。

2. 大学教师专业化

大学教师专业化是集学术性、教育性、社会性和创新性为一体的动态发展过程。高校教师的专业化有五个成长阶段：入职准备期、岗位适应期、能力提高期、职业成熟期和事业成名期[57]，各阶段的发展内容和侧重点不同。教师专业化的形式是多种多样的，主要包括“能干型实践者”“研究型实践者”“反思型实践者”等，各形式间彼此联系、相互作用，共同构成一个多元化、多层次的教师专业化发展体系[58]。教师的专业化是教师内涵式发展的一个重要有机组成部分，是实现地方高校人才交流共享、学科专业优化的重要保障。

3. 协同创新

协同创新，需要有人才、学科、科研三位一体的人才梯队和团队。随着“2011 计划”的推进和实施，协同创新的进展也越来越紧迫。协同创新虽然能够突破原有思维框架和学科壁垒，但在优势互补、分工明确、成果共享、风险共担的开放式合作机制上还需要进一步确立，需要政府在体制、政策上加以引导。协同创新需要高校与高校加强合作，鼓励交叉，打破技术壁垒，围绕共同目标构建资源和成果共享共用的机制，构建多学科合作创新平台，从而提高创新的速度和效率[59]。

“2011 计划”的逐步稳态实施，可增强高校创新要素的有效集成，增强高校创新能力发展的导向性，增加投入与产出的效益。其中教师是根本，学科是基础，科研是支撑，因此教师的自身素质、科研水平、专业能力就显得尤为重要。在此时提出地方高校教师的内涵式发展，是从粗犷式到集约化的发展转变，更重要的是教师的创新思维的更新和转变。建立健全地方高校与区域经济的互动机制，加强“人才链—产业链—创新链”三链融合策略。在这一过程中，政府、高校各方面政策制度的保驾护航，将会推进地方高校协同创新的探索，进而实现地方高校为地方、区域、国家的科技进步、经济繁荣提供源源不竭的动力。

大学教师的专业化发展是一个内外兼修的动态过程，更是在大学的创新文化中不断孕育的过程。“2011 计划”的目标是创新，方法是协同。作为协同创新中的重要能动力量，地方高校的教师们唯有以内涵式发展为基础，立足于服务地方经济社会的发展需要，主动融入协同创新项目，积极主动参与校企合作，更加注重自身专业化发展，才能在服务企业、服务社会的过程中实现协同创新计划的最终目标。

第二节　协同创新视域下的地方高校定位

2012 年 5 月，教育部、财政部启动了高等学校创新能力提升计划（“2011 计划”），自此，我国建设创新型国家和人力资源强国的步伐再次加快。与“211 工程”“985 工程”不同的是，“2011 计划”旨在推动协同创新，促进高等教育与科技、经济、文化的有机结合，大力提升高等学校的创新能力。高等学校作为知识生产的重要主体之一，在发挥好科学研究、人才培养、社会服务和文化传承功能的同时，应该更加重视与其他知识生产主体之间的协同创新。

特别是作为高等学校中流砥柱的地方高校，如何在“2011 计划”的实施过程中找准发展方向、寻求新的发展机遇、科学合理地定位学校发展显得十分必要和重要。

一、突破思维定式：地方综合性大学对于协同创新的误区解读

1. 协同主动性不够

协同创新不等同于协助创新。“2011 计划”的实施，最终目的在于通过学校、政府、企业和其他科研机构之间的良性互动，在协同创新的过程中实现高校创新能力的提升。协同创新，协同是保证，创新是目的。所谓协同，就是要把有利于创新实现的各种要素进行有效整合，这就要求高校、政府、企业和科研机构之间能够形成高效的合作共赢机制。而在以往的地方综合性大学与政府或企业合作的科技创新项目中，地方政府或出资企业处于主导地位，地方高校往往是按照委托方的要求被动地承担所分配的科研项目研究，造成了高校主观上认为自己在别人的“地盘”上受委托做项目，理应是配角，主观能动性难以充分发挥，一定程度上导致一些地方高校在科技创新项目中一直处于“二传手”位置。而在协同创新的合作机制中，各方都是“主攻手”，在合作创新的过程中秉承合作共赢的理念，高校能以主人翁的姿态与政府、企业良性互动，变“协助”为“协同”创新。

2. 创新理解片面

协同创新不等同于技术创新。长期以来，地方高校立足服务地方的经济社会发展，与地方政府、企事业单位合作开展了不少科研项目，产生了良好的经济效益和社会效益。既往的经验会让地方高校误认为协同创新的就是技术创新的更深层次，但通过科研项目进行的合作仅仅属于技术创新的层面。“2011 计划”中所指的协同创新并不是简单的一般意义上的技术创新，更不是一个寻求技术突破的科研项目，而是为了实现创新的目标，通过协同合作的过程进行高校自身的体制机制改革，把协同创新的目标落实到高校创新发展方式的转变上来。特别是对于多数非“211”或“985”的地方高校而言，大都面临着外部资源和政策、内部管理和学科发展等方面的发展瓶颈。协同创新恰恰是地方高校进行多领域纵深改革发展的良好机遇，所以对于协同创新的内涵要从广度上去把握和理解。

3. 参与方式单一

协同创新不等同于区域创新。由于地方高校立足地方办学，无论是生源

构成还是校企合作的科研项目，或是承担的社会服务，大多呈现出区域性的特点。从“2011 计划”相关文件的内容来看，2011 协同创新中心有四个类型：一是面向科学前沿的协同创新中心，以自然科学为主体；二是面向文化传承创新的协同创新中心，以哲学社会科学为主体；三是面向行业产业的协同创新中心，以工程技术学科为主体；四是面向区域发展的协同创新中心，以地方政府为主导。从字面上解读，结合地方高校的地域性特点，似乎只有第四种类型才与地方综合性大学密切相关。这种看似合理的理解却忽视了地方高校的诸如学科综合性、文化区域性、行业（学科）特色性等特质，将地方高校在协同创新中的作用仅仅定位于区域性创新服务，忽视了地方高校的其他特质，不利于其在协同创新过程中的功能发挥。

二、面向区域发展：新时代地方高校定位的内涵解析

1. 立足地方，服务区域

地方高校的根在地方、志在四方，所以地方高校在协同创新的大环境下，首先要立足地方，与地方政府、企事业单位建立良好的沟通互动机制，将彼此之间的合作向广度和深度推进。同时，地方高校既要履行好服务地方经济社会发展的传统职能，培养出服务区域发展的高素质创新型人才，也要紧密结合区域发展中亟须解决的现实问题，积极开展科学研究，融入区域创新体系中去。此外，在参与区域协调创新的同时，地方高校始终不能忘记“立足地方”这个根本，要切实开展区域发展的调研工作，特别是要深入企事业单位，和他们共建协同创新中心，让地方高校不再是一般意义上的“在地方办学的大学”，而是“立足地方，服务地方”的智力库，使高校的科研成果与一线生产无缝对接，打造人才服务地方、科技支持地方、创新发展地方的综合性协同创新共同体。

2. 需求导向，凸显优势

地方高校的综合性是其得天独厚的优势。多数地方高校由原来的单科院校合并或整合发展而来，学科门类大都比较齐全，部分学科在行业或区域内具有一定的代表性。从协同创新对于高校的要求来看，明确指出按照“国家急需，世界一流”的要求，瞄准科学前沿和国家发展重点需求开展协同创新，对于地方高校而言，其学科门类齐全的优势非常明显，但要在协同创新中更好地发挥智力库的作用成为创新的主体，还需要整合优势学科开展协同创新。如扬州大学的化学、农业科学等 13 个学科的 ESI 排名进入全球大学和

科研机构前1%，可以在协同创新的过程中找到契合点，提升协同创新的层次和效果。同时，地方高校长期立足地方办学，在教学、科研和社会服务的过程中，或多或少地传承了地方文化的传统，所以在协同创新的过程中，完全可以依托自身优势，涵盖四种协同创新中心类型，多维度地参与其中。

3. 开放融合，互动协同

地方高校要打破闭门办学搞科研的老路。国内外高校的发展经验和教训告诉我们，高校的开放程度如何直接决定着高校的教学、科研水平和社会服务能力，走“敝帚自珍”“闭门造车”的办学之路必然是一条死胡同。从“2011计划”的规划思路来看，打破高校之间的等级制已是必然，鼓励高校、科研机构直接参与开放竞争也即将成为现实。作为综合实力较强的地方高校，要想成为协同创新中的能动主体，就必须秉持开放办学的理念，将高校自身、科研院所和企事业单位等各类创新协作主体都置于充分开放的合作、竞争环境之中，实现各创新要素之间的有机融合，充分发挥包括高校在内的各创新主体的最大潜能，建立协同创新模式，从而实现创新的突破。

三、融入协同创新：地方高校定位转型路径试寻

1. 学科整合助创新

地方高校要走“破除学科壁垒的大学科理念”发展之路。地方高校一般都是教学研究型或研究教学型大学，为了使教学管理更为方便和有效，往往将学科进行细分后组成二级学院，这对培养专门人才确实有一定帮助。但在协同创新的背景下，过细的学科划分会使二级学院之间的资源过于分散，甚至有时会导致低水平的重复建设，这就给知识再生产和重组造成了阻碍，使得重大的技术创新和突破难以实现。所以对于地方高校而言，既要对外积极寻求其他创新主体的合作共赢，更要对内开展学科和资源整合，破除学科壁垒，实现在“大学科”环境下的创新，要充分认识到学科与资源的整合既是充分发挥高校职能的内在要求，也是当代高等教育发展的必然趋势，更是协同创新的时代要求。

2. 文化传承重特色

地方高校要走“文化传承有特色”的文化传承创新之路。多年以来，地方高校在宣传、传承和创新地方文化的过程中发挥了积极的作用，“2011计划”也将“探索建立文化传承创新的新模式”作为协同创新的重点任务之一。地方高校恰好可以充分利用区域性文化传承与创新，将其作为自己的办学特色

之一，在日趋激烈的高等教育市场竞争中树立“人无我有”的品牌特色。具体而言，地方高校就是要在选择自身的特色学科领域的基础上，紧密结合区域文化特色，走“以优势学科带特色文化，以特色文化树文化品牌”的文化传承道路。如扬州大学就以康乾年间的“扬州八怪”、扬州玉器、漆器、剪纸、刺绣、通草花等享誉海内外的地方特色文化为依托，与扬州八怪纪念馆、扬州工艺美术集团公司联合成立了扬州八怪研究所和扬州民间美术研究所，为传承和发扬扬州地方文化并在传承中创新提供了合作平台。这种地方特色鲜明、发展前景广阔的文化合作平台，将会对协同创新中的文化传承起到积极的推动作用。

3. 区域行业促协同

地方高校要走符合区域经济发展特点的“行业特色”发展之路。区域经济和社会的发展必然要以行业和产业为依托，特别是行业发展的集群优势，成为当前区域经济发展的重要增长极。“2011 计划”的重点任务之一就是“面向行业产业经济发展的核心共性问题”开展协同创新。地方高校“大而全”的学科优势决定了其可以几乎面向每个行业或产业提供技术服务，但要达到“形成政产学研用融合发展的技术转移模式，为产业结构调整、行业技术进步提供持续的支撑和引领”这个较高层次，还需要在诸多方面改革创新。首先，是面向区域经济发展中的优势产业或行业，对照自身学科、专业和人才等资源的配置进行有针对性的调整和组合；其次，要针对行业、产业技术困境等发展瓶颈，摒弃门户观念，联合相关科研院所寻求技术突破，为区域性行业或产业的发展提供技术支持和协同保障；同时，要大力实施人才协同创新战略，在自身人才保证的前提下，柔性引进一批行业领域的领军科技人才，形成资源优化配置、人才协同保障、政产学研用融合发展的技术转移模式，提升地方高校与区域行业、企业集群的协同创新能力，最终实现高校创新发展方式的根本转变[60]。

第三节　地方高校人力资源现状特点

一、地方高校人力资源结构特点

1. 年龄分布特征

在探讨地方高校人力资源结构特点时，年龄分布特征无疑是一个关键维度。这一特征不仅揭示了地方高校教职员工的年龄构成，还深刻反映了高校在人力资源管理上的现状与挑战。通过对地方高校教职员工年龄分布的细致分析，可以洞察到其人力资源的活力、稳定性以及潜在的发展趋势。

地方高校的教职员工年龄分布通常呈现出一种多峰分布的形态，即在不同的年龄段存在明显的峰值。这种分布特征的形成，既受到历史因素的影响，也与当前的人力资源管理策略密切相关。首先，从历史角度来看，地方高校在不同的发展阶段经历了多次人才引进的高峰期。例如，在高校扩招和高等教育大众化的推动下，许多地方高校在20世纪末和21世纪初大量引进了年轻教师，这导致了当前教职员工中青年教师的比例较高。其次，地方高校的年龄分布特征还受到内部晋升机制和外部人才流动的影响。在内部晋升机制方面，随着时间的推移，早期引进的年轻教师逐渐成长为中坚力量，形成了中年教师群体的峰值。而在外部人才流动方面，地方高校往往通过各种优惠政策吸引高层次人才，这些人才的加入进一步丰富了高校的年龄结构。然而，地方高校的年龄分布特征也暴露出一些潜在的问题。例如，随着时间的推移，早期引进的年轻教师逐渐步入中年，而新引进的年轻教师数量相对不足，可能导致高校在未来面临人才断层的风险。此外，地方高校在吸引和留住高层次人才方面仍面临挑战，这使得高校在教师年龄分布上难以实现均衡发展。为了应对这些挑战，地方高校需要在人力资源管理上采取更为灵活和前瞻性的策略。首先，高校应加强对年轻教师的培养和支持，通过提供更多的职业发展机会和科研资源，激发他们的工作热情和创造力。其次，高校应进一步优化人才引进政策，吸引更多的高层次人才加入，以平衡年龄分布，增强高校的竞争力和创新能力。

地方高校人力资源的年龄分布特征是一个复杂而多维的问题，它不仅反映了高校的历史发展轨迹，也揭示了当前人力资源管理的现状与挑战。通过深入分析和科学管理，地方高校可以更好地应对人才断层的风险，实现人力资源的可持续发展。

2. 学历层次构成

地方高校作为高等教育体系的重要组成部分，其人力资源的学历层次构成不仅反映了教育资源的分布状况，也揭示了高校在人才培养和学术研究方面的潜力与挑战。

地方高校的教师队伍中，博士学历的比例通常低于全国平均水平，这一现象在一定程度上制约了高校在科研创新和学术引领方面的能力；硕士学历的教师占据了相当大的比例，这表明地方高校在教学质量和学术研究方面仍具有一定的基础；本科学历的教师虽然在数量上逐渐减少，但他们在教学经验和实践能力方面具有独特的优势，能够为学生提供更为贴近实际的教学内容。值得注意的是，地方高校在吸引和培养高学历人才方面面临着诸多挑战：一方面，地方高校的薪酬待遇和科研条件相对有限，难以与一线城市的高校竞争，导致高学历人才的流失；另一方面，地方高校在职称评定和职业发展路径上存在一定的局限性，使得教师在追求学术成就和个人发展时面临瓶颈。然而，地方高校在学历层次构成上也展现出一定的灵活性和适应性。通过与国内外知名高校和研究机构的合作，地方高校能够引进外部的高学历人才，提升自身的学术水平。同时，地方高校也在积极推动内部教师的学历提升，通过在职攻读博士学位等方式，逐步优化教师队伍的学历结构。此外，地方高校在学历层次构成上的多样性也为跨学科研究和教学创新提供了可能。不同学历背景的教师在教学和科研中能够相互补充，形成多元化的学术氛围，促进知识的交叉融合和创新思维的培养。

地方高校人力资源的学历层次构成呈现出多样性和复杂性，既有挑战也有机遇。通过深入分析和有效管理，地方高校可以在保持自身特色的同时，逐步提升教师队伍的整体素质，为高等教育的发展贡献力量。

3. 职称结构分析

在地方高校人力资源结构中，职称结构作为衡量教师学术水平和专业能力的重要指标，呈现出独特的分布特征。首先，地方高校的职称结构往往呈现出金字塔形的分布模式，即初级职称教师数量较多，而高级职称教师数量相对较少。这种结构反映了地方高校在教师队伍建设中的阶段性特征，初级职称教师作为新生力量，承担着基础教学和科研任务，而高级职称教师则更多地参与高层次的科研项目和学术指导，两者在学术生态中形成互补。

其次，地方高校的职称晋升机制在一定程度上影响了职称结构的动态平衡。相较于研究型大学，地方高校在职称评审中可能更加注重教学贡献和地方服务，而非仅仅依赖于科研成果。这种评审导向使得地方高校的职称结构在高级职称比例上可能低于全国平均水平，但在教学型和应用型职称的分布上则更为均衡。这种特点不仅体现了地方高校在人才培养和服务地方经济中的独特定位，也反映了其在人力资源管理中的灵活性和适应性。

此外，地方高校的职称结构还受到地域经济发展水平和教育资源分布的影响。在经济较为发达的地区，地方高校往往能够吸引更多的高层次人才，从而在职称结构上呈现出更为优化的分布。而在经济欠发达地区，由于资源和机会的限制，高级职称教师的引进和培养面临更大的挑战，导致职称结构中高级职称的比例相对较低。这种地域差异不仅影响了地方高校的整体学术水平，也对区域高等教育的发展产生了深远的影响。

最后，地方高校的职称结构还与其发展战略和学科布局密切相关。在一些以应用型人才培养为主的地方高校，职称结构中可能更多地分布着具有丰富实践经验的教师，这些教师在职称晋升中可能更侧重于应用研究和实践能力的评价。而在一些以基础学科研究为主的地方高校，职称结构则可能更倾向于科研成果的积累和学术影响力的提升。这种因校而异的职称结构特点，反映了地方高校在人力资源管理中的多样性和个性化策略。

地方高校的职称结构在分布特征、晋升机制、地域影响和发展战略等多个维度上呈现出复杂而独特的特点。这些特点不仅揭示了地方高校在人力资源管理中的现状和挑战，也为未来的改革和发展提供了重要的参考依据。通过深入分析和理解这些特点，地方高校可以更加精准地制定人力资源管理策略，优化职称结构，提升整体学术水平和竞争力。

二、地方高校人力资源配置特点

1. 人力资源总量与需求匹配度

在探讨地方高校人力资源配置特点时，一个关键的维度是人力资源总量与需求之间的匹配度。这一匹配度不仅反映了地方高校在人力资源管理上的效率，也揭示了其在应对教育需求变化时的灵活性和前瞻性。

地方高校的人力资源总量通常由教职员工的数量、结构和质量构成。这些因素直接影响高校的教学质量、科研能力和服务社会的水平。然而，人力资源的总量并非孤立存在的，它必须与高校的教育目标、学科设置以及社会需求相匹配。这种匹配度的不足可能导致资源的浪费或短缺，进而影响高校的整体效能。

首先，从人力资源总量的角度来看，地方高校往往面临着资源有限的问题。与国家重点高校相比，地方高校在财政支持、师资引进和设施建设等方面通常处于劣势。这种资源的不均衡分配使得地方高校在人力资源的总量上难以与教育需求完全匹配。例如，某些新兴学科或专业可能因为缺乏足够的师资力量而无法开设，或者在开设后由于师资不足而影响教学质量。

其次，人力资源的需求匹配度还体现在高校对不同类型人才的需求上。

地方高校不仅需要具备深厚学术背景的教授和研究人员，还需要具备实践经验和行业背景的专业人才。这种多元化的人才需求要求地方高校在人力资源配置上应具备高度的灵活性和适应性。然而，现实中，地方高校往往难以吸引和留住高素质人才，导致其人力资源的结构与需求之间存在偏差。

此外，地方高校在人力资源配置上的另一个挑战是如何平衡短期需求与长期发展。短期内，高校可能需要迅速扩充某一学科的师资力量以应对招生规模的扩大或新专业的开设。但从长远来看，这种短期行为可能导致人力资源的过度集中，忽视了其他学科或领域的均衡发展。因此，地方高校在人力资源配置上需要具备战略眼光，既要满足当前的教育需求，又要为未来的发展预留空间。

最后，地方高校在人力资源总量与需求匹配度上的问题还体现在其内部管理的效率上。有效的管理机制能够确保人力资源的合理配置和高效利用，而管理不善则可能导致资源的浪费和效率的低下。例如，某些高校可能存在教职员工的工作负荷不均、岗位设置不合理等问题，这些问题不仅影响了教职员工的工作积极性，也制约了高校的整体发展。

地方高校在人力资源总量与需求匹配度上存在多方面的挑战。这些挑战不仅要求高校在人力资源管理上具备高度的专业性和前瞻性，还需要其在政策制定、资源配置和管理机制上进行持续的优化和创新。只有这样，地方高校才能在激烈的教育竞争中立于不败之地，实现可持续发展。

2. 人力资源专业结构优化

在探讨地方高校人力资源配置特点时，人力资源专业结构的优化显得尤为关键。这一优化过程不仅涉及对现有专业结构的调整，更要求对未来发展趋势的深刻洞察和前瞻性规划。地方高校在人力资源专业结构优化方面，呈现出以下几个显著特点。

第一，地方高校在人力资源专业结构优化中，注重跨学科的整合与创新。随着知识经济的快速发展，单一学科的知识体系已难以满足复杂多变的社会需求。因此，地方高校在人力资源管理专业中，积极引入跨学科的教学与研究，如将心理学、社会学、经济学等多学科知识融入人力资源管理课程，以培养具备综合素质的管理人才。这种跨学科的整合不仅拓宽了学生的知识视野，也提升了他们在实际工作中的问题解决能力。

第二，地方高校在人力资源专业结构优化中，强调实践与理论的深度融合。传统的教学模式往往偏重理论知识的传授，而忽视了实践能力的培养。

为改变这一现状，地方高校积极与企业合作，建立实习基地，开展校企联合培养项目。通过这种方式，学生能够在真实的工作环境中应用所学知识，提升实践操作能力。同时，高校还邀请企业高管和行业专家来校授课，分享最新的行业动态和管理经验，使教学内容更加贴近实际需求。

第三，地方高校在人力资源专业结构优化中，注重国际化视野的培养。在全球化背景下，具备国际视野和跨文化沟通能力的人力资源管理人才显得尤为重要。为此，地方高校积极开展国际交流与合作，引进国外先进的教学资源和管理理念。通过与国外高校的合作办学、学生交换项目等方式，学生能够接触到不同的文化背景和管理模式，提升自身的国际竞争力。此外，高校还鼓励教师参与国际学术交流，引进国际前沿的研究成果，推动人力资源管理专业的国际化发展。

第四，地方高校在人力资源专业结构优化中，注重信息技术的应用与创新。随着信息技术的迅猛发展，人力资源管理正逐步向数字化、智能化方向转型。地方高校在教学中引入大数据分析、人工智能等前沿技术，培养学生运用信息技术进行人力资源管理的能力。通过开设相关课程和实践项目，学生能够掌握数据分析、智能决策等关键技能，为未来的职业发展奠定坚实基础。

地方高校在人力资源专业结构优化中，通过跨学科整合、实践与理论融合、国际化视野培养以及信息技术应用，不断提升人力资源管理专业的教学质量和人才培养水平。这些优化措施不仅有助于培养具备综合素质和创新能力的人力资源管理人才，也为地方高校在新时代背景下的可持续发展提供了有力支撑。

3. 人力资源流动性与稳定性分析

在探讨地方高校人力资源配置特点时，人力资源的流动性与稳定性成为不可忽视的关键因素。地方高校作为区域性教育机构，其人力资源的流动性与稳定性不仅影响着学校的教学质量和科研水平，更深刻地塑造着学校的整体发展轨迹。

地方高校的人力资源流动性呈现出一种独特的双重性。一方面，由于地方高校的地理位置和资源限制，其对高层次人才的吸引力相对较弱，导致人才外流现象较为普遍。这种外流不仅体现在教师队伍中，也包括行政管理人员和技术支持人员。高层次人才的流失，无疑对地方高校的教学和科研能力构成了挑战。另一方面，地方高校也在积极通过各种政策和措施吸引外部人才，如提供更具竞争力的薪酬待遇、改善工作环境，以及提供更多的职业发展机会。这种外部人才的引入，虽然在一定程度上缓解了人才短缺的问题，但也带来了新的管理挑战，如如何有效融合新老员工，如何确保新员工能够迅速适应并发挥其专业优势。

与此同时，地方高校的人力资源稳定性则更多地依赖于内部培养和激励机制。地方高校往往通过建立完善的职业发展路径和激励机制，来增强员工的归属感和忠诚度。例如，通过设立明确的晋升通道、提供持续的职业培训和学术支持，以及实施多样化的激励措施，如科研奖励、教学成果奖励等，地方高校能够有效提升员工的满意度和工作积极性。此外，地方高校还注重通过校园文化建设来增强员工的凝聚力，如举办各类学术交流活动、团队建设活动等，这些都有助于形成一个稳定且富有活力的工作环境。

人力资源的流动性与稳定性之间并非完全对立的，而是存在着一种动态平衡。地方高校在保持一定流动性以引入新鲜血液和外部资源的同时，也要确保核心团队的稳定性，以维持教学和科研的连续性和高质量。这种平衡的实现，需要高校管理者具备高度的战略眼光和灵活的管理策略，能够在不同的发展阶段和外部环境下，适时调整人力资源政策，以最大化地发挥人力资源的潜力。

地方高校人力资源的流动性与稳定性是其人力资源配置中的重要特点，二者之间的平衡与协调，直接关系到学校的长远发展和竞争力。通过深入分析和有效管理，地方高校可以在这一复杂而多变的环境中，找到最适合自身发展的人力资源配置策略。

三、地方高校人力资源政策与管理特点

1. 人力资源管理制度框架

地方高校，作为高等教育体系中的重要组成部分，其人力资源管理制度框架不仅反映了国家教育政策的宏观导向，也体现了地方特色和高校自身的发展需求。

地方高校人力资源管理制度框架的核心在于其多元化的管理层次和灵活的运作模式。首先，从组织结构上看，地方高校通常设有专门的人力资源管理部门，负责统筹全校的人力资源规划、招聘、培训、绩效评估及薪酬管理等工作。这一部门在高校内部扮演着“人力资源中枢”的角色，通过制定和实施一系列人力资源政策，确保高校能够吸引、培养和保留高素质的教职员工。

其次，地方高校人力资源管理制度框架的另一个显著特点是其强调“以人为本”的管理理念。在这种理念指导下，高校不仅关注教职员工的职业发展，还注重其个人成长和生活质量。例如，许多地方高校通过设立职业发展中心、心理咨询服务和多样化的员工福利计划，来提升员工的满意度和忠诚度。这种人性化的管理方式，不仅有助于激发员工的工作热情和创造力，也为高校的长期发展奠定了坚实的人才基础。再次，地方高校人力资源管理制度框架还体现了高度的灵活性和适应性。面对快速变化的教育环境和市场需求，地方高校需要不断调整其人力资源管理策略，以适应新的挑战和机遇。例如，随着信息技术的迅猛发展，许多地方高校开始引入智能化的人力资源管理系统，通过大数据分析和人工智能技术，优化招聘流程、提升培训效果和改进绩效评估体系。这种技术驱动的管理模式，不仅提高了人力资源管理的效率和精准度，也为高校的数字化转型提供了有力支持。在政策层面，地方高校人力资源管理制度框架还受到国家和地方政府的多重影响。国家层面的教育政策和法规为地方高校的人力资源管理提供了基本的法律框架和政策指导，而地方政府则根据本地实际情况，制定更具针对性的政策措施。例如，某些地方政府可能会出台人才引进计划，为地方高校提供专项资金和政策支持，以吸引高层次人才。这种上下联动的政策体系，确保了地方高校人力资源管理的规范性和有效性。最后，地方高校人力资源管理制度框架的构建还离不开高校自身的战略规划和发展目标。每所高校都有其独特的办学理念和发展定位，这决定了其在人力资源管理上的侧重点和策略选择。例如，一些地方高校可能更注重科研创新，因此在人力资源管理上会更加强调科研人员的引进和培养；而另一些高校可能更侧重于教学质量，因此在教师队伍建设上会投入更多资源。这种基于高校自身特色的管理策略，使得地方高校的人力资源管理制度框架更加丰富和多元。

地方高校人力资源管理制度框架是一个复杂而多维的体系，它不仅涵盖了组织结构、管理理念、技术应用和政策支持等多个层面，还体现了高校自身的特色和发展需求。通过不断优化和完善这一框架，地方高校能够更好地应对未来的挑战，实现可持续发展。

2. 人力资源管理创新实践

地方高校，作为高等教育体系中的重要组成部分，其人力资源管理不仅需应对传统高校的共性挑战，还需适应地方经济、文化和社会发展的特殊需求。因此，地方高校在人力资源管理上的创新实践，往往呈现出一种多元融合与动态调整的特征。

第一，地方高校在人力资源管理上的创新实践，显著体现为其对“以人为本”理念的深化应用。不同于传统高校可能更多关注学术成就和科研产出，地方高校在人力资源管理中更加注重教职员工的全面发展和生活质量。例如，一些地方高校通过实施灵活的工作安排和家庭友好政策，如弹性工作制、远程办公选项以及育儿支持计划，来提升员工的工作满意度和忠诚度。这种以人为本的管理策略，不仅有助于吸引和保留高素质人才，还能在一定程度上缓解地方高校在地理位置和资源配置上的劣势。

第二，地方高校在人力资源管理上的创新实践，还体现在其对跨学科合作和团队建设的重视上。面对日益复杂和多变的教育环境，地方高校意识到单一学科的知识和技能已不足以应对所有挑战。因此，许多地方高校开始推行跨学科研究和教学项目，鼓励不同学科背景的教职员工进行合作。这种跨学科的合作不仅促进了知识的交流和创新，还增强了团队的凝聚力和协作能力。例如，通过设立跨学科研究中心或项目组，地方高校能够更有效地整合资源，提升整体科研和教学水平。

第三，地方高校在人力资源管理上的创新实践，还体现为其对职业发展和终身学习的持续关注。为了应对快速变化的教育需求和技术进步，地方高校积极推动教职员工的职业发展计划，提供多样化的培训和进修机会。这不仅包括传统的学术培训，还包括新兴技术和管理技能的培训。通过这种方式，地方高校不仅能够提升教职员工的专业能力和市场竞争力，还能确保其教育质量和创新能力始终处于行业前沿。

第四，地方高校在人力资源管理上的创新实践，还体现为其对绩效管理和激励机制的不断优化。传统的绩效评估往往侧重于学术成果和科研产出，而地方高校则更加注重教职员工的综合表现和贡献。例如，通过引入360度反馈机制和多元化的绩效指标，地方高校能够更全面地评估教职员工的工作表现，并据此制定个性化的激励措施。这种绩效管理和激励机制的优化，不仅有助于提升教职员工的工作积极性和创造力，还能促进高校整体绩效的提升。

地方高校在人力资源管理上的创新实践，不仅体现了其对“以人为本”理念的深化应用，还展示了其在跨学科合作、职业发展和绩效管理等方面的独特策略。这些创新实践，不仅有助于地方高校在激烈的教育竞争中脱颖而出，还能为其可持续发展提供坚实的人力资源保障。

3. 人力资源管理效果评估

在探讨地方高校人力资源管理效果评估的过程中，我们不可避免地触及一个核心问题:如何量化和质化地衡量人力资源管理的成效。这一评估不仅是对过去管理策略的回顾,更是对未来管理方向的指引。地方高校在人力资源管理上,往往面临着资源有限、目标多元的复杂局面,因此,其管理效果的评估需要具备高度的针对性和适用性。

第一,地方高校人力资源管理效果的评估应从多个维度展开。传统的评估方法多侧重于数量指标,如教职员工的招聘率、离职率等,这些指标固然重要,但它们往往忽略了人力资源管理的深层影响。例如,教职员工的工作满意度、职业发展路径的清晰度以及他们在教学和科研中的实际贡献,这些质性指标同样不容忽视。因此,评估体系应综合考虑数量与质量的双重标准,以确保评估结果的全面性和准确性。

第二,地方高校在人力资源管理效果评估中,应注重过程与结果的结合。管理过程的透明度和科学性,直接影响管理结果的有效性。例如,招聘过程中的公平性和透明度,培训和发展计划的实施情况,以及绩效考核的公正性和激励效果,这些都是评估管理过程的重要方面。通过过程评估,可以及时发现和纠正管理中的偏差,确保管理策略的持续优化。

第三,地方高校人力资源管理效果的评估,还应考虑到外部环境的影响。地方高校所处的地域经济、文化和社会环境,都会对其人力资源管理产生深远影响。例如,经济发达地区的高校可能更容易吸引和留住高素质人才,而经济欠发达地区的高校则可能面临人才流失的挑战。因此,评估时应结合地方高校所处的具体环境,制定相应的评估标准和策略。

第四,地方高校在人力资源管理效果评估中,还应注重数据分析和信息技术应用。大数据和人工智能技术的引入,可以极大地提升评估的效率和准确性。例如,通过数据分析,可以更精准地预测人才需求,优化招聘策略;通过人工智能技术,可以实现对教职员工工作表现的实时监控和反馈,提升管理效能。

第五,地方高校人力资源管理效果的评估,还应注重反馈机制的建立和完善。评估结果的及时反馈,不仅可以帮助高校管理层了解管理策略的实际效果,还可以为教职员工提供明确的职业发展指导。通过建立有效的反馈机制,可以促进管理者和教职员工之间的沟通和理解,提升管理的透明度和公正性。

因此,地方高校人力资源管理效果的评估,是一个复杂而系统的过程。它不仅需要综合考虑数量与质量、过程与结果、外部环境等多重因素,还需要借助现代信息技术,建立和完善反馈机制。只有这样,才能确保评估的全面性和准确性,为地方高校人力资源管理的持续优化提供有力支持。[60]

第七章　新时代地方高校人力资源管理的问题

第一节　地方高校师资评价的模式渐进与时代之思

一、研究背景

“双一流”建设标志着我国研究型大学(Research University)建设进入新阶段。在国务院印发的《统筹推进世界一流大学和一流学科建设总体方案》中,将“建设一流师资队伍”放在了“双一流”建设任务的首位,这同时是其他四项任务的基础[61]。在现有形势下,如何对地方高校的师资进行科学合理的评价成为人事制度改革的方向和难点。科学合理的高校师资评价不仅是对高校师资工作进行有效管理,更重要的是让高校教师从评价结果中了解自身的不足,对教育教学、科学研究、社会服务和职业发展等方面进行不断调整,达到整体最优化的目的。但当下地方高校师资评价模式存在评价体系不健全、评价指标不科学、评价目的不明确、评价内容不科学等不足。

二、模式渐进

所谓模式渐进,是政策制定者在修订政策或文件时,不一定从理性角度着手,而是在现有合法政策基础上,对旧政策进行修订、补充和完善,通过渐进变迁,逐步把一项旧政策转变为一项新政策的过程[62]。当下,不少地方高校提出要建设研究型大学,用模式渐进探讨研究型大学的定义和演变过程,解析其核心内涵,弥补现行研究型大学师资评价体系、评价内容和评价指标等方面的不足,对于分析和建立新的研究型大学师资评价模式具有重要意义。

1. 研究型大学的分类标准

在国外,最早是德国于19世纪初把科学研究机构设立在大学,其次是19

世纪后期，美国将教育教学和科学研究有机结合，在大学里成立研究生院，专门培养科学研究人才，助力科学研究的发展[63]。值得我们借鉴的是，美国卡内基基金会提出"卡内基高等教育机构分类"，同时美国基于国内大学的实际情况和相关数据进行专门研究，明确划分出了研究型大学这一大学类型。

2. 国内研究型大学的内涵特征

大学的基本功能是进行教育教学活动，培养优秀的人才，但研究型大学从"研究型"方面提出了更高的要求，主要体现在以下三个方面：一是大学整体实力，包括综合能力、学术研究、人才培养等具有国际影响力，在国内具有领先地位；二是科学研究水平，在国际、国内具有实现重大、重点科技攻关的能力，是科技进步的推动者或引领者；三是培养质量更高的人才，研究型大学的学生应具有更强的问题解决能力和创新创业能力。要实现以上三个方面，必须拥有与之对应的、水平相当的师资队伍。

三、当代之惑

斯坦福大学在自身的发展战略上，吸取和采用了彼得·德鲁克的事物发展理念，即精力、资源和时间应该用于使一个能干的人变成一个出众的明星，而不是把注意力集中于使无能的做事者变成成绩平平的做事者[64]。应用于地方高校，即将优势资源集中于顶尖学科，充分调配一切资源扬长避短。

地方高校发展定位必须准确适当，避免多线发展，不刻意文、理、工、农、医等学科比重或综合性程度，必须坚持一流学科导向，一味强调学科多而广、面面俱到难以形成集中优势。师资队伍评价体系必须紧密结合定位和导向，集中力量，优化资源配置，打造高水平的师资队伍，从而以点带面，助力一流大学建设。

四、时代之路

1. 基于激励理论的研究型大学师资队伍建设与评价

激励理论起源于美国心理学家马斯洛提出的需求层次理论，经过漫长的发展和完善后形成系统的激励理论，旨在充分调动教师的积极性和创造性，不断提高工作绩效，出色地完成工作任务，实现奋斗目标。教师的需求使其产生了动机和目的，教学科研产出是动机和目的的具体表现和价值结果，因此要达到理想的产出，必须充分研究教师的合理化需求并最大限度地满足需求，使其最终达到"最佳激励状态"。高校教师的合理需求主要包括：物质需要、情感需要、自尊荣誉、创造成就、学术发展、权力需要等方面。在师资队伍建设过程中，必须建立以人为本的激励核心，充分满足并完善教师全面发展和创新研究所需的物质和精神条件，充分调动教师工作的积极性和挖掘教师创新的动力。一是加强对教师的思想政治教育——思想激励。根据中共中央、国务院印发的《关于加强和改进新形势下高校思想政治工作的意见》，应成立党委教师工作部，负责教师思想政治工作和师德师风建设，统筹教师的思想引领和管理服务，引导教师志存高远、爱岗敬业、为人师表、严谨治学、与时俱进。二是加强高校学术氛围的营造——学术激励。应积极营造浓厚的学术氛围，倡导教授治学，建立学术委员会，追求务实严谨的科学态度。积极推进行政权和教育权、学术权的分离，把学术委员会建设为最高学术权力机构，建立科学的学术评价制度，对教师、科研人员进行学术同行评价。通过完善学术评价制度，既能规范教师学术活动，又能对教师的科研活动加以规范和引导，集中力量创造出更多的集体效益。三是积极营造教师的成长环境——环境激励。坚持人事制度改革，完善人事政策，以绩效为核心，构建研究型大学师资评价体系。在完成教学、科研和社会服务工作量的基础上，搭建教师评价模型，对教师的工作实现从"质量""数量"到"工作过程"的全方位绩效考核，在评价中实现岗位分类考核、工作分类量化，进一步完善教师的收入分配和绩效奖励制度，体现按岗定薪、按劳取酬和优绩优酬的薪酬体系。

2. 基于发展性教师评价理论的研究型大学师资队伍建设与评价

发展性教师评价是一种以促进教师未来发展为目的的评价方式，评价过程遵循以人为本的原则，同时尊重教师主体地位和人格，激发教师的主体精神，促使每一位教师最大限度地实现自身的价值[65]。发展性教师评价理论应用于研究型大学师资队伍建设与评价主要体现在以下三个方面：

一是个体主动，建立教师职业规划。发展性教师评价的运用不是为了评价而评价，而是为了改进。通过评价过程，促进教师本人由被动到主动规划合适的职业发展路径，提高职业素养和能力。

二是以人为本，发挥教师主体作用。发展性教师评价是评价者与教师在平等的环境中一起研讨、一起协商、一起交流，使教师乐于接受并认同评价系统和评价结果。评价过程注重动态监控，既关注高校教师原有的教学水平和科研能力，更关注高校教师教学水平和科研能力的提高。考评内容有传统的教育教学成果、科研业绩成果等方面，也有师德师风、职业道德、教学思想、教学方法，科研方法等；既考评高校教师已有的业务水平和成绩，又评价课程培训、出国进修等情况。

三是个体差异，实行教师动态评价。每位教师的成长背景和个人经历都不一样，存在明显的个体差异性，如果用固定的、唯一的评价标准衡量每位教师，就容易使某些教师产生失落感和挫败感，不利于队伍建设。应充分尊重和理解教师教学科研工作的差异性，允许教师在发展阶段完成任务量、能力专长、发展速率方式上存在个性特征，并积极努力朝统一的发展方向努力工作，自主发展提高。因此，研究型大学应更注重教师个体向理想目标努力奋进的过程，而不能仅限于对结果的评价。通过建立教师评价个人档案，及时掌握和更新教师发展的特长和方向、存在的优势和成绩，实行纵向的、动态的、全面的评价。

3. 基于聘用制和分类制的地方高水平研究型大学师资评价

科学合理的岗位设置是研究型大学实行聘用制和合同管理的前提和基础。岗位设置应打破学院和学科的壁垒，在校内进行优势学科组合，构建学科平台，促进学科交叉和融合，打造特色品牌学科。岗位设置不能忽视教学岗位，要兼顾教学和科研两方面。岗位设置必须有利于形成吸引和培养杰出人才、领军人才和优秀人才的环境。教师岗位聘用制创新的关键在于按需设岗、以岗定薪、分类管理、分级聘任、分类评价。

一是定岗定编。以完成岗位基本工作量为原则，严格控制编制规模。实施总量控制、结构比例控制和高级职称比例控制。建立固定编制和流动编制相结合的教师管理模式和教师资源开发的有效机制，达到相对稳定、合理流动、专兼结合、资源共享的目的。对于一般的教学科研人员坚持“按需设岗”，对于高层次人才要努力实现“按人设岗”。

二是分类管理。对教师进行分类，针对不同类别的岗位，采用不同的管理方法。设置正高级、副高级、中级和初级四个层次和一至十二级岗位，同时将教师可选择的岗位分为教学为主型、教学科研并重型、科研为主型和研究型等，分别制定不同岗位、不同层次的教学、科研和社会服务的工作量和岗位职责。严格岗位聘期目标任务制度和考核评价制度，建立良好的人才流动秩序，实行“非升即走”“非聘即走”等优胜劣汰方式。

三是分类评价。地方高校一般学科门类较多，各个学科之间的师资力量不均，发展程度参差不齐，必须按照不同研究类型、不同学科、不同系列、不同类别构建分类指导的教师评价体系，并建立独立的团队评价体系。同时，根据需要，制定科学合理的不同量化指标之间的转化和顶替规定，以适应不同学科或专业方向差异的要求。

第二节　新常态下高校人事管理腐败风险及其治理路径

当前，随着高等教育的系统改革逐步推进，步入“深水区”的综合改革矛盾日益凸显，尤其是传统的行政化管理模式与建设“双一流”大学之间的权力运行模式出现了矛盾甚至冲突。其中较为显性的就是高等教育系统内部的权力运行廉政风险防控面临的形势非常严峻，而其中人事管理的腐败风险防治显得尤为重要。因此，探求导致这一问题的深层次根源、堵住其源头以及研究其治理路径，已经成为高校纪委、监察、人事管理等部门的当务之急。

一、新常态下高校人事管理的特征解读

党的十八大以来，我国的多领域呈现出新常态。我国教育领域尤其是高校领域，也呈现出一些比较重要的新常态，其中法治思维推进高校治理现代化成为最主要的新常态。高校人事管理廉政建设的内在要求都是致力于消灭腐败现象，建立起廉洁的人事工作环境[66]。新常态下对高校人事廉政建设提出了更高的要求，为高校人事廉政建设指引前行道路和提出新的治理路径。新常态下的高校通过牢牢抓住“人”这个关键要素，提升人才竞争力，推动高校改革创新与治理能力现代化。

1. 从传统的刚性招聘向柔性引进过渡

在建设“双一流”大背景下，高校之间激烈的竞争其实主要是人才引进之间的竞争，为了加快本校的师资队伍建设，各大高校开始实行人才储备战略，尤其是高层次人才已成为各大高校人才招聘工作的重点。为了激活高层次人才招聘的活力，目前招聘由传统的刚性招聘转向柔性引进，形式也变得多样。例如，中国地质大学、贵州大学、广西民族大学等出台了柔性引进高层次人才的办法。主要有3种类型的柔性模式：一是以短期合作交流的方式，高层次人才以兼职教授、讲座教授的身份开展教学、科研活动；二是聘请高水平的学者、专家到校担任名誉院长、硕士生导师、博士生导师等；三是柔性引进海外高层次人才、港澳台地区的专家到校工作。

2. 从集中的个人决策向自主选聘转变

为适应新一轮高校综合改革的浪潮，选聘引人的方式也在逐步改变，并且灵活多样化，从引人的集体决策加个人意志逐步向自主选聘的方式过渡。

另外，部分高校也改革了本校的人事管理办法，开通人事代理身份等编外用人形式，加强“非升即转”“非升即走”等政策的执行力度。对于编外用人，根据“谁使用、谁负担、谁负责”的原则，采用更加灵活的招聘方式与工资薪酬体系。例如，扬州大学采用进编、人事代理和劳务派遣的用人方式，按照制订招聘计划—发布招聘信息—受理应聘人员的申请—对资格条件进行审查—对应聘人员进行考试、考核、身体检查—根据考试、考核结果确定拟聘人员—公示招聘结果—签订聘用合同—办理聘用手续这个程序进行公开招聘。

3. 从单一的评价标准向复合评价发展

通过不断探索与建立一套符合当下高校发展特点的高校教师评价体系，建立一个符合高校实际情况且可操作的高校教师评价体系不但有助于积极向上的教学科研氛围，而且还能可持续性地促进高校教师提高教学、科研、社会服务的质量，实现良性、系统的循环。高校教师评价要坚持以人为本，坚持科学性、可操作性、有效性的原则，选择科学、合理的评价主体，从单一的评价标准向复合评价发展。高校教师评价体系的构建要根据法规体现公正，要突出效率兼顾公平，要坚持和谐体现以人为本。

二、新常态下高校人事管理的腐败风险解析

在新常态下，高校人事管理面临的是复杂而多变的环境。高校从事人事管理的人事干部工作的是高校人事改革事业的核心推动者，聚焦的改革专项有人事晋升、考核评优、师资培训、职称评聘、岗位聘任、工资薪酬和人员招聘等方面，每一方面都与教职员工的切身利益相关，而且关系到高校的人才培养、教学、科研等各方面工作的开展。随着新常态下高校人事制度改革的不断深入，高校人事部门的党风廉政建设面临着新的挑战，必须加强规章制度建设，坚持标本兼治，完善监督管理机制，防控腐败风险问题发生[67]。

1. 招聘模式变迁中权力寻租的腐败空间

随着高校招聘力度的不断加大，模式也在不停转换。目前受我国的人情世故和教育理念的影响，有些高校培养出来的学生，在独立性和自我创造性方面略显不足，事事得依靠各种关系。当这样的学生步入社会就业，更多的时候是依靠关系获得工作。这种关系，包括诸如亲情、友情、师生情等各式各样的关系。作为用人单位的高校，除一些高层次人才属硬性条件引进外，在其他人员的招聘中势必会接触到纷杂的关系。而在这些关系中，利益就是结点。于是就滋生了利益的寻租体，为腐败产生提供了空间。地方高校应完善

人事管理保障体系，加强廉政文化建设，科学预算廉洁文化建设经费，加大廉洁文化建设设施投入，确保廉洁文化持续发展[68]。

2. 人事管理过程中腐败监控机制功能弱化

高校的人事部门作为业务职能部门，业务政策性较强，担负的行政职能较多，缺乏腐败监控经验，廉政文化建设滞后，相关制度不够完善。另外，有些人事干部缺乏规范意识，人事管理水平与高校的事业快速发展存在差距，存在管理不规范、不严密、不科学等问题，缺乏民主、公开和竞争的机制，为腐败问题的滋生与爆发留出了空间。失去监督和制约的权力必然导致腐败。高校的主体是高级知识分子，平时忙于科学研究，疏于对腐败问题的深入了解；人事部门由于专于业务，存在监督缺位与弱化、责任主体不到位等问题，使腐败问题不能及时被发现。近年来，一些高等院校领导干部腐败案件日益引起全社会的关注，“人才”摇篮、“学术殿堂”被权钱交易污染，所造成的恶劣影响更具特殊性。高等院校腐败现象滋生和蔓延，根本原因在于权力过于集中的领导体制和日趋行政化的办学行为[69]。

3. 人才评价过程中权力泛化的外部诱惑

一是评价考核体系不科学。考核评价体系应是经过科学测算并进行验证可行的，而目前高校的考评体系受个人意志、人为因素干预过多，总体存在考评过程急功近利、考评结果流于形式等情况。考评过程易受关系左右，为腐败提供温床。二是岗位设置不合理。岗位设置与聘任事关每一位教职员工，高校一般设有专业技术岗位、管理岗位和工勤技能岗位，其中最受关注的是专业技术岗位的聘任，尤其是其中的高级岗位数非常紧张，往往会设置很低的比例，竞争非常激烈。合理的岗位设置应该经过数据的比对与测算，并设置合理的比例，但往往由于方案信息的不对等问题，造成聘任人数与岗位空缺的不对等，为利用权力腐败创造了机会。三是职称评聘不公平。职称评审是高校教师不可回避的一个过程，职称评聘论资排辈，重能力、重业绩、重贡献的导向体现不明显，使年轻教师的进取心受挫，工作激情下降。职称评聘透明度不够，由于评审聘任与岗位设置相衔接，申报评审人数与评审通过指标有限及非数量化标准评审等因素，滋长了不正之风[70]。

三、新常态下高校人事管理腐败风险治理路径探寻

为了切实规避和防范风险，从根本上实现制度反腐与理念反腐，构筑机制体制的风险防控体系，高校在进行人事制度改革的过程中，可以从以下四

方面着手：制订符合学校实际和未来发展需要的教职员工队伍建设规划，建立科学合理的聘用和考核评价标准，严格执行聘用和晋升的标准和程序，主动设立和落实具有刚性约束和救济内容的相关措施。通过“疏堵结合、防控并举”等复合型治理，真正实现过程监控、权力运行透明和人才管理科学。

1. 梳理廉政风险漏洞，消解权力寻租空间

腐败行为是掌握公权力的公职人员，在心理动机的驱使下，利用制度漏洞谋取私利的过程，因此我们应当梳理相关漏洞及时堵住，消解权力寻租空间。高校人事干部要梳理出人事管理中的漏洞与空白，逐一查找问题，逐一填补漏洞，按照中央反腐倡廉的最新指示精神和工作部署，深入改革人事管理工作办法，加强人事干部的党风廉政建设。人事，先有人后有事，如何对人事干部进行选拔与培养，是堵住廉政风险漏洞的第一关。首先，要求人事管理部门在如何选人、用人上把好关；其次，在党性教育上要不遗余力，着重加强人事干部的职业道德、理论修养和理想信念教育，同时要深入贯彻人事干部就是为广大教职员工服务的、是不可拒绝的一种责任这样的理念；最后，要督促人事干部加强学习人事政策法规和工作要求，不断提升业务的严格性、流程的严谨性和规章的严肃性。

2. 强化纪检监督介入，优化人事管理过程监控

高校纪委是强化纪检的主体，纪委可以强势介入到高校教学、科研、人事的各个环节，加强监督成效。当下形势中，高校纪委可以根据人事管理工作的实际情况，逐步建立起关于监督工作的联动机制和组织协调制度，以高校纪委为中心，与人事部门之间全面合作与沟通，通过制度化和规范化的运行机制来将分散的监督工作组织起来。另外，可以通过多种形式将高校纪委监督工作分散到人事部门工作的各个环节之中，这样可以提高高校纪委监督的落实效果，真正形成分散和集中两个方向的监督合力。规范权力运行，构筑预防腐败的制度防线。邓小平曾说过，制度好可以使坏人无法任意横行，制度不好可以使好人无法充分做好事，甚至走向反面。逐步建立人事制度和规章流程的完善制约制度，做到凡事按规章办、按流程走，加强廉政反腐的措施，加大改革完善的力度。比如可以制定干部聘任规定、岗位设置规定、职称评聘文件、公开招聘制度等，规范流程，扼杀一切廉政风险于摇篮。另外，要全面建立公示制度，扩大社会公开性，做到大事要公示，小事要公开。必须坚持公示制度，让权力在“阳光”下运作。

3. 加大法治治理力度，构建人才评价科学体系

法治反腐是反腐倡廉建设的根本途径，也是高校人事管理反腐败治理的有效措施。人才评价科学体系是一种以实现高校人才强国战略为目标的人才评价工作运行体系。这种体系包括对学术贡献、科研能力、价值潜力、科研业绩、师德师风的评价，是一种以高校与人才为评价主体，科学的、开放的人才评价机制。加大法治治理力度、研究与构建人才评价机制的目的，在于解决在高校人才评价过程中的机制缺失与建立问题，在于解决高校人才评价如何从一个环节转化为一个体系，把相对独立的高校人才评价工作与法治治校系统相互贯通，充分公平公正地发挥高校人才评价的管理作用与开发作用的问题。

第八章　新时代地方高校人力资源管理系统的体制机制

第一节　高校人才引进评价的科学性指标构建

新时代高校正经历着前所未有的转型与发展挑战，正以全面提高发展质量作为改革的核心主题，从“后大众化时代”步入“供给侧改革”时期，正逐渐打破传统的封闭发展模式，进入内涵式发展新阶段，逐步向相互衔接、相互依托的一体化方向转型。建设“双一流”大学，一流学科是核心要素，一流人才则是关键之点，在高校人才队伍建设竞争日趋白热化的今天，实现高校引进人才的科学评价，是当前高校管理中必须面对的重要命题。

一、分类评价：当代高校引进人才评价机制的应有趋向

高等教育作为一个复杂的系统，其内部分工也愈发呈现出结构化和层次性的特征，高校教师作为一种学术性的职业分工，对其进行的评价也应该是基于学术岗位的理念和制度。在国际范围内，对于高校教师这种学术职位体系的评价，都愈发呈现出相似性，即通过一定的组织和制度，对其进行标准或等级划分，再进行分类评价。纵观目前高校引进人才的评价过程，虽然建立了较为规范的制度体系，基本实现了公开招考和成果评价等综合性考察的流程，但仍然存在着一些短板。首先，高校的人才引进受到诸如“大学评价”等外部指标体系的制约。近年来，随着各类大学排名的兴起，高校出于吸引优质生源等目的，在办学过程中也关注了社会评价体系中的相关指标。在人才引进方面，也随之把入选各类优秀人才计划的对象作为重点引进人员。这就在一定程度上造成了高校学科发展与人才引进之间的“错位”现象，既不利于高校的原有学科发展，也不利于引进人才的后续成长。其次，由于评价指标中往往对高校的科研质量和数量、人才队伍的学历构成等指标进行了赋值，直接造成了高校引进人才过程中“重学历、轻业务，重科研、轻教学”现象的发生，特别是一些缺乏团队合作精神的应聘者由于科研突出成功应聘，也间接

导致了高校科研团队难以形成合力的现象。所以，要想确立科学合理的引进人才评价机制，就需要对高校的人才引进工作进行分类评价。具体而言，就是要发挥高校组织系统内各个相关职能部门的联动机制，形成“职责明晰、标准清楚”的人才引进评价机制和体系。

现有国内外关于高校引进人才评价的文献，主题主要有分类管理、发展性评价和层次分析法（AHP）等。例如，美国对于教师引进的评价主要是凸显其学术岗位的多维功能，即运用类似 KPI 绩效管理的方式，对不同阶段的高校教师进行分类评价，从而引导他们在不同阶段实现既定的发展目标；而德国则是将高校教师分为从事教学工作的教员和教辅人员进行分类评价，尤其是教学岗位的教授们具有自主挑选教辅人员的权力，从而实现了学术岗位和非学术岗位的分离式管理。这两个国家的高等教育系统已经基本形成了结合高校教师职业结构发展、相对严格的人才分类评价体系，这种科学稳定的分类评价体系值得我们借鉴融合，从而形成中国特色的高等教育引进人才分类评价体系。

二、引进人才科学评价：高等教育管理现代转型的时代企盼

1.“双一流”大学建设的宏观政策引领

国务院于 2015 年印发了《统筹推进世界一流大学和一流学科建设总体方案》，该方案中共有五项建设任务，包括建设一流师资队伍、培养拔尖创新人才、提升科学研究水平、传承创新优秀文化和着力推进成果转化[71]。这五项建设任务，每一项都离不开人才。建设“双一流”大学，更是要首抓人才引进与培养工作。五项建设任务是建设“双一流”大学的前提和保障，是核心要素和永恒命题，也是未来行动和愿景。

2.“双创”时代高校人才培养模式与结构的转型

当前高校人才培养模式转型的方向是应用导向和创新创业。2015 年，国务院出台了《关于发展众创空间推进大众创新创业的指导意见》，从国家战略高度提出“大众创业、万众创新”。目前，高校为了顺应创新创业人才培养模式的现代化转型需要，逐步改变高校人才培养的理念，引进发展需求的产业，大力强化应用导向。可以借鉴国际上较为先进的 CDIO 工程教育理念，将人才培养模式市场化、国际化和综合化。对于高校专门人才的培养而言，就是要通过 AHP 将不同类型的人才层次化和类别化，通过“目标导控式”的过程精准地培育出适合社会发展需要的各级各类高校专门人才。

3. 高校人才时代转型的内涵解读

高等学校作为推进社会发展“智库”的发源之地，其内部的人才培育与发展机制也顺应供给侧改革的需要。首先，从人才引进制度上，选择“刚性”还是“柔性”引进，可以因人而异；其次，从人才评价机制上，要将过程性评价和发展性评价有机结合；最后，还要重视人才动态考评机制（包括退出机制）的作用发挥，保证高校人才评聘机制的科学化、综合化和过程化。当前人才评价领域供给侧改革的重中之重，是人才评定标准的市场化。给予高校更大自主权，从高校的实际需要出发考虑人才与岗位的匹配程度，灵活确定高校所需人才认定的标准。

人才跟踪服务供给侧改革。一是将资源配置模式转变为“以服务人才为中心”，在科研经费、团队建设、办公实验等方面给予强有力支持，并在配偶工作、家庭安置等方面帮助其解除后顾之忧，为引进人才创造良好的工作生活环境。二是针对高层次人才工作中的个性化需求，通过人才工作领导小组会议，一事一议，实现决策的及时性、针对性，针对高层次人才工作中的具体复杂问题，统筹部门与学院、学科的协同机制，成立专项工作小组，保证服务的全面、顺畅。三是创建“海外高层次人才引进服务专员”的制度，为海外高层次人才提供政策咨询、接待洽谈、合同签订、报到上岗等一系列管家式服务，通过创新工作模式，进一步提高高校人才工作效率和水平。通过逐步建立“人尽其才”的实践平台，高校才能够获得人才的有效供给。

三、高校引进人才分类评价的科学原则确立

高等教育体系内人才评价制度，事实上属于学术评价制度的一种，从高等教育发达的国家办学经验来看，具有活力的学术制度体系必然是开放包容的，它在保持一定稳定性的同时也在不断发生新的积极变化，并充分借鉴和融合更加领先的制度理念[72]。鉴于我国建设“双一流”大学的进程已经启动，实施高校引进人才分类评价也必须“理念先行，实践跟进”。

第一，要坚持国际化与本土化结合，在评价标准中将知识结构、业务能力和道德品质作为共性标准，辅以教育教学、团队合作、沟通交往等复合型指标，一并纳入分类评价体系。第二，要构建职前、职中和职后的动态发展性评价体系。既要对引进人才与学科建设和高校发展的匹配度进行结构分析，也要结合实际需要，运用 AHP 对引进对象进行多方位考察，尤其是要将刚性的学历、论文等指标与柔性的岗位匹配度、教育教学能力等相结合。同时，还要

结合绩效指标，通过 KPI 绩效管理的方式，计算人力资源成本。教师薪资是高校对教师努力工作的物质肯定，不仅直接影响教师的职业满意度、学术产出和教学投入，也是高等院校吸引、激励、稳定核心人才的重要方面[73]。第三，要建立实时监控的发展性人才评价体系，确立引进人才在不同阶段的评价指标，以便促进其发展。第四，对于引进人才的管理评价要适度“分权”，以学院、科研机构为依托，以教学、科研管理部门为评价主体，形成“学校标准、学院（科研实体）实施、管理机构考核”的三位一体模式，最终构建出“学校宏观政策引导、学术组织发展性评价、学院及科研实体落实”的三级管理体系。第五，还不能忽略绩效考评在人才分类评价中的作用，通过确立“目标导控式”的阶段性人才评价目标，以人才评价带动学科建设，以学科建设服务人才发展，最终形成权责清晰、考评科学、人本激励的分类评价体系。

四、引进人才分类分层评价：高校人才科学评价的有益探索

高校的人才评价具有“自明性”的客观属性。所谓“自明性”即通过科学的定性与定量评价，对人才个体与整个人才队伍形成客观的科学评论，从而进一步制定、优化相应的人才配套政策，整合相关人才引进、培育、服务资源供有益参考。高校要实现可持续发展，就必须不断提高自身的教学、科研水平，逐步引进一些海内外的高水平人才。高校的科技创新团队、中青年学术带头人的数量和质量直接成为高校向前发展的强大助力。为此，绝大多数高校对人才引进，尤其是对高水平人才引进乐此不疲、不计成本、不遗余力。因此，人才评价必须是显性客观的。但在实际操作过程中，往往高校在引进人才后，发现有些人才“水土不服”，很难完全融入本校的事业发展。目前高校的人才评价和聘用机制尚未完全科学化和体系化，所以在当前“双一流”大学建设的过程中，分析其内部存在的问题，理应成为各高校人才评价的重点。

高校的人才评价是一个复杂的系统，它由许多的评价要素子系统组成，同时又是高校人才这个更大系统的子系统。这就需要我们运用科学而有效的方法建立人才引进的指标体系并进行系统的分析，而且要为高校的人才评价提供合理、科学的选择标准和判断的依据。AHP 是对较为复杂和模糊的问题做出决策的简易方法，它为那些难以完全定量分析的问题的决策和排序提供了一种简洁而实用的建模方法[74]。它的特点是能在对复杂的决策问题的本质、影响因素及其内在关系等进行深入分析的基础上，利用较少的定量信息使决策的思维过程数学化，从而为多目标、多准则或无结构特性的复杂决策问题提供简便的决策方法，尤其适合于对决策结果难于直接准确计量的场合。

1. 层析分析法在高等教育学校的人才管理实践维度

高校的人才评价关系到高校发展的长远大计和根本利益，做好这项工作对于科学引进人才、合理配置师资力量、优化人才队伍结构具有重要意义。首当其冲的就是做好引进人才评价，通过建立人员评价指标体系，利用AHP建立评价模型，可以达到定性与定量评价相结合的效果[75]。同时，人才评价是一个动态的遴选机制。人才评价指标作为引进人才的评价参考，应该是人才经过努力就能完成的，若指标设置太高，人才经过努力也无法完成，这样的指标在评价体系中并无作用；若指标设置太低，人才不经过努力也可以完成，即人人皆为人才，此评价指标在评价体系中也显得无意义。因此，在制定评价指标时，应首先进行科学测算，然后再找出合理的评价指标。以设立人才引进专家库为例，其目的就是以后在做引才工作时能及时快速地从专家库中遴选需要的评估专家。专家库的成员可以是院士、重大人才工程的入选者，可以是本校的各学院院长、各主要职能部门的负责人、各学科主要的教授，也可以是其他高校和科研单位的专家和学者。

2. 分类引进人才评价的原则与方法

针对高校人才引进运作的过程，将AHP运用其中，采用定性与定量相结合、主观指标与客观指标相结合，最终达到科学评价引进人才的目的。科学、合理的AHP人才评价指标设计的原则应该主要包括：与高校发展规划的一致性、与高校发展形势的相适性、人才评价指标的完整性、人才评价指标的可行性。① 与高校发展规划的一致性：建立AHP理念的人才评价系统，首先要明确高校的发展规划目标和重点，然后再组织制定人才评价系统的指标。从学院发展的角度、学科提升的目的出发，层层汇总需求，这样得到的指标也就成为人才引进和评价的重要依据。② 与高校发展形势的相适性：评价指标并非一旦确立就一成不变的，而是随高等教育发展、高校的改革需要而变化的。内外发展环境一旦改变，高校的战略目标、组织机构都要随之调整，那么作为评价人才的指标也必须顺应形势作出调整。③ 人才评价指标的完整性：合理而科学的评价指标能全面反映引进人才的情况，因此制定指标务求做到全面真实、突出重点、合理设置、充分展示。④ 人才评价指标的可行性：这是人才得到客观评价、学校成功引进的重要保障。

3. 高校人才引进的评价体系和指标构建

高校人才评价指标是一个庞大复杂的评价系统，它是由许多评价要素构成的，同时又是一个协同高效的评价体系。评价体系和指标是人才评价的关键组成，是人才评价的量化体现，评价体系是在评价指标的基础上设置不同的权重来实现的。本书在参考了有关专家的建议，查阅了相关评价体系指标中存在的问题后，经过多次完善，逐步形成了如图 8-1 所示的评价指标和评价体系。

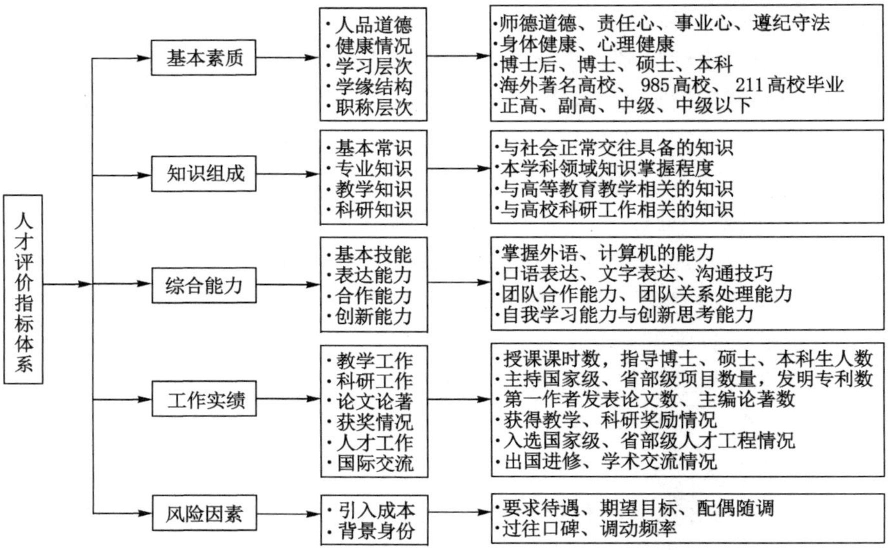

图 8-1　高校人才引进分类评价指标体系构建

高等教育的发展是人才、资源、制度等多种因素有效作用的结果，其中人才是最活跃的因素，是保证高校长足发展的直接因素。有研究表明，学术平台、学科发展和学术氛围还未成为人才优化配置的首要选择；对人事部门态度的感知，以及对流动本身的认知直接影响到人才流动的个人决策[76]。因此，按照高校人才标准吸引、引进和招聘高素质人才正成为各高校追逐制高点的首要目标。通过分类人才评价，可以做到“人尽其才”“才尽其用”，使之为高校领导层提供科学合理的依据，为高校超常规的跨越式发展起到一个科学的导向作用，以使高校可以从整体的、宏观的、科学的角度提高学校综合管理水平和办学实力。总之，分类评价的应用实现了人才引进从依靠经验到依靠科学的方法。当然，该指标体系还有很多不足的地方需进一步完善，以进一步增强高校的竞争实力和实现高校的长足发展。

第二节 国际化与本土化:高校高端人才队伍建设机制

当前,高端人才已经成为高等教育事业发展的核心要素之一,加强我国高校高端人才队伍建设是构建高校一流师资队伍的必然选择。改革开放以来,为促进高等教育快速发展,国家和各类高校先后开展了多轮旨在提升教学、科研、管理水平的人才建设工程,对新时期下高校的发展起到了显著的作用。

一、舶来生根抑或本土洋化:高校高端人才队伍的现状解析

1. 专业领域与团队方向相对错位

近年来,在人才强校战略的推动下,国内高校日益重视引进和培养高端人才,并开始加强人才团队的建设。但在人才引进的过程中,出现了一定的攀比数量的现象,没有认真衡量和布局人才可以发挥的作用。部分高校通过海内外招聘等渠道大量引进人才,忽略了人才的专业领域和学校优势学科团队情况是否符合,致使个人的学术科研能力无法与团队形成合力,不得不重新搭建团队,而新建团队的调协与成熟需要一定时间,团队作用得到充分发挥需要相当长的时间,造成了一定的浪费。

人才的专业领域发展也没有得到充分的认识和应有的重视,高校普遍认为高端人才具备较高教学科研水平,无须培养,这种错误观念不利于人才的发展和提高。引进的高端人才虽然有显著的优势,但也存在一定的潜在能力没有发挥出来的情况,同校内其他教师一样,需要针对不同的人才进行继续培养和知识能力等方面的更新。当前,高校对人才的二次培养普遍较为忽视,没有基于人才的专业领域情况和职业生涯规划建立系统的专业发展计划,经费方面的投入相对缺乏,相应的人才后续发展制度尚不完善。

同时,高校高端人才团队的拼凑现象较为明显,许多人才团队是由于申报和承担项目,不同专业领域和方向的人才直接拼接组合建立的。高校将一些没有长期合作经历、专业领域不协调的人才硬组合在一起,为其组建团队,这种团队存在着协调性差、稳定性不强等问题。高校真正需要的是相对稳定的、由不同学科人才自主结合形成的团队。

2. 个人意志与团队认知难以协调

一些高校对人才团队的管理方式较为行政化,导致行政权力在学术管理

中的地位更为重要，使得高端人才个人的发言权和参与管理权不够，高校行政权力负责人和学术学科人才的关系位置错位，形成了“行政权力泛化，学术权力弱化”的现象。

同时，高校的人才团队文化建设相对薄弱。团队文化是团队有效运行和团队工作能力培养的关键因素之一。高校人才团队的团队文化主要受团队管理人的影响，而现今人才团队管理机制的行政化和简单化导致团队管理人员普遍重“外”轻“内”。团队管理人员往往把主要的精力放在争取科研项目、获取更多外部资源和支持上，对人才团队内部的文化建设重视不足，导致人才团队内部难以形成和谐、宽松、良好的氛围。这样不利于高校人才团队凝聚力的加强，离开了团队文化支撑的人才团队也无法创造较好的绩效。

此外，高校学术圈“近亲繁殖”的现象也加剧了个人意志与团队认知的难以协调。现在高校中不少人才团队都是由教授导师和其毕业留校的学生组成，这种“师徒合伙”式的团队往往规模比较小，研究方法“千篇一律”，创新能力较弱，专业方向较为固定，较难产生原创性的重大成果，团队中其他人才的学术见解和意志也很难融入。

3. 领军优势与学科基础不时排斥

目前高校高端人才团队的建设中，还缺乏真正的学科交叉、强强联合，领军人才的优势与学科较弱的基础不时产生排斥。我国高校人才团队多是在课题组或系科基础上发展形成的，研究任务相对独立，且研究内容较单一，只关注科研目标的达成，不关注学科的交叉综合与发展。同时高校内部传统的院系建制和学科壁垒客观上增加了不同学科之间整合的难度，阻碍了跨学科、跨部门人才团队的建设。在已形成的跨学科的人才团队中，理工科内的小交叉多、人文社科和理工科的大交叉少，跨校际和地域的人才团队还相当缺乏。

此外，高校高端人才团队的建设中普遍面临优秀人才匮乏和人员过剩的双重困难。一方面急需人才难引进，优秀人才不断流失，骨干人才队伍不稳，另一方面现有人员又难以流动。各高校 20 世纪 80 年代以后培养的人才队伍中许多杰出人才流向国外，从而造成国内高校优秀人才匮乏。但同时，高校现有人员又存在难以流动更新的问题，高校人才总量上依然不足，传统学科基础人才相对较多，具有领军优势的新兴和应用学科专业人才较为缺乏，具有丰富实践经验和国外高水平高校和科研院所经历的教师比例较低。

二、国际化与本土化：高校高端人才队伍建设机制生成

1. 国际经验与本土现状优化组合

国际大学协会(IAU)认为：高等教育国际化是把跨国界和跨文化的观点和氛围与大学的教学、科研和社会服务等主要功能相结合的过程[77]。高等教育国际化是在学习借鉴全球范围内的高等教育办学理念和办学模式以及相应的文化传统、价值观念和行为方式的基础上，以多样化的高等教育国际交流合作为载体，实现提高人才培养质量，推动本国高等教育的现代化进程。

推动高校高端人才队伍建设，必须坚持国际经验与本土现状的优化组合，建立健全国际化办学的机制。应坚持从高校发展规划战略导向层面，整体构建国际化的理念机制，使国际化理念不仅存在于观念上，更体现在高校实践发展的行动中，并具体地融入教学科研、学科建设、师资建设、社会服务等各个方面。

要注重引进国外高校优质的高等教育资源，如教育品牌、师资力量、教学手段、教育要素、管理模式、评价体系等，借鉴、吸收国际先进理念方法，并加以改革创新，稳步推进国内高校教学科研等方面的改革，提升科研水平和办学质量。要以校内人才团队为主体，以学术科研项目为抓手，加强境内外高校的科研合作与学术交流。进一步发挥高校本土人才的带头和交往作用，鼓励和支持他们开展国际合作研究和学术交流，提升高校的教学和学术水平，推进高校的国际化发展进程。

2. 国际理念与本土认知相得益彰

推动高校高端人才队伍建设，必须坚持国际经验与本土认知的相得益彰，实施“请进来”和“走出去”战略，一方面大力引进高层次的国际人才，另一方面加快培养具有国际化视野的本土人才。

加强国际经验的引进和融汇，大力开展国际、国内的学术合作，聘请知名学者来校讲学，引进更多的海外优秀留学人才、优秀外籍教师和专家来校任教。积极鼓励本土高校根据发展现状调整并优化人才政策，引导本土人才申报国家公费留学基金项目，鼓励他们到国内外高校和研究机构进修和工作深造。重点支持学术带头人、优秀青年教师等类别人才，多渠道、多层次选拔人才出国深造、访学以及参加各类高层次国际学术会议。认真组织高校人才积极申报政府间双边科技合作项目、国际科学基金等项目，做

好各种合作性国际科研项目、学术合作平台和基地的争取和建设，努力打造国际化的学术合作人才团队，培育国际性学术合作成果，不断提高人才团队的国际合作能力。

此外，强化高校管理人员的国际化理念。加大对国际化办学理念的宣传、教育和引导力度，使高校管理人员对开展国际交流与合作具有更充分的认识，增强对国际交流与合作的主动支持协助意识，树立科学化和国际化的高校管理观念，逐渐内化成为管理人员的自觉行为，充分调动他们参与国际交流与合作的主动性、创造性、积极性。加大管理人员培训深造力度，全面提升他们的管理素养，积极组织开展对外交流培训，按计划选派管理人员参加国际交流培训，提升管理人员的国际交往能力，培养具有充分高等教育从业管理经验并拥有国际视野、了解国际规则的管理队伍。

3. 国际引进与本土国际化无缝衔接

本土国际化的理念出现源于欧盟的伊拉斯谟计划，其目的是促进欧洲大学间的师生流动和大学间的合作，提高欧洲高等教育整体质量水平[78]。推动高校高端人才队伍建设，必须坚持国际引进与本土国际化无缝衔接，推动全体高端人才的国际化发展。

本土国际化不仅仅是一种人才发展理念，更是当前高端人才发展的主流模式机制。在高端高校人才队伍的建设中，国际化元素的引进和融入，可以在较长时期内对高校的人才发展和教育提升产生影响，比单纯的人才流动更加有效。在高校高端人才队伍建设的过程中实现本土国际化有两条主要途径：一是加强人才培训，激发高校人才寻求国际交往；二是充分利用国外高校、科研院所研究人员。国内高校中，也有部分高校开展了本土国际化的尝试，主要是通过引进国际培养内容、进行国际化的培训、配备国际化的人员等途径进行，仍然进一步需要借鉴国外高校的团队组织、管理机制等先进之处，以适应新时期下的高等教育发展需求。

此外，应积极推进高校文化的本土国际化，积极开展文化交流，推进文化认同，并吸纳国际上高校的先进文化。我国有着十分丰富的文化资源，国内高校应充分利用传统文化资源优势和高校的校园文化内容，让高等教育文化进一步本土国际化，让优秀文化“走进来”和“走出去”，发挥高等教育文化在国际交流中的媒介作用。

三、学科引领与团队合力：高校高端人才队伍长效建设策略构建

1. 短期引进与长期发展协同

高校要进一步完善高端人才引进机制，多渠道遴选和引进优秀人才，力争引进一批具有国际水平和视野的高端人才。通过聘请国内外高水平的专家学者开展学术协作，通过多种方式不拘一格引进人才，快速提升高校人才团队整体水平。在此基础上，要进一步做好人才引进后的远期发展工作，为所有的在校人才提供合理对应的发展机会。

如果单纯重视引进人才，而忽略对人才引进后的继续发展，不利于人才发挥持续性作用。高校应注重把人才的引进和继续发展与校内现有人才的培养进行有机整合，为新引进的人才提供合适的软硬件条件，实现高校高端人才队伍资源的最优化。同时，要重视从多角度组合高端人才和相应团队，根据所引进的人才的专业领域进行团队建设，保证团队中组成人员的独特性，并从研究领域、个人性格、工作方式等多方面进行岗位组合，使高端人才工作开展更加得心应手，将人才团队的效应发挥到最大。应围绕高校拥有的重点系科专业、重点中心实验室、创新平台等载体，以承担各级各类重要项目、计划为方向，通过高校教学和科研团队建设，构建高端人才继续发展的平台。充分发挥团队培养效应，以学科领军人才和专业带头人的带动作用，推动高端人才队伍成员全方面发展，使人才跟随团队的不断发展而成长。

2. 个人成功与团队成就并重

高校高端人才是高校教学、科研、管理等任务的中坚力量，在促进高校稳步发展的同时，人才自身发展的需要和成就的达到也必然应该得到满足。然而，当前国内高校高端人才工作机制主要以高校事业发展作为出发点与归宿点，未能很好地处理好人才自身与高校人才团队整体发展目标之间的关系，强调的是人才作为客体的服从，将人才作为实现高校发展目标的投入要素之一。

从高校高端人才的角度出发，其个人的事业发展和人生价值实现也具有十分重要的位置，只有当整个人才团队的发展远景与个人的发展方向趋向一致时，其工作、科研都将更为积极。因此，高校人才在高端人才团队建设中，应该坚持以尊重人才个体作为制度建设的价值取向，结合高端人才个体的发展和需求，将人才团队的发展目标与高端人才个体的发展需求紧密结合起来，尊重人才个人的发展愿望，为他们提供多种发展途径，促进高端人才个体

心态与人才团队氛围的融合，让人才个体看到自己的发展优势和发展空间，避免高校的发展目标与教师个体的发展目标自相矛盾而造成强制性的管理控制和人才资源的浪费，使人才团队与人才个体真正成为发展的共同体，产生精神上的凝聚力，促使人才个体把自身的发展需求与人才团队的成就目标结合起来，主动修正个人的发展目标，把自己的发展目标与团队整体的目标深入结合，实现高端人才个体与人才团队的共同发展。

3. 人文环境与学术发展同行

高校的人文环境涉及硬件和软件，硬件包括各种独特的建筑和校园环境，软件包括校风、校纪、教风、学风、教育者的言行以及人际关系等[79]。高校的人文环境的表现特征是以高校精神为核心的校园文化建设。高校的人文环境建设是建立在对高等教育灵魂的把握和对时代特征的认识之上的。通过高校人文环境建设形成的丰富的人文景观、行为文明的校园环境、优良的校园秩序将显著增强高校的综合实力，成为吸引和凝聚高端人才的有利因素。同时，在我国高校的日常运行中，行政权力处于相对主导地位，学术权力存在相对弱化的现象，导致高校的学术性在很多层面被弱化，甚至有时在学术领域主导地位也难以保证，出现了一定的学术权力与行政权力的冲突。因此，在高校高端人才队伍建设中，应调协完善高校学术权力与行政权力各自的运行机制，使学术权力与行政权力相互制约、协调并各司其职，让校内的高端人才拥有学术自主、积极参与交流、共同参与高校管理的权力。

此外，在高校高端人才队伍建设工作中，为尽快提升高校能级，许多人才工作的措施具有较强的功利性，部分人才评价指标侧重于终了性的考核结果，在提供学术成果产量的同时，也不可避免地带来了一定的功利性学术风气，造成了学术价值的异化和学术不端现象的滋生。应加强人才激励制度建设，激发和调动高端人才的工作积极性，同样也要建立完善约束机制，对学术不端行为进行防范和治理，形成一种强有力的制度约束，促使高校人才敬畏学术，良性发展，进而带动高校逐步减少急功近利的现象。在评价机制上，根据高端人才自身的实际情况，进行全过程目标管理，对其具体科研和教学及管理任务情况进行分类考核，按期汇总所有的任务进展和完成情况，做到全过程控制管理。在严格考核评价的同时，也需要注重人文关怀，加强与人才的沟通联系，了解其工作生活情况，主动给予关心和帮助。

第三节 地方高校引进高层次人才的SWOT分析及对策

党的十八大报告指出：广开进贤之路，广纳天下英才，是保证党和人民事业发展的根本之举[80]。在高等学校，只要拥有高层次人才，就能占领相关学科的高地，就能提升学科品牌，扩大学校声誉。地方高校一般综合实力较弱，大力引进高层次人才，加强师资建设来提升综合实力，分析和研究地方高校引进高层次人才对于增强高校核心竞争力、促进高校师生全面发展、完善学校学科建设等具有重要意义。SWOT分析是一种战略分析方法，可帮助被分析对象实现预期目标，对被分析对象的优势、劣势、机遇和威胁等加以综合评估与分析得出结论。这种分析方法已经被广泛用于企业管理、竞争策略、战略研究等多个领域。本文基于SWOT分析法分析地方高校人才引进策略，有利于高校人事领导者、管理者在人才引进工作中做出正确的决策和规划。

一、地方高校引进高层次人才的意义

高层次人才是高校发展的根本。梅贻琦先生曾说："大学者，非谓有大楼之谓，有大师之谓也。"[81]随着我国人才强国战略的实施，高校在教书育人、传承文化、创新知识、服务社会的过程中对高层次人才的需求日趋强烈。地方高校要提高社会影响力、综合实力，把引进高层次人才作为人才强校的重要战略。

1. 地方高校引进高层次人才是实现人才强国战略的需要

人才队伍建设是实施人才强国战略的重要基础。当前，我国高等教育的发展与世界发达国家相比仍然存在一定差距，高校中具有国际影响力的人才相对缺乏，特别是地方高校，对高层次人才的吸引和聚集还不够。地方高校若能对高层次人才实施大量的引进和有效的培养，建设一支规模宏大、结构合理、素质优良的优秀人才队伍，将使我国高校保有更多高级人才，可以进一步发挥高校在推动科技进步、社会发展中的作用，进而增强我国高等教育的国际竞争力。

2. 地方高校引进高层次人才是实现可持续发展的需要

教育教学与科研创新能力是高校教师的核心能力，也是提高高校教育质量、推动高校可持续发展的根本保证。一方面，高层次人才把握社会需求、明

晰发展趋势，对地方高校以社会需求为导向、不断培养高素质创新型人才具有重要保证。另一方面，高层次人才走在学术前沿、掌握先进技术，对于优化学科队伍、创新学科发展思路、提升学科发展内涵、推动高校学科跨越式发展具有重要作用。

3．地方高校引进高层次人才是加快国际化进程的需要

在经济全球化背景下，国际化是我国高校发展的必由之路，也是高等教育本质特征的体现。高校国际化需要高校有国际视野、国际思维和国际竞争力，高层次人才吸纳了世界先进思想观念，站立在现代科技源头，掌握了先进技术方法，将对高校树立国际化的教育理念、构建国际化的教学体系、培养国际化的优秀人才起到独特作用。

二、地方高校引进高层次人才的SWOT分析

1．优势

优势一：政策环境优化。近年来，国家层面就高校高层次人才引进工作出台了一系列的政策性文件，各个省教育行政部门也相继出台政策性文件保障高层次人才的引进工作。比如，江苏省实施了“高层次创新创业人才引进计划”，每年拿出两个亿的专项资金用于引进高层次创新创业人才；山东省出台“泰山学者”建设工程等。各个高校也依据国家、省、市主管部门的政策性文件，纷纷出台相应的高层次人才引进的制度和措施。这些政策的制定和出台，进一步规范、优化了高层次人才引进工作，也大量吸引了高层次人才向高校集聚。

优势二：生态环境优越。基础的生活环境保障是高层次人才最普遍关注的问题。与发达城市和省会城市相比，很多地方城市自然气候宜人，历史底蕴深厚，生态环境优越，交通环境也不像大城市那样拥堵。地方高校在生态环境、交通环境、居住条件等方面的优势增强了对高层次人才的吸引力。特别是海外归国人才，他们长期生活在自然环境优美、公共基础设施完善的海外，对自然气候、交通环境等有着更高的要求。地方高校在这方面的优势吸引着海外高层次人才不断向地方高校集聚。

2．劣势

劣势一：区域位置不具竞争优势。地方高校内部的硬件环境及软环境是吸引和留住高层次人才的一个重要因素。近年来，虽然地方高校在硬件环境建设上有了长足的发展，但其现有的办学基础、办学条件受区域位置的影响，

对高水平人才特别是高端人才的吸引还难以与发达地区高校和省会城市高校抗衡。另外，地方城市往往经济实力不强，产业关联度不高，产业结构不优，不能形成在全国范围内有竞争优势的产业集群，人才发展空间受到约束。

劣势二：传统体制制约人才发展。高校应该是"无政府的自治组织"，保持一定的学术自由和学术自治[82]。但是国内高校属于体制内的事业单位，遵循其长期形成的体系化的工作模式和工作流程，造成人员流动不畅，常常是"能进不能出"，造成人才的浪费。同时，有的高校缺乏对高层次人才科学合理的管理考核机制及激励机制，项目申报、职称评定、评奖评优等还是沿用旧的操作方法。简单地以教学课时、发表论文等来衡量人才的工作绩效，使得高层次人才难以潜心从事一些基础性、探索性的科学研究，限制了人才的成长。

3. 机遇

机遇一："海归潮"带来人才红利。近年来，我国社会经济的快速发展为各方面优秀人才提供了广阔的发展空间和展示舞台，越来越多的海外人才选择回国就业。1978—2022年，我国各类留学回国人员总数达约650万人。近年来超80%的留学生选择回国发展，尤其是2020—2021年回国人数激增(如2021年回国人数超100万)。2023年后，随着国际旅行恢复，回国人数从疫情高峰回落，但仍保持增长(年均增速约5%～8%)。此外，大量海外华人、华侨、留学生时刻关注祖国发展，期待回国服务。这些都为地方高校引进海外高层次人才提供了机遇。同时，随着高校国际合作与交流的增加，高校与国内外企业之间联系越来越多，国内外高校合作教学、科学研究越来越广泛，不同专业之间、学科之间、项目之间的合作越来越紧密，都为高校引进高层次人才搭建了良好的平台。

机遇二：互联网为人才引进提供了便捷。随着新媒体技术的发展和网络终端设备的普及，在线实时交流已经成为公众日常生活中重要的沟通方式。高校在招聘人才的过程中不仅能通过网络获取各类信息，还能保证招聘的时效，节省大量人力、物力、财力。同时，网络也为人才的交流、人才的服务提供了更加便捷快速的方式，使高校引进高端人才的工作效率更高。

4. 威胁

威胁一：人才流动加剧。随着各地政府、企业、高校和科研院所等对人才重视程度的提高，各地、各单位都从工资、购房补贴、安家费、科研启动费等方面出台了优惠政策，人才之争越来越激烈，人才流动日益加剧，对地方高校稳定人才队伍提出了严峻的挑战。这要求地方高校在做好人才引进的同时,积极采取措施留住人才、用好人才。

威胁二:人才引进风险增加。由于引进的高层次人才长期处在一种文化环境中,引进到地方高校后面临新的文化环境,有的人才可能不能很快适应当地的文化环境,出现“水土不服”的现象,导致不能很好地发挥预期的人才效益,致使高校前期投入的人力、物力、财力出现损失。同时,高校在引进人才过程中通过面试、试讲等形式进行考核,存在信息不对称的现象,很难全面了解人才的情况,有可能出现人才甄别的风险,出现人岗不匹配的现象。

三、地方高校引进高层次人才的策略

1. 深化思想认识,进一步强化人才工作的优先地位

高校要始终坚持“人才是第一资源”的战略思想,从高校事业发展的战略高度,充分认识加强人才工作的极端重要性和紧迫性。以更加宽广的眼界、更加开阔的胸襟、更加积极的态度、更加清晰的思路推进人才工作,全面展开人才优先的战略布局。要进一步解放思想、转变观念,积极探索更加有利于高端人才集聚加快、优秀人才快速成长、师资队伍整体提升的新政策、新举措。要根据高水平大学建设的迫切需要和人才成长发展的客观规律,围绕国家和区域发展战略,优先引进和培养一批能够推进知识创新和基础理论创新、突破关键技术、带动新兴学科、发展高新技术产业、推动文化传承创新的高端人才和创新团队,努力为推进高校事业蓬勃发展增添新动力、新活力。

2. 加大宣传力度,进一步拓宽人才引进的多元渠道

做好宣传工作是招贤纳士的一个重要途径。各高校要按照“精细化分类、精准化投放”的宣传原则,针对不同人才的特点,主动对接各地高层次人才招聘会、高校就业指导部门、驻外大使馆、国际著名科学网站等,加大引进人才需求、人才政策、人才待遇的宣传力度,宣传地方高校的环境优势、发展优势、发展潜力等,让外界了解地方高校,为吸引人才营造良好的舆论环境。地方高校还要积极依托海外校友会,在北美、欧洲等地搭建海外高层次人才咨询平台,充分发挥海外校友在海外人才信息收集、学术水平鉴定和向高校推荐等方面的作用,不断丰富引进人才的渠道。

3. 优化政策环境,进一步加快高端人才的大量集聚

人才工作中创新体制机制是保证。高校要从多个方面创新机制体制,为发现人才、引进人才、发展人才提供良好的制度环境。一是探索建立具有地

方特色的学科特区政策。借鉴国内外成功经验，以研究中心、研究院所为载体，依托地方“高层次人才驿站”的优势资源，设立学科特区，瞄准国内一流目标，从管理体制、考核方法、人员聘用、薪酬福利、科研经费使用、研究生招生等方面实行特殊倾斜政策，积极搭建更加有利于集聚高端人才和催生高水准研究成果的工作平台。二是继续完善激励约束机制。完善教师分类管理和分类评价办法，强化“一流人才，一流业绩，一流报酬”的导向，探索建立阶梯合理、层次明晰的各级各类人才薪酬体系。三是继续完善人才考评机制。量化高层次人才引进的具体指标，纳入考核内容。同时，要建立更加科学合理的评价指标，加强对高层次人才的聘期考核，激励人才完成聘期目标，充分发挥人才投入效益。四是完善人才管理协同机制。按照统一领导、分工负责的原则，明确校、院、学科在人才引进、培养、使用、管理、服务等方面的职责，优化人才队伍建设管理体制和运行机制。

4. 统筹各类资源，进一步完善人才工作的服务体系

人才工作中强化支撑保障是基础。高校要坚持以人为本，创新管理模式，从政治上、思想上关心人才，从工作上、生活上爱护人才，为高层次人才提供更加完善的服务。要打破原有的行政化管理模式，完善服务高层次人才的绿色通道，妥善解决好他们出入境、落户、医疗、配偶及子女安置等实际生活问题，切实解决他们在实验室建设、研究生招生、知识产权归属、公共科研平台建设等方面的实际问题，帮助他们尽快适应新的工作环境，激励他们充分发挥聪明才智为高校发展、社会进步服务。要建立“定期联络制”，采用多种方式加强与高层次人才的联系，及时了解高层次人才在校工作与生活的实际情况，及时解决他们碰到的各类问题。特别要及早为高层次人才提供清晰明确的职业发展路径，以便他们对高校提供的职业发展提前做好心理预判和调适。要充分利用新媒体技术，建立信息发布、政策宣传、互动交流、动态管理的人才服务平台，提高人才管理的信息化建设水平。

第九章　新时代地方高校人力资源管理模式的优化策略

第一节　地方高校教师分类考核评价机制实践探索

对于地方高校而言，如何通过客观公正、科学合理的方式方法评价教师，提高教师从事教学科研工作的积极性和创造性，实现高校战略发展目标，一直是众多高校亟待研究和实践的问题。本节通过对现有教师评价方式和问题进行剖析，研究建立用KPI和岗位设置与聘用为理论基础，最后以×大学教师基本工作量考核评价实践案例为切入点，全面展示教师分类考核评价的机制实践探索。

根据国家《统筹推进世界一流大学和一流学科建设总体方案》，“建设一流师资队伍”被放在各项建设任务的首位，以人才队伍建设为核心。地方高校与其他普通高校对比，具有文化厚重、底蕴丰富、综合性高、竞争力强等特点，同时也遇到了最好的改革和发展机会、最难的创新和挑战模式。师资队伍是地方高校实现“双一流”建设的核心任务，更是学科建设的关键抓手。科学、合理、客观、公正的教师考核评价机制对于激发、调动教师教学科研工作的积极性、创造性将起到决定性的作用，也是地方高校打破身份壁垒、冲破等级束缚，打造一流师资队伍，实现跨越式和内涵式发展的重要途径。

一、教师分类考评的内涵与意义

目前，国家针对高校教师岗位设置与聘用、考核和评价有专题文件指导，例如《关于高等学校岗位设置管理的指导意见》《关于深化人才发展体制机制改革的意见》《教育部关于深化高校教师考核评价制度改革的指导意见》等，这些纲领性文件为高校加强顶层设计、改革人事制度、创新人才考核、科学人才评价，进一步激发人才的创新能力活力提供了政策依据和方向指导。在人事制度设计上，高校教师岗位的分类管理，是基于高校岗位设置与聘用工作中所聘用“岗位”的人力资源管理，是人事管理制度改革和实践新的升华。根据高校设岗和教师自身的情况，选择适合自己发展特点的岗位，如教学为主型岗位、教学科研并重型岗位或科研为主型岗位。教师分类考评的意义在于：一是以高校岗位设置与聘用为切入点，完善人员聘用制度、深化人事制度体系、建立科学完善的人才选拔、聘用机制。区别不同类型、不同层次的教师情况，充分考虑高校办学水平、队伍建设和功能定位等因素，实行分类指导，分层管理，充分调动高校各类教师工作主动性，促进人才队伍建设全面协调发展。二是建立合理的考核机制和转岗退出机制，教师可进行晋升、续聘、低聘、转岗或解聘，实现"能上能下"的岗位聘用机制，同时按岗位类别和考评结果，实施绩效工资和奖励制度，完善薪酬体系，最终实现岗位"多劳多得""优劳优酬"。三是为高校教师构建适宜自身发展特点的职业生涯体系，通过以学校为主导、学院为主体的岗位分类实践与考评路径，实现个人优势能力最大化；将教师个人发展目标与高校战略目标融为一体，实现高校和教师双方互助互补、协调发展，达到双赢的目的。

二、地方高校教师分类考评的现状问题

近年来，我国高等教育逐步从以数量增长为特征的外延式发展模式向以质量提升为核心的内涵发展模式蜕变[83]，大多数地方高校正秉承"优化组合、转型化合"精神，坚持走提高质量、彰显特色的内涵式发展道路，不忘初心、牢记使命，全力聚焦一流，全面深化改革。地方高校一直探析摸索适合自主特色的教师分类考评体系，其中取得了不少令人瞩目的成绩，同时也存在一些问题和不足。

1. 教师考评工作倾行政化

当前，国内高校教师的考核评价工作大都是在行政主导下开展的，在考评导向和考评程序上，具有较强的科学性和合理性。但是其弊端也是显而易见的，首先评价主体省教育主管部门和高校决策层具有很大的权力，容易引起不公平、不公正；其次考评过程中行政权力对学术评价容易存在过度干预，甚者会产生对学术权力的全面碾压。

2. 教师考评指标片面简单

高校教师从事的教学科研活动具有多样性、复杂性、差异性和创造性，很难用个别指标去评价其成果贡献，但现实中往往存在高校教师工作评价标准、评价指标"一刀切""大一统"等情况，考评指标体系难以做到科学、合理、公正。片面简单的考评指标会限制教师的主观能动性，阻碍教师追求探索教

学科研的创造力和积极性。

3. 教师考评框架规划局限

目前高校关注的是如何在“双一流”背景下实现利益最大化，更多考虑的是如何多发文章、多拿项目，提升学科影响力。在此考评框架下，规划就得以短时间内完成一定的量化业绩为目标。为完成考评和达到标准，教师研究就倾向于容易出成果的方向，较难、较偏、较长的研究方向则无人问津，长此以往，不利于科学研究和高校的健康发展。

三、地方高校教师分类考核评价的改革探析

1. 突出地方高校的办学定位和特色

如今，各个地方高校的办学越来越趋于同质化，特色化薄弱，大学的功能已经拓展到了人才培养、科学研究、服务社会和文化引领等方面。功能的多样性和地方高校的独有特色如何有机结合，也决定了教师考评的方向。考评要素的设定要求教师能适应教学、科研和社会服务活动的多元化。在举措实施上要针对不同类型的教师，采用多元化的指标，凸显地方高校的办学定位和亮点特色。

2. 彰显教师的主体和核心地位

教师，是地方高校创新和创造的主体，大学功能的直接发挥者和实践者。在制定教师分类考评问题上，地方高校应建立常态化的沟通协调机制，多角度、多方位考虑一线教师的具体思路和想法，充分遵循“客观公正、以人为本”的事实规律。

3. 加强理论实践研究路径建设

理论是实践的依据，实践是理论的检验。地方高校要深入开展教师分类考评的理论研究，并逐步付诸实践，实现理论与实践的有机结合。通过具体举措的落地，跟踪理论的实践意义和效果，加强数据采集与分析、意见反馈与调查等工作，着力解决实践过程中的难点和痛点。

四、地方高校教师分类考核评价的理论体系

1. 构建基于 KPI 方法的教师分类考评理论体系

KPI 即关键绩效指标，是用来表征企事业单位工作人员工作绩效具体的、可操作、可量化的考核指标。应用在大学教师分类考核评价中，是将大学

的发展规划和战略目标进行层层分解，建立自上而下、层层分管协同、层层落实保障的目标绩效实现体系。根据总目标建立各学院、职能部门协调完成机制，按照组织程序和责任使命，形成一套可反馈、可评价、可修正的具有创新驱动因素的考核指标体系[84]。在这个过程中，应全面考虑教师的主体地位和从事工作复杂性等特殊问题，充分尊重教师劳动和创造的成果，广泛征求教师的意见，使理论和实践深入人心并得到广大教师充分认同[85]。

2. 建立基于岗位设置与聘用的教师分类考评理论体系

着力建设好岗位设置与聘用的管理用人机制，建立"差异化岗位分类管理体系"，是高校用人制度和绩效分配制度的基础和前提。针对教学型、科研型、社会服务型等不同岗位，设计差异化的评价标准与发展路径，既避免"一刀切"的弊端，又为教师提供了多元成长通道。同时也为精细化、准确化管理提供了可操作性依据，强调履行岗位职责意识、树立岗位目标责任导向，实现由身份管理向岗位管理的转变，由固定用人向合同用人转变，充分调动教师的积极性和创造性，促进大学事业全面协调可持续发展。

五、举例：基于×大学的教师基本工作量考核评价实践体系

1. 教师基本工作量分类考核评价的实践背景和过程

×大学建立教师基本工作量分类考核评价体系前后历时两年，在政策制定过程中严格遵循、学习领会中央政策精神，研判分析理论研究成果，吸收借鉴国内多所高校的有益经验，通过多方征求意见、反复修改完善，最终形成现有考核评价体系。×大学教师基本工作量考评体系要求的制定遵循以下原则：尊重规律，科学导向；强化基本，突出绩效；分类管理，分级考核；学校主导，学院主体。

2. 科学合理地设置教师岗位分类体系和多元化考核体系

×大学综合考虑学校的发展定位和学科建设战略，即"国内一流、国际知名、特色鲜明的高水平研究型大学"，并对学校的教师岗位进行科学合理的分类（图 9-1）。×大学将教师岗位设置教学为主型、教学科研并重型、科研为主型、研究型和社会服务型。岗位分类设置从调查、分析、设计岗位出发，结合学校的实际发展状况和发展特点，以定性和定量相结合的方式，全面开展分类设岗、制定岗位目标、考核评价教师。根据岗位工作性质和侧重点的不同，建立灵活的、有选择性的多元化考核内容体系。例如：教学为主型侧重考察教学质量、教学目标、教改项目、教材编写、课程设计、教学项目、教学获奖等。

其他考核内容包括学科建设、人才项目、人才引进、科研项目、学术论文、学术兼职、学术影响、科技成果转化、科研平台建设、国际合作交流等，内容方面根据外部客观形势和学校发展规划做灵活科学调整，充分展示分类管理的优势。另外该考核体系的多元化还体现在以下 4 个方面：一是加强师德师风考核力度。将师德师风考核放在考核评价的首位，实行师德师风“一票否决”制。×大学建立教师师德师风教育的长效机制，将师德师风教育内容贯穿于教师基本工作量考核中。二是突出教育教学业绩。×大学专任教师每学年至少独立承担一门本科生课程，且不少于 32 课时(2 个学分)。每一位教师都必须承担起教书育人的职责和工作量，而且每一位教授必须为本科生授课，真正做到“一切为了学生、为了学生的一切”。三是建立合理的科研评价周期和方式。×大学教师科研评价周期原则上是 3 年。对于当年未完成年度基本工作量，出现科研工作、成果大小年等特殊情况，人事处采取年度评价与聘期考核相结合的办法进行，3 年聘期内教学、科研、社会服务 3 项工作量均达到年度基本要求 3 倍标准，即视为聘期内称职[86]。×大学打通教学和科研工作量之间的换算环节，建立科研工作量可以冲抵教学工作量的折算方式，建立的分类考核评价体系基本解决了以下 5 项平衡：一是研究生教学与本科生教学之间的平衡，二是研究生教学研究与本科生教学研究之间的平衡，三是教学研究与科学研究之间的平衡，四是文科科研和自然科学科研之间的平衡，五是教学与科研之间的平衡。

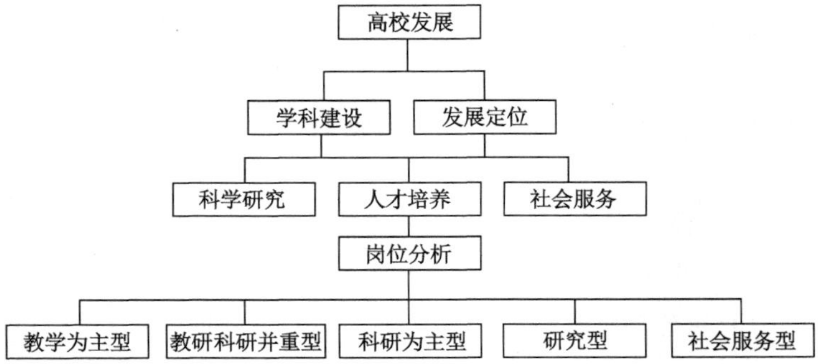

图 9-1　教师岗位分类

3. 科学公正地制定岗位分级和量化考核工作体系

×大学设置正高级、副高级、中级和初级 4 个层次及一至十二级岗位，一至四级为正高级岗位、五至七级为副高级岗位、八至十级为中级岗位、十一至十二级为初级岗位。除初级岗位外，每一级岗位下面设置教学为主型、教学科研并重型、科研为主型、研究型和社会服务型。教学为主型、教学科研并重型和科研为主型岗位教师承担教学、科研和社会服务工作量，研究型和社会服务型岗位教师承担科研和社会服务工作量。教学工作量以当量课时为单位进行核算，当量课时包含本科生和研究生教学当量课时，涵盖理论教学、实践教学等各个环节。科研工作量以业绩点为单位进行核算，业绩点是对科研工作的具体量化，涵盖科学研究和教学研究。社会服务工作量以工作时为单位进行核算，是指关系到学校、学院发展的工作，涵盖与教学、科研、管理等相关的服务工作。各类教师承担的教学、科研及社会服务的工作量是根据学校近5年人均教学工作量、人均科研工作量、各类教师的岗位职责特点要求来确定的，学校根据学科建设和学校发展定位适当调整工作量要求。能否科学合理地评价各类教师的工作量，不仅关系教师的切身利益，也关系学校的未来发展，是分类评价教师的一个难点。基于此，评价教师工作量的前提首先是要根据不同类别的教师特性来制定，各类教师工作量的确定既不能太高，也不能太低。工作量规定过高，就会增加教师的工作压力，不利于教师的可持续发展；工作量规定过低，会导致教师资源利用不充分、效率低下，学校用人成本上升，制约学校的发展。因此，在分类评价教师工作量时，首先需要找到一个确定各类教师工作量的合理的平衡点和科学依据[87]。

4. 客观公正地制定年度和聘期考核评价体系

×大学教师基本工作量完成情况以年度评价与聘期考核相结合为评价办法，根据师德师风、思想政治表现、工作业绩、工作能力等为评价内容，以定量和定性相结合为评价方式。年度考核评价以学校为主导，学院为主体，学院成立教师基本工作量年度评价领导小组及工作组。评价结果作为教师奖励性绩效（职责绩效＋业绩绩效）发放及教师年度考核的重要依据。完成基本工作量要求的教师全额发放职责绩效，未达到基本工作量要求的教师按完成部分（教学工作量、科研工作量、公共事务工作量）的比例发放相应的职责绩效，学院将扣减职责绩效的情况公示后报人事处，扣减的职责绩效将用于学院进行二次分配，教师完成基本工作量要求，超额部分的工作量可作为学院业绩绩效分配的依据。×大学教学科研岗位的聘期为3年。聘期考核由各学院根据学校的安排组织实施。考核结果分为合格、基本合格、不合格3个等级[88]。聘用考评结果与教师本人的岗位聘用等级、岗位晋聘、续聘和解聘直接挂钩。高校应充分尊重和保障教师在办学中的主体地位，充分发挥分类考核评价的鉴定、指导、激励、教育等综合功能。[89]

5. ×大学教师分类考评体系成效

通过3年的实践研究，×大学教师基本工作量考核、分类考核评价体系已深入人心。在教师基本工作量年度考核上，从2016年有90%的人完成到2018年有96%的人完成，从考核方式到考核内容均已得到教师的广泛认同；在教师基本工作量聘期考核上，聘期考核不合格的教师按照规定进行转岗或解聘。自实行教师基本工作量考核以来，×大学教师积极投入工作，争相开展教学、科研和公共事务服务，学校各项事业均取得了明显的突破。

第二节 思政课改革下高校思政课教师评价机制优化路径

当前，我国正在进行新时代学校思想政治理论课（以下简称思政课）改革创新。加强和改进思政课建设，改革创新是先导，师资队伍是关键，而思政课教师队伍评价则是第一要务。为了适应新时代高校思想政治教育工作格局、思政课教师综合素质和专业能力要求，高校和教师必须转变观念，重新正确认识思政课改革和思政课教师评价[90]。

一、思政课教师评价对深化思政课改革具有重要意义

1. 思政课教师评价是深化思政课改革的应有之维

2019年3月18日，习近平总书记在学校思想政治理论课教师座谈会上，深刻阐述了学校思政课改革创新的重要意义[91]。2019年8月15日，中共中央办公厅、国务院办公厅印发了《关于深化新时代学校思想政治理论课改革创新的若干意见》，就深化新时代学校思政课和思政课教师评价机制改革创新提出具体指导意见[92]。习近平总书记强调：“思政课不可替代，思政课教师责任重大”“办好思政理论课关键在教师”[92]。思政课改革关键在思政课教师，核心在思政课教师评价。科学合理的评价机制是增强思政课教师凝聚力、执行力和创造力的重要抓手，是增强队伍职业认同感、荣誉感和责任感的重要保障。

2. 思政课教师评价是提高思政课教师综合素质的有效之径

习近平总书记强调，思政课教师要按照“政治要强、情怀要深、思维要新、视野要广、自律要严、人格要正”六个方面的素养要求，不断加强自我修养[91]。

根据思政课教师应具备的素养，应对思政课教师评价作出调整和完善，坚持以问题为导向、以目标为核心、以改革评价体系为路径。评价体系是灯塔和指挥棒，是引领思政课教师达到“六个要求”的成事之基，因此建立和完善思政课教师的评价体系是必由之路。加强思政课教师评价体系与“六个要求”的深度融合，切实符合思政课教师强化自我修养的需求。

二、新时代高校思政课教师评价优化的当下困境

1. 思政课教师评价对新时代思政课教师的素养要求凸显不足

一是思政课教师政治信仰要求不明显。在市场经济利益的驱动下、个人功利主义的驱使下，部分思政课教师对马克思主义理想信念产生动摇，对教育立德树人根本任务产生怀疑，对思想政治理论课教学产生反感。“缺钙”的思政课教师在政治信仰上可能会迷茫、在师德师风上可能会失范、在教学科研上可能会产生消极情绪。“爱是教育的灵魂，没有爱就没有教育”[93]，坚定的理想信念和政治信仰是思政课教师开好思政课的热度温情和精神底气，是做好学术研究的坚实后盾和信心保证。

二是思政课教师创新能力要求不突出。思政课不同于其他课程，理论性强，偏政治化，授课难度较高。部分思政课教师有畏难情绪，对讲授思政课仅限于完成任务，缺乏知识的构建和系统的研究。教学方法的改革与创新，好比过河的舟与桥，是解决思政课授课问题的途径与手段。在改革创新中，积极把握立德树人的根本任务，以学生为主体；充分掌握主体客体的辩证关系，以育人为根本。实践教学是对教学的检验与评价，改革创新思政实践教学，是使学生主观世界得到感性的再教育和主体能力得以再优化的过程[94]。思政课教师应“源头活水常新”，保证创新的动力和活力。

三是思政课教师专业能力要求不彻底。与其他课程对比，思政课教师不仅要具备扎实深厚的马克思主义理论功底，还要懂得与哲学、文学、历史学、政治学、经济学、社会学等多种学科的交叉融会和灵活运用[95]。目前大多数高校重科研轻教学，思政课教师缺乏系统的理论知识和教学科研的学习培训。同时思政课教师在课堂的时间较多，理论研究不够深入，教研水平不能提高。专业的理论知识和教学科研是相辅相成、有机联系的，不可偏废。

2. 思政课教师评价对思政课教师队伍发展的导向性发挥不够

一是思政课教师队伍长远规划不完善。目前，高校虽然设置了马克思主义学院，但是对学院的长远规划尚未科学谋划，功能属性尚未清晰明确定位，

师资队伍尚未建设完备。国家要求按照师生比不低于1∶350的比例核定专职思政课教师，但在实际中思政课教师的配备经常短缺，其他学科和专业也会挤占思政学科发展资源和空间。教育领域的供给侧改革实则是要解决发展资源不协调、不对称的问题，而思政课教师正处于思政课改革的核心地位，核心问题解决了，就可以培养大批实现中华民族伟大复兴的优秀大学生。

二是思政课教师队伍培训机制不健全。每一所高校都会建立本校教师的培训培养计划和机制，但具体到学科和专业，却不是很均衡，实践中往往会偏重优势学科、重点学科等。现行的高校教师培训方式较为传统、单一，且不具有针对性和时效性；培训内容上较为守旧滞后，且不具有实践性和专业性，极大地制约了思政课教师的专业理论学习和创新能力培养。例如：目前各高校都在实施“人才强校”战略，其中不乏思政学科博士，他们具有扎实的理论功底，但在教育教学上尚不能独当一面，需要高校建立专门性的、针对性的和个性化的培训机制。

三是思政课教师队伍激励力度不到位。高校对某一领域作出贡献的教师均有激励奖励措施，但更多的是与学术论文、科研项目、人才工程等挂钩。思政课教师在发表论文、申请项目等面前均是弱势群体，造成思政课教师被重视程度不高、绩效待遇低、职业成就感不强等现象。激励措施到位，思政课教师群体的职业认同感、荣誉感、责任感才能普遍提升。高校需要就思政课教师队伍研究出台具体的激励举措，积极保障思政课教师的社会地位，充分发挥思政课教师的马克思主义阵地作用。

3. 思政课教师评价改革融入深化教育综合改革的系统性不足

一是思政课教师教学评价被边缘化。高等教育领域一直在倡导教学的中心地位，同时平衡教学与科研的关系，但具体到高校却是做科研比教学显示度高、存在感强。近些年，高等教育蓬勃发展，高校之间奋勇争先，但教学有其客观规律，短时期成效不高。高校围绕社会各种排名指标，对教师的评价体系和指标作调整，科研已然成为硬核。处于中心地位的教学评价被边缘化，且评价方式被单一化。思政课教学不同于一般课程教学，其是马克思列宁主义、毛泽东思想、邓小平理论、“三个代表”重要思想、科学发展观、习近平新时代中国特色社会主义思想编入高校教材、走进高等课堂、融入学生心灵的重要载体。

二是思政课教师职称晋升被同质化。专业技术职务（职称）评聘对高校教师来说是至为重要的，一般高校教师评聘职称主要从教学、科研、社会服务等评价内容出发，具体包括论文论著、科研项目、教学科研获奖、发明专利、教学工作量等。思政课教师在职称评聘上不具有明显优势，和其他学科教师相比，其在教学时间、教学精力和教学工作量上投入过多，项目研究、论文发表是其明显的薄弱环节。解决好思政课教师这支队伍的职称评聘问题，具有典型性和明显的导向性，在很大程度上会影响他们对思政教学科研的热情和积极性。

三是思政课教师退出机制被淡化。新时代思政课教师除了要学习基础理论知识和技能外，还必须提高加强自我修养的要求；除了要完成课堂授课任务和需求外，还必须肩负教书育人的职责。思政课具有政治属性，且是中国特色社会主义的政治课，正是因为思政课的特殊地位，思政课教师这支队伍不容任何砂砾。部分高校认为只要思政课教师政治坚定即可，却忽略了思政课教师不同于其他学科授课教师，思政课教师的本职是传播马克思主义、共产主义和中国特色社会主义，其专业素养和教学技能同样必不可少。在思政课教师的重大问题、政治问题、师德师风、专业能力和教育教学等方面必须建立退出机制。

三、新时代高校思政课教师评价改革的优化路径

1. 以政治意识为统领，强化思政课教师评价的必备素养

一是坚定政治方向，加强修养。高校思政课教师必须旗帜鲜明地讲政治、讲立场、讲方向，确保社会主义办学的方向，并能运用马克思主义、共产主义和中国特色社会主义等基本理论和研究成果去分析和解决问题，在思想上、行动上和党中央保持高度一致，坚定成为马克思主义的忠实信仰者、共产党执政的坚定拥护者，从而积极主动、健康正确地感染、指导、领航学生。新时代的思政课赋予思政课教师更多的权利义务和责任使命，需要思政课教师进一步严于律己、加强自我修养，在学习和讲授中以德修身、以德著学、以德施教。思政课教师要在任何场合、任何情况下，都能在大是大非面前敢于亮明身份，坚定信仰，弘扬社会主义核心价值观的主旋律，传播正能量。

二是立足专业，强化教学。思政课教师必须具有扎实的马克思主义理论功底、深厚的相关学科专业知识储备和良好的教育教学技能。育人者先育己，高校思政课教师应该将学会学习、跟踪学习和深入学习贯穿于整个教学生涯，对于社会中发生的重大问题、政治问题等能在第一时间用政治理论和学科专业去详尽阐述，解决广大师生的困惑和疑虑。不断涉猎交叉学科、重

要学科的理论知识，不断丰富和完善马克思主义理论体系，优化专业知识架构，拓宽理论渠道和知识路径。思政课教师要积极把握思政课的课程本质和属性，在“守正阐道”的基础上，发掘教学素材、创新教学方式、开拓教学资源，运用现代媒体技术和教学手段，解决制约教学水平提高的关键因素。积极融入大学生群体，研究和关心新时代大学生思维模式、心理需求等方面的深刻变化，和教学改革有机结合，使教学内容入心入脑，帮助大学生成为社会主义核心价值观的实践者。

三是坚持创新，深入研究。卡内基教学促进基金会主席、美国教育家厄内斯特·博耶曾提出“教学学术”思想，即在教学工作中融入创新思想并作为学术来研究探讨，这为思政课教师提供了教学和科研有机结合、相互促进的发展方式[96]。教学研究坚持思维创新、理念创新、方式创新，用创新的教学研究成果增强思政课程的意识性、思想性、理论性和实用性。目前，国家和高校正在加强思政课程建设相关课题的投入、研究和成果交流，思政课教师应该对思政课程建设重难点和教育教学方法改革关键点予以高度重视，通过申请专项课题、学术研讨会等方式激发思维，创新模式，逐渐将研究成果运用于教学实践。思政课教学过程中学生产生和反馈的各种问题均是教学研究第一手且最直接的素材和资料。教学研究能更有效地促进教学内涵式发展，为思政课教学的科学化提供良性循环，为思政课教师的职业化产生生态土壤。思政课教师要深入学习和坚决贯彻党的教育方针，在“第一课堂”中坚持铸魂育人、“关键课程”中坚持立德树人、“课程思政”中坚持同向同行。

2. 以教师评价为依托，推进思政课教师队伍的规划设计

一是顶层设计，着力体系建设。坚持党对思政课教师队伍的绝对领导，高校党委必须主动发挥领导思政课教师队伍和建设思政课课程教材体系的作用。习近平总书记指出，推动思政课的改革创新，要增强思想性、理论性、亲和力和针对性，并提出“八个相统一”[91]。高校党委书记、校长是思政课建设第一责任人，要把思政课建设摆上重要议程，抓住突出问题，在工作格局、队伍建设、支持保障等方面采取有效措施[97]。高校应将马克思主义学院作为发挥作用和解决问题的重要载体，将马克思主义理论学科作为承担改革和培养师资的重要抓手，将二者纳入学校重点规划，党政齐抓，整合资源，协同发展，为形成“大思政”工作格局创造良好的生态环境。高校党委必须围绕新时代思政课程改革创新和思政课教师队伍建设两大着力点，做好人事人才、教学科研等方面的制度建设，逐步建设一支“政治强、情怀深、思维新、视野广、

自律严、人格正”的思政课教师队伍。

二是精准引才，加强队伍建设。善之本在教，教之本在师。教师是教育的第一资源，思政课教师队伍是思政课教学质量的根本保障。教师是立教之本、兴教之源。习近平总书记指出，要打造“可信、可敬、可靠，乐为、敢为、有为”的思政课教师队伍[91]。高校要按照规定的比例核定专职思政课教师岗位，在岗位编制内配足配齐，统筹解决教师缺口问题。建立完善的人才引进体系，加大人才引进经费投入，积极引进高层次思政专业背景人才，尤其是马克思主义理论学科的高水平专家，整体推动马克思主义理论学科和思政课教师队伍建设。精准引才注重人才梯队和结构，组建含教学、教学研究、理论研究、实践教学等方面人才的团队，深度融合教学科研。高校要按照“四有”“六个要求”“四个统一”来评价引进的思政课教师，加强政治信仰和师德师风方面的考察。

三是精准培训，健全培养体系。精准培训就要精准施策，成立思政课教师发展中心，用足用好校内外资源，构建多渠道、多方面、全覆盖的立体式培训体系。按照马克思主义理论一级学科和其 6 个二级学科发展规律，有计划、有重点地开展教学培训、教学研讨、教学比赛等活动，进一步巩固发展思政课教师教学技能和科学研究水平。在培训内容上，应契合教学规律，注重解决教学实际问题，增强教育培训实际效果，向专业理论、课堂技巧、育人方式、教育技术、课程改革、教学研究等方面转变。在培训方式上，应符合教师需求，着力探索理论联系实际，加强理论实践优势互补，向现代化、国际化、个性化、层次化等方面嬗变。高校可以结合学科特色，建立马克思主义研究的基地、平台、研究院等，加强思政课教师与其他学科间教师深度交流融合，加强思政课教师在教师中的政治引领和价值引领作用，形成教师队伍的整体协同效应。

3. 以评价导向为契机，深化高等教育领域内的综合改革

一是建立以教学评价为核心的思政课教师发展体系。高校教师考核评价遵循分类指导和分层次考核评价的原则。思政课教师具有与其他类型教师不一样的岗位职责和工作特点，在考核内容和考核方式上应根据马克思主义理论学科与思想政治理论专业的特点，分类开展教师评价工作。针对思政课教师的考核评价可以从教学、科研、社会服务等多个方面展开，但核心还是教学，这是由思政课教师的本职属性所决定的。在思政课教师教学考核上，建立思政课教学工作量评价要求，注重课堂设计、教学能力、教学效果、师生

评价、教学研究、实践教学等内容;在科研考核上,建立思政课教学研究评价要求,注重课程创新、教材改革,课程内容、教学方法、教学难点研究等内容。考核评价工作量,建立科研工作量和教学工作量的转换关系,鼓励思政课教师专职思政课教学。在社会服务上,建立思政课教师校外服务评价要求,积极鼓励组建专门讲师团、优秀思政课教师到学校、企事业单位、主流媒体研究宣传马克思主义理论学科和思想政治理论。

二是建立以人事评价为基础的思政课教师保障体系。在职称评聘上,将思政课教师列入马克思主义理论学科;将思政课教师分为教学为主型、教学科研并重型、科研为主型和社会服务型等四类;思政课教师职称评聘指标单列;思政课教师高级职称比例不低于学校平均水平;思政课教师在中央和地方主流媒体上,如《人民日报》《光明日报》《求是》等发表的文章,应纳入学术成果范畴。在岗位设置上,积极鼓励引导优秀的其他学科教师和辅导员专职或兼职讲授思政课;实施不合格的思政课教师转岗或退出机制,保障思政课教师群体的精英化和专业化。在人才培养上,设置与国家和省级人才工程配套的校内人才工程,培养思政课教师;设置思政课特聘教授岗位,精心精准选聘优秀的思政课教师担任领军人才,实施马克思主义理论学科领航工程,发挥引领带动作用。在工资薪酬上,增加思政课教师岗位津贴,实施绩效工资和优劳优酬;根据思政课教师类型分类设置工作量;以工作量衡量薪酬,绩效奖予优劳、体现优酬,促进思政课教师上好课、好上课。

三是建立以职业评价为动力的思政课教师激励体系。高校要改善思政课教师授课和研究的硬件、软件设施,创造良好的职业环境。设立思政课教师办公区,内设领军人才、特聘教授、学科带头人、教学名师等工作室,实施集中研究、集中讨论、集中备课等制度,进一步加强职业的荣誉感、责任感和使命感。高校要营造良好的尊师重道氛围,注重表彰思政课教师优秀典型和先进事迹,策划组织遴选校年度人物等。高校应当对立场坚定、学养深厚、联系实际、成果突出的思政课教师优秀代表加大宣传力度,发挥示范引领作用。通过以点带面,积极引导广大思政课教师树立职业发展自信、许以职业发展愿景。相比物质激励体系,精神激励体系能使思政课教师更为感受到被尊重、被重视,得到自我价值的升华。

第三节　国际化人才引进软环境评估及优化对策研究

在全球竞争背景下,人才已经作为新时代不可或缺的知识资本,正在成为促进国家科技创新和经济社会发展的决胜资源。习近平总书记在党的二十大报告中强调，必须坚持“人才是第一资源”，深入实施“人才强国战略”，坚持“人才引领驱动”。我国在人才资源规模、科技创新投入、科学研究成果等方面均居全球前列[98]。随着我国发展环境的不断优化、经济总量持续增长，留学生回国的比例呈现上升趋势。在国家系列人才引进与发展政策积极作用下，我国已经成功地培养出并吸引大量的优秀人才。目前，我国拥有世界上最大规模的留学人员群体，已经初步形成与高层次国际化人才队伍建设相配套的人才培养机制，高精尖缺人才对我国科技与经济社会的发展作出了巨大贡献。但是，在全球人才战略竞争、国际形势波云诡谲的情况下，我国吸引国际人才仍然面临巨大挑战，亟须采取科学有效措施完善和改进人才软环境，进一步提高人才的引进、激励和融入力度，保证国际人才引得进，用得好，留得住[99]。

一、国际上吸引外国人才的典型政策体系分析

我国所谓“国际化人才”，专指访学留学人员、海外华侨华人以及国际移民等中的杰出人才。他们是具有国际视野、国际能力和国际经验的人才，是我国全面建设社会主义现代化国家所急需的高层次专门人才。随着世界百年未有之大变局加速演进，我国对各类高素质复合型人才提出了更高需求，如何吸引大批具有世界眼光、全球视野和宽广胸襟的高水平国际型人才，已成为国家实施创新战略和建设创新型国家的重要政策表述和战略目标。因此，我国仍需学习借鉴其他国家的成功做法[100]。

1. 国家战略政策的引导

一是开展国家引智。以色列 2008 年发起“建国 60 年回归家园”计划，呼吁国外以色列人回国建设自己的国家；印度“科学与工业研究理事会”专门设立政府基金、国家风险基金，用于激励科技人才的创新精神；印度政府鼓励各公司引入优先认股权，让技术人员成为公司股票的持有者。国家战略行动引领国际人才来创新创业，坚持国家利益最大化是引进国际人才的第一准则和根本任务。

二是实施人才计划。韩国先后出台“长期回国计划”“临时回归计划”“外国学者访问计划”以及“科技工作计划”等不同类别的人才回归计划，吸引高层次人才回归的方式日渐灵活；法国先后实施“博士后回归计划”“优秀客座教授计划”“国际联合资助计划”“贝尔居里安伙伴计划”；加拿大先后制定“首

席研究员计划”“卓越研究员计划”“150 首席研究员计划”。各国通过人才计划实现国际高端人才的集聚,加速科研创新和领域聚焦。

三是整合专门力量。英国创建了一个专门的跨部门单位,即人才办公室(the Office for Talent),以积极主动的方式将人才引进到英国,宣传以英国为家的好处,对高技术移民保持开放并欢迎的态度,并协调好关键优先领域的顶尖人才的快速招聘通道。“联系新加坡”是新加坡政府引进人才的主要政府机构,由新加坡经济发展局和人力资源部共同组建,在全球设有 6 个分部,面向全球投资者、专业人士推广项目,帮助国际人才来新加坡就业、定居[101]。

2. 人才内在需求的吸引

一是基于开放包容的签证或永久居留制度。2022 年 1 月美国政府放宽了 STEM 专业人才拿美国绿卡的要求,新增 22 个 STEM 专业,将 STEM 学科留学生的 OPT 延长至 36 个月,允许持有 J-1 签证的 STEM 学术人员毕业后在相关领域工作 36 个月,放宽了 O-1A 签证审理规则。2022 年 5 月,英国启动一项面向世界 TOP 级大学毕业生的“高潜力个人签证(high potential individual route,HPI)”计划,以吸引更多海外人才。

二是基于职业规划的人才积分制度[102]。2012 年 5 月,日本正式导入了“高度人才积分制度”,制度会针对申请人的“学历”“工作经验”“年收入”等项目设立评分点,根据实际情况给予评分,如果分数超过 70 分,就会被认定为“高级外国人才”[102]。

三是基于海外认同的人才培养制度。以色列科学融合中心通过提供博士学位奖学金吸引海外犹太人学生,并提供参与社会服务的机会,帮助其融入并增加留在以色列的可能性,科学融合中心为与大学达成协议合作分别提供奖学金,以每年 72 000 以色列新谢克尔左右的奖学金支持三年制博士生的学费和生活费。加拿大通过设立奖学金、发放留学签证、放宽招生条件、简化入学手续、降低收费标准、改进考试制度等手段吸引外国留学生,鼓励学成之后的留学生在当地就业。美国主要采取了提供奖学金、留学生工作签证以及优质科研环境等方面的优惠。从 1946 年开始,美国政府制定了《富布赖特计划》并开始实施,到现在美国每年都会有各种奖学金项目资助优秀的学生赴美攻读学位[103]。

四是基于家庭保障的服务发展制度。新加坡推出科技准证(Tech. Pass),希望带来更多的科技领域人才,制定有完善的准证制度,适合不同的人才就业，还有各种家属准证方便带家人来新加坡定居。瑞士具有先进的教育制度和科学的培训方式，许多世界名人都把子女送到瑞士接受教育[104]。

3. 发展生态环境的融合

一是增强民族自豪感。如印度2003年开始举办“海外印度人日”，此后每年一届，吸引更多流失人才为印度建设出钱出力；通过了《国籍法修正案》，正式对等承认双重国籍。

二是提升人才融合度。如印度1999年实施“印度裔卡”(PIO)计划、2005年实施“印度海外公民证”(OCI)计划，极大地促进了海外印度人才的回流与环流。2018年“亨氏签证受限指数”表明，新加坡与日本并列世界第一，成为最强大的护照，能在192个国家和地区享受免签或落地签待遇。

三是提高环境舒适度。如新加坡被评为亚洲生活质量最佳的国家[105]。

二、国际化人才引进存在的软环境问题

何为软环境？相对于平台设备、试验设施、基础条件和地理气候等硬件条件，软环境包括体制机制、政策措施、文明信仰、文化氛围、思想观念和服务举措等。国际化人才与软环境可以理解为鱼和水、鸟和林的关系[106]。我国在吸引国际化人才过程中，还是存在一些不足，主要体现在引、育、留、用四个方面。

1. 引进政策亟待进一步完善

全球人口“老龄化”“少子化”态势愈发严峻，“聚天下英才而用之”行动刻不容缓。但国际化人才引进政出多门，纲领性政策明显，配套政策、实施细则不足；同质化程度较高，协同性创新不够；瞄准群体层次范围较窄，教授学者、科技专家过热，专业技术、经营管理人才偏冷。高层次创新人才、创业人才、高技能人才国际化引进的分层性、分类性、针对性、精准性需要进一步实践和完善，对潜在的科技创新驱动力和就业市场性预判不足。

2. 培育理念亟待进一步创新

政府、高校习惯将人才“帽子化”，用人单位间、学者专家间攀比成风。国际化人才构成多元，培育政策分层分类还不够具体和精准，培育标准同一化趋势明显，同一个人、同一团队政策叠加、待遇重复，造成人才闲置和资源浪费。

3. 保留氛围亟待进一步提升

随着中央人才工作会议释放人才红利，后疫情时代“请进国门”“走向全球”的热度频次显著提高，“存量活力”被提上日程。“重引进，轻保留”思想还

在政府、高校、企业中一定程度地存在，注重考核数量的完成，对人才落地后的配套政策（子女入学、家属安置、税收调整等）执行不到位，意识形态重视还不够，创新创业氛围营造还需要加强。法治化建设，尤其是知识产权领域的法律法规需要进一步完善，容错机制需要进一步优化，宽松和谐的氛围更有利于留住国际化人才。

4. 使用机制亟待进一步优化

党的二十大报告指出，要"实施科教兴国战略，强化现代化建设人才支撑"，使用机制是人才成长的沃土和创新的源泉。国际化人才取得的创新成果与科技发展战略方向性还存在趋同的空间，自由科研与成果产出考核要求还存在博弈的空间，待遇需求（工资薪酬、绩效待遇、职称晋升、获评项目等）与体制机制还在诉求的空间。当前，"快餐式"创新创业、"泡沫化"成绩业绩、"功利化"价值观念正在冲击"破五唯"初衷。[107]

三、国际化人才引进软环境评估及优化对策

软环境建设需集诸多要素于一体，其围绕并影响着国际化人才的成长和发展，具有复杂性、系统性和长期性。软环境的常态化、高质量建设是为了吸引更多优质国际化人才到我国创新创业，充分创造调动一切有利于人才发展的内在因素和外在条件，最终实现人尽其才、才尽其用（图 9-2）。国际化人才引进软环境大体包括法治政策环境、人文社会环境、科研创新环境、生活工作环境，可以从这四个方面着力优化。

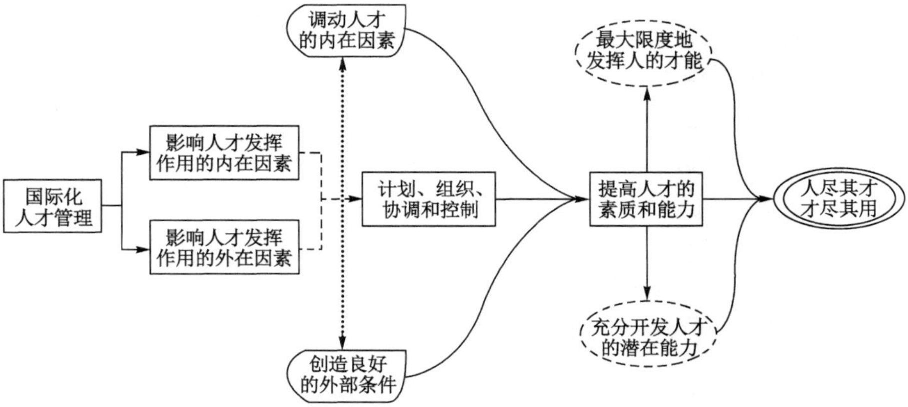

图 9-2　国际化人才管理模型

1. 在法治政策环境方面

第一，促进人才工作立法。加强党管人才，强化多部门、多领域、多行业的协同发展，指导地方政府、高校、企事业单位进行国际化人才引进，建立科学高效的人才工作程序、分层分类办法、评价使用措施、协调联动机制等。第二，推进政策落地到位。各省市全面评估、调整整合、完善优化人才相关领域的规划纲要、计划办法、实施细则等，进一步保障人才政策的科学性、吸引性、可操作性，激发国际化人才的内生动力。第三，加强人才体系建设。以国家战略为导向，以地方特色为指引，以创新驱动为主线，避免人才体系“一张面孔”，强调错位竞争，发挥区域优势，集中优质资源；以高端人才引进为主导，以青年人才、骨干人才为重点，以多元化人才、高技能人才为支撑，支持全职引进，鼓励柔性引进，加强人才共享。第四，提升服务保障水平。深化“放管服”改革，推动信息化建设和信息联动共享，实施“一张网”“一站式”“E路通”“人才驿站”等政策，制定合乎国际惯例的且具有中国特色的材料清单、办事流程、审批制度，积极做到精简、精准、高效。[108]

2. 在人文社会环境方面

第一，营造尊才爱才氛围。如设立“人才工作宣传月”，加强舆论媒体引导，大力宣传人才政策，树立国际化人才典型，打造国际化人才明星，全面吸引留学人才归国、外籍人才加盟，实现“以才引才”的良性循环。第二，加强内在文化建设。固植中华优秀传统文化，融合意识形态建设，在地方深挖具有特色的文化品牌，打造并叫响城市名片。倡导多元、包容、开放的人文环境，营造具有中国特色的文化创意空间。开展中国文化融入培训，让海归人才激动重温，让外籍人才深切认同。第三，树立多元人才理念。引进国际化人才需要瞄准人才的发展定位，不能“摊大饼”求全求大，不能强求一致，不能刻意模仿，更不能跟风比拼。要结合城市特点、产业方向、发展重点等，按照“精准化”的总体要求，切实制定好分类、分层、分级国际化人才标准，吸引世界各地各行业人才加入，全面释放国际化人才带来的人才红利[109]。第四，减少行政管理干预。鼓励支持国际化人才专职专心从事创新创业工作，政府等各方管理层减少不必要的行政干预，充分给予人才创新创业自主权。人才工作者调整工作思维和心理心态，正确认识国际化人才工作的特殊性，充分营造自由宽松的人才环境。

3. 在科研创新环境方面

第一，瞄准集聚方向目标。在引进人才的实践中应“攥紧拳头”，引导、支持、优先引进国际化“高精尖缺”人才，建立产业人才框架，列出人才需求清单，聚焦重点产业领域，以产业引才，以平台成才[101]。通过以点带面的形式，促进国际化人才融入。第二，加强同向协同发力。政府、企事业单位与高校之间加强制度融合，积极推行“项目＋人才”模式吸引国际化人才，按照“科技研发在高校、成果转化在企业”模式，打造地域、区域人才中心，积极承接产业攻关项目，实现引进一个项目，带来一个团队，实现“引资”与“引智”的双向深度融合。第三，注重人才评价改革。坚持“破五唯”“立新标”并举，强化品德评价正向激励作用，健全以创新能力、质量、实效、贡献为导向的人才评价体系。注重在关键核心技术攻关、经济发展与产业升级、急难险重工作、弘扬传承中华文化、生产实践技术革新、基层一线建功立业中识别评价国际化人才。第四，创新科研待遇模式。鼓励优化“人才贷”“科研贷”等人才金融服务，探索实施成果转化在股权、期权、分红等方向的激励政策，对集成电路、生物医药、人工智能、软件、高端装备、航空航天、先进材料、新能源等重点产业领域的核心团队及人才实施奖励，兼顾高级管理岗位和关键生产岗位人才。综合考虑人才及其所在单位的整体贡献，分级分段设定奖励金额，并赋予单位一定自主权[110]。

4. *在生活工作环境方面*

第一，优化城市生态环境。放眼世界，规划与建设新时代城市，着力加强宜居宜业宜创城市建设，树立“公园城市”新发展理念，建设生态友好型城市，塑造城市良好形象和宣传名片；集中整治环境突出问题，解决污染源头问题，补齐生态环境短板，开展绿色生产生活方式。第二，科学规划基础设施。规划国际化人才引进后需要配套的设施，在居住住房、医疗保健、子女入学、休闲娱乐、购物消费等领域投入资金或利用现有基础设施合理布局，提供良好的生活环境和便利的生活条件，促进国际化人才尽快融入中国大家庭、社区小圈子。第三，提高公共服务品质。当下，知识更新迭代较快，科技创新效率提高，内卷随之而来，越来越多人才将精力投入工作，公共服务应做好统筹与规划，聚焦最大限度释放国际化人才的双手和双脚，着力解决其后顾之忧，真正让公共服务带来温暖与温情。第四，营建和谐工作氛围。国际化人才引进后，或多或少存在“工作壁垒”，在工作中较为容易遇到困难，应建立定期回访制度，提供有针对性的解决方案，坚持“有始有终”“不忘初心”原则，不断营建良好的工作氛围，切实提升国际化人才融入感和归属感[111]。

第十章 结 语

第一节 研究总结

在新时代背景下，地方高校人力资源管理的历史进程不仅揭示了教育管理模式的演变，更凸显了人力资源在高等教育体系中的核心地位。通过对这一进程的深入研究，我们得以窥见人力资源管理在地方高校中的多维角色及其对教育质量、学术创新和组织效能的深远影响。

首先，地方高校人力资源管理的历史进程展现了从传统管理向现代管理模式的转变。早期，地方高校的人力资源管理多依赖于行政指令和经验主义，缺乏系统性和科学性。随着教育改革的深化，其人力资源管理逐渐引入了战略性思维，强调人才的引进、培养和激励，以适应高等教育日益复杂和多元的需求。这一转变不仅提升了教职员工的职业素养和工作满意度，也为高校的可持续发展奠定了坚实基础。

其次，新时代地方高校人力资源管理的进程中，信息技术与大数据的应用成为显著特征。互联网和移动智能终端的普及，使得高校能够更有效地收集、分析和利用教职员工的数据，从而优化人力资源配置。例如，通过构建数字资源管理平台，高校可以实现教学资源的动态整合和高效利用，提升教学质量和学生学习效果。这种基于数据的精细化管理，不仅提高了管理的科学性和精准性，也为高校应对快速变化的教育环境提供了有力支持。

再者，地方高校人力资源管理的历史进程还揭示了国际化和跨文化管理的重要性。随着全球化进程的加速，地方高校面临着来自国际竞争的压力和机遇。在这一背景下，高校人力资源管理需要更加注重国际化人才的引进和培养，以及跨文化沟通与合作能力的提升。通过建立国际化的师资队伍和合作网络，地方高校不仅能够提升自身的学术影响力和国际竞争力，还能为学生提供更广阔的国际视野和跨文化交流的机会。

最后，地方高校人力资源管理的历史进程还强调了持续改进和创新的重要性。面对不断变化的教育需求和社会环境，高校需要不断调整和优化人力资源管理策略，以保持组织的活力和竞争力。这包括引入先进的管理理念和技术，如质量管理和绩效评估，以及建立灵活的组织结构和激励机制，以激发教职员工的创新精神和积极性。

新时代地方高校人力资源管理的历史进程不仅是一部管理模式的演变史，更是一部教育质量提升和组织效能优化的实践史。通过对这一进程的深入研究，我们不仅能够总结出一系列有效的管理策略和实践经验，还能为未来高校人力资源管理的发展提供宝贵的启示和指导。

第二节　政策与实践建议

在新时代背景下，地方高校人力资源管理的优化与创新不仅是提升教育质量的关键，更是推动高等教育体系整体进步的核心动力。基于前文对历史进程的深入剖析与现状的细致考察，本书提出以下政策与实践建议，以期为地方高校人力资源管理提供切实可行的指导。

首先，地方高校应构建以人为本的人力资源管理理念。这一理念的核心在于将教职员工视为高校发展的核心资源，而非简单的执行工具。通过实施人性化的管理策略，如提供个性化的职业发展规划、建立健全的激励机制以及营造积极的工作氛围，高校能够激发教职员工的内在动力，从而提升整体工作效能。此外，高校还应注重员工的情感需求，通过定期的沟通与反馈机制，增强员工的归属感和认同感，进而促进其全身心投入教育事业。

其次，地方高校需强化人力资源管理的数字化转型。随着信息技术的迅猛发展，大数据、人工智能等新兴技术为高校人力资源管理提供了前所未有的机遇。人工智能革命、人口结构变化、教育国际化浪潮等趋势叠加下，地方高校应积极引入先进的信息管理系统，实现人力资源数据的实时采集、分析与应用，通过人力资源管理创新构建面向未来的竞争力。通过数据驱动的决策模式，能够更精准地识别人才需求、优化资源配置，并及时调整管理策略，以应对不断变化的教育环境。同时，数字化转型还能提升管理效率，减少人为因素的干扰，确保管理决策的科学性与公正性。

再者，地方高校应推动跨学科、跨领域的协同创新。在知识经济时代，单一学科的知识体系已难以满足复杂的教育需求。高校应鼓励不同学科背景的教职员工进行深度合作，通过跨学科研究与教学，培养具备综合素质的创新型人才。为此，高校需打破传统的学科壁垒，建立灵活的组织架构与合作机制，为跨学科合作提供制度保障与资源支持。此外，高校还应积极与企业、科研机构等外部组织建立合作关系，通过产学研结合，提升教育质量与社会服务能力。

最后，地方高校应注重人力资源管理的可持续发展。在追求短期效益的同时，高校需兼顾长远发展，制定科学合理的人力资源战略规划。这包括但不限于人才引进与培养、绩效评估与激励、职业发展与继任计划等方面。未来高校人力资源管理的核心将是从“管理”走向“治理”，从“控制”转向“激活”。建立更加开放包容的生态系统，例如探索“跨校联合聘用”“终身教职柔性化”“学术休假制度化”等机制创新，同时强化伦理规范与人文关怀，避免技术主义对教育本质的异化。

综上所述，新时代地方高校人力资源管理的优化与创新是一项系统工程，涉及理念更新、技术应用、协同创新与可持续发展等多个维度。通过实施上述政策与实践建议，地方高校能够构建高效、灵活、可持续的人力资源管理体系，为高等教育事业的蓬勃发展注入源源不断的动力。

第三节 研究限制与未来方向

在探讨新时代地方高校人力资源管理的历史进程及启示时，不可避免地面临若干限制，这些限制虽然影响了研究的深度和广度，也为未来的研究提供了宝贵的方向。

首先，本研究的数据主要来源于文献综述和部分高校的公开数据，这种数据来源的局限性可能导致研究结果的普遍性和代表性受到质疑。未来的研究应更加注重实地调研和案例分析，通过深入访谈和问卷调查等方式，获取更为直接和全面的数据，以增强研究的实证基础。

其次，在探讨人力资源管理的历史进程时，主要聚焦于宏观层面的政策和制度变迁，而对微观层面的具体实践和操作细节关注不足。这种研究视角的局限性可能导致对实际操作中的复杂性和多样性理解不够深入。未来的研究应更加注重微观层面的实证研究，通过深入分析具体高校的实践案例，探讨不同背景和条件下的人力资源管理策略和效果，从而为理论研究提供更为丰富的实证支持。

此外，在探讨人力资源管理的启示时，主要侧重于政策建议和制度设计，而对实际操作中的执行和监督机制关注不足。这种研究视角的局限性可能导致政策建议的可操作性和实际效果受到质疑。未来的研究应更加注重政策执行和监督机制的研究，通过深入分析政策执行中的具体问题和挑战，探讨有效的监督和评估机制，从而为政策建议的实施提供更为有力的保障。

最后，在探讨人力资源管理的历史进程及启示时，主要聚焦于地方高校，而对其他类型高校的关注不足。这种研究对象的局限性可能导致研究结果的普遍性和代表性受到质疑。未来的研究应更加注重不同类型高校的比较研究，通过深入分析不同类型高校在人力资源管理方面的异同，探讨适用于不同类型高校的人力资源管理策略和模式，从而为高校人力资源管理的理论和实践提供更为全面的指导。

总结来说，本书在探讨新时代地方高校人力资源管理的历史进程及启示时，虽然取得了一定的成果，但仍面临诸多限制。未来的研究应更加注重数据的多样性和全面性，深入分析微观层面的实践和操作细节，探讨政策执行和监督机制，以及不同类型高校的比较研究，从而为高校人力资源管理的理论和实践提供更为全面和深入的指导。

参考文献

[1] 王婧妍，赵群，冒荣．高等教育的高质量发展与人力资源分布的区域均衡[J]．江苏高教，2024(9)：1-10．

[2] 刘自成．围绕促进教育公平深化教育综合改革[J]．劳动经济研究，2024，12(5)：9-12．

[3] 孙刚成，刘玲．现代性语境下的高等教育人才红利：内涵、挑战与实现路径[J]．黑龙江高教研究，2024，42(12)：48-57．

[4] 吴霓，王远．新时代我国建设教育强国的历史基础及未来路向[J]．清华大学教育研究，2024，45(3)：22-30．

[5] 方芳，吕慧．高等教育助推科技强国建设的价值旨归、现实挑战与关键策略[J]．中国高教研究，2024(4)：23-31．

[6] 王中奎，陈越洋．中国式教育现代化的国际方位：优势、短板与未来路向[J]．教育发展研究，2023，43(21)：1-13．

[7] 何文涛，周睿，周跃良，等．数字化转型背景下基于知识建模图的数字教育资源众筹机制研究[J]．教育发展研究，2023，43(21)：39-48．

[8] 谢芳．地方高等教育与经济社会发展关系再认识[J]．江苏高教，2023(3)：69-73．

[9] 杜鹏，韩文婷．发挥人力资源优势，推进中国式现代化[J]．人口与经济，2023(1)：13-19，25．

[10] 贾永堂，李娜．中国式教育现代化的历史成就与主要经验[J]．高等教育研究，2022，43(12)：24-31．

[11] 马茹，黄园淅．区域科技人力资源测度及影响因素研究[J]．中国科技论坛，2022(4)：109-119．

[12] 岳昌君．高质量发展下的人力资源需求[J]．国家教育行政学院学报，2022(3)：8-10．

[13] 王洪川，胡鞍钢．建设教育强国的战略趋势与路径选择：基于第七次全国人口普查数据的分析[J]．教育研究，2021，42(11)：17-26．

[14] 李立国．如何变人口压力为教育红利[J]．国家教育行政学院学报，2022

(3):5-8.
[15] 原新,金牛.中国人口红利的动态转变:基于人力资源和人力资本视角的解读[J].南开学报(哲学社会科学版),2021(2):31-40.
[16] 秦玉友.从高速增长迈向高质量发展:新时代教育内涵发展战略转型[J].南京师大学报(社会科学版),2019(6):15-24.
[17] 赵伟.试论劳动、劳动教育和职业教育的关系[J].中国高教研究,2019(11):103-108.
[18] 田永坡.人力资源服务业四十年:创新与发展[J].中国人力资源开发,2019,36(1):106-115.
[19] 赵富强,肖洁,陈耘.高校人力资源管理国际化人才培养模式优化研究[J].当代经济管理,2018,40(2):66-71.
[20] 吴跃东.习近平教育公平思想研究[J].上海师范大学学报(哲学社会科学版),2018,47(1):56-62.
[21] 李希贵.深化教育改革加快教育现代化[J].教育研究,2017,38(11):7-10.
[22] 陈正权,朱德全.高等教育供给侧结构性改革:目标、内容和路径[J].现代教育管理,2017(2):23-29.
[23] 南旭光.大数据时代高等教育"循数治理"解析及实现路径[J].中国电化教育,2016(8):20-26.
[24] 马楠,解光穆,张治荣."教育是国之大计、党之大计"的历史逻辑、时代必然与现实要求[J].国家教育行政学院学报,2020(10):24-30.
[25] 郝平.提升教育科研水平 繁荣发展教育科学事业[J].教育研究,2017,38(1):7-10.
[26] 王章豹,阮晨艳.我国高校人力资源区域集聚及其宏观影响因素分析[J].高等教育研究,2016,37(9):13-21.
[27] 胡鞍钢,王洪川.中国教育现代化:全面释放巨大红利[J].清华大学教育研究,2016,37(4):1-8.
[28] 岳昌君,邱文琪,朱亚洲.我国高质量人力资源发展现状与趋势展望[J].福建师范大学学报(哲学社会科学版),2020(1):120-132.
[29] 叶杰.我国高校人力资源的省际差异及其变化趋势[J].高等教育研究,2016,37(1):30-39.
[30] 刘剑虹,熊和平.区域经济结构与区域高等教育的多元发展[J].教育研究,2013,34(4):58-63.

[31] 李艳辉，朴雪涛. 制度化精英主义视角下高等教育治理的效能、困境与变革[J]. 教育科学，2022，38(6)：58-66.

[32] 国家中长期教育改革和发展规划纲要：2010—2020 年[M]. 北京：人民出版社，2010.

[33] 王辉耀，苗绿，郑金连. 完善海外引进人才支持保障机制，赋能新质生产力发展[J]. 智库理论与实践，2024，9(5)：24-30.

[34] 周景坤，吴金丽. 专业团队法在成熟型教师绩效评价中的运用[J]. 黑龙江高教研究，2015，33(4)：14-18.

[35] 陈红. 加强和改进高校青年教师思想政治工作[J]. 教育与职业，2014(11)：83-84.

[36] 王晓云，樊东，刘健. 高校实验技术队伍建设现状探析：以东北农业大学为例[J]. 黑龙江教育(高教研究与评估)，2017(11)：88-89.

[37] 郭兴强. 新时期高校实验技术队伍建设的问题及建议[J]. 西部素质教育，2017，3(11)：255-256.

[38] 江瑞斌，刘霞. 创新型人才培养背景下高校实验技术队伍建设[J]. 实验室研究与探索，2025，44(2)：209-213，235.

[39] 任佳，王杰. 高校实验技术队伍岗位设置及发展规划探讨[J]. 实验技术与管理，2018，35(7)：241-244.

[40] 赖春霞，董丽萍，杨祖幸. "双一流"建设中实验技术队伍建设探析[J]. 实验技术与管理，2018，35(11)：237-240.

[41] 梁勇，任佳，王春艳. 新时代高校实验技术队伍建设探索与实践[J]. 实验技术与管理，2023，40(6)：213-216，227.

[42] 吕淑平，赵玉新，王显峰，等. "双一流" 背景下高校实验室建设[J]. 实验室研究与探索，2018，37(12)：245-248.

[43] 张羽，李鸿儒，梁雪. 高校实验队伍量化考核评价体系的探索与实践[J]. 实验技术与管理，2017，34(6)：228-231，259.

[44] 张泽宏，王兵丽. 高校实验技术队伍保障机制建设刍议[J]. 闽南师范大学学报(哲学社会科学版)，2016，30(2)：136-140.

[45] 高红梅，刘义全，李印川. "双一流" 背景下高校实验队伍建设探索[J]. 实验室研究与探索，2018，37(6)：251-255.

[46] 谭潇，冉栋刚，王小宁. "双一流"背景下高校实验技术队伍综合激励研究[J]. 实验技术与管理，2023，40(2)：225-228.

[47] 刘一，毛建瑞，刘龙. "双一流"背景下高校实验技术队伍激励机制的探

讨[J].实验室研究与探索,2021,40(12):246-250.
[48] 易丽丽.发达国家人才吸引政策新趋势及启示[J].国家行政学院学报,2016(3):45-49.
[49] 郑永彪,高洁玉,许睢宁.世界主要发达国家吸引海外人才的政策及启示[J].科学研究,2013,31(2):223-231.
[50] 黄海刚,连洁.国际高层次人才吸引的典型政策体系分析[J].复旦教育论坛,2019,17(5):76-83.
[51] 胡述宝.郑州市人才软环境建设问题研究[J].中共郑州市委党校学报,2019(2):86-90.
[52] 李季.关系嵌入视角下的高校海外高层次人才服务研究[J].江苏高教,2013, 167(1):78-80.
[53] 朱军文,王林春.海归青年教师引进政策供给与需求匹配研究[J].高等教育研究,2019,40(6):18-24.
[54] 葛蕾蕾.我国海外高层次人才引进政策 20 年(2001—2020):回顾、挑战与展望[J].福建论坛(人文社会科学版),2021(11):207-216.
[55] 张钦朋.产学研协同创新政府引导机制研究:基于“2011 计划”实施背景[J].科技进步与对策,2014,31(5):96-99.
[56] 李文君.“2011 计划” 解读[J].教育与职业,2012(19):50-51.
[57] 徐文,戴士崴.党领导下的高校人事制度百年变迁与展望[J].中国人民大学教育学刊,2022(1):132-146.
[58] 王思懿,张爽.多重制度逻辑下高校教师人事场域的改革变迁[J].河北师范大学学报(教育科学版),2022,24(2):96-103.
[59] 刘斐然,李世杰.产学研合作、内部研发与企业突破性创新:基于知识基础理论视角[J].管理评论,2025,37(3):101-110.
[60] 李立国.教育、科技、人才一体发展与高水平研究型大学建设[J].国家教育行政学院学报,2025(4):3-11.
[61] 龚思怡.基于“人本理念” 的高水平研究型大学青年教师教学发展研究[J].西北工业大学学报(社会科学版),2016,36(4):107-111.
[62] 胡炳仙.我国重点大学建设的渐进模式[J].高等教育研究,2017,38(5):26-31.
[63] 陈祥,梁昌镛,焦新安.新农科人才培养模式探索[J].扬州大学学报(高教研究版),2024,28(1):24-32.
[64] 欧小军.世界一流大湾区高水平大学集群发展研究:以纽约、旧金山、东

京三大湾区为例[J]. 四川理工学院学报(社会科学版),2018,33(3):83-100.
[65] 吴英策,周海涛,朱泽峰. 高校教师队伍建设的现状与对策:基于7所高水平大学师资队伍建设的调研分析[J]. 西北工业大学学报(社会科学版),2020,40(2):38-43.
[66] 尹德才. 关于干部人事工作领域腐败风险预警防控问题的研究报告[J]. 湖北教育领导科学论坛, 2011(1):67-70.
[67] 陈金波,荣欣. 新形势下高校廉洁文化建设的困境与对策[J]. 廉政文化研究,2013(4):66-74.
[68] 包心鉴. 反腐倡廉制度建设与创新[J]. 廉政文化研究,2010(1):1-7.
[69] 蓝庆华. 高校干部人事工作防控腐败风险对策探析[J]. 高教论坛,2014(4):94-95.
[70] 尹荣荣,韩英杰,陈思奇,等. 高校全员聘任制人事制度改革研究:以南方科技大学为例[J]. 高教探索,2023(4):40-45.
[71] 国务院关于印发统筹推进世界一流大学和一流学科建设总体方案的通知[J]. 中华人民共和国国务院公报,2015(32):110-114.
[72] 张炜,王战军,陈鹏,等. 加快建设中国特色社会主义教育强国:《教育强国建设规划纲要(2024—2035年)》解读笔谈[J]. 学位与研究生教育,2025(4):1-19.
[73] 鲍威,吴红斌. 象牙塔里的薪资定价:中国高校教师薪资影响机制[J]. 北京大学教育评论,2016,14(2):113-132.
[74] 王莲芬,许树柏. 层次分析法引论[M]. 北京:中国人民大学出版社,1990.
[75] 中国教育科学研究院国际比较教育研究中心. 高等教育竞争力:模型、指标与国际比较[J]. 教育研究,2012(7):122-129.
[76] 郭洪林,甄峰,王帆. 我国高等教育人才流动及其影响因素研究[J]. 清华大学教育研究,2016,37(1):69-77.
[77] 阮学旺. 地方高校一体多维引进人才考核评价体系的探索[J]. 中国人事科学,2025(4):32-44.
[78] 徐同文,房保俊. 探索本土国际化机制培养地方应用型人才[J]. 中国高等教育,2014(1):44-47.
[79] 盛子同. 论高校人才高地建设[J]. 福建教育学院学报,2006,7(4):13-16.

[80] 迟维意.构建辽宁新农村建设支撑能力体系的科技人才保障机制研究[J].高等农业教育,2013(3):3-6.
[81] 王娜娜."鉴古"与"观今"对现代大学发展的启示:以稷下学宫和香港科技大学为例[J].教育与教学研究,2014,28(7):48-51.
[82] 殷实.文化认同与归国文化冲突[D].上海:华东师范大学,2008.
[83] 蔡蕾.研究型大学多元化教师分类评价机制改革探析[J].浙江社会科学,2016(10):145-150,160.
[84] 饶征,孙波.以KPI为核心的绩效管理[M].北京:中国人民大学出版社,2003.
[85] 李汉学.我国高校教师分类管理研究的回顾、反思与展望[J].黑龙江高教研究,2016,34(12):19-23.
[86] 许日华.高校教师分类评价的理论研究与实践应用:以探讨高校教师工作量分类评价实践为例[J].继续教育研究,2012(11):83-84.
[87] 管春英.岗位聘任背景下高校教师分类管理的范式[J].教育与职业,2015(20):35-37.
[88] 于畅.基于分类管理的高校教师考核评价机制[J].沈阳师范大学学报(社会科学版),2015,39(2):139-141.
[89] 张泳,张焱.分类发展视角下的高校教师绩效评价体系构建:基于德尔菲法的调查研究[J].高教探索,2018(8):97-103.
[90] 任晓伟,李效武.中国式现代化理论在高校思想政治理论课教材中的教学布局及其特征[J].思想教育研究,2025(2):88-93.
[91] 习近平.用新时代中国特色社会主义思想铸魂育人 贯彻党的教育方针落实立德树人根本任务[N].人民日报,2019-03-18(1).
[92] 中共中央办公厅 国务院办公厅印发《关于深化新时代学校思想政治理论课改革创新的若干意见》[J].中华人民共和国教育部公报,2019(9):2-7.
[93] 习近平.做党和人民满意的好老师[N].人民日报,2014-09-10(1).
[94] 周鑫.高校思想政治理论课坚持守正创新的理论逻辑、时代意蕴与实践理路[J].思想教育研究,2025(4):109-116.
[95] 潘玉腾.新时代高校思政课教师素养论[J].福建师范大学学报(哲学社会科学版),2019(4):35-39.
[96] 博耶.关于美国教育改革的演讲[M].涂艳国,方彤,译.北京:教育科学出版社,2002.
[97] 王焰新.加强思政课教师队伍建设 打好提高思政课质量和水平攻坚

战[J]. 中国大学教学,2019(4):4-7,27.

[98] 林成华,张维佳. 世界主要发达国家 STEM 战略布局与借鉴建议[J]. 中国高等教育,2024(7):59-64.

[99] 龙芸. 吸引、培育人才的青年发展型城市人才政策与人才环境研究——以 F 市为例[J]. 市场周刊,2024,37(30):171-174.

[100] 李阳阳. 人才生态加速优化"智力引擎"动能十足[N]. 银川日报,2024-08-24(002).

[101] 李函颖,李靓,邱勇. 何为他者眼中的"世界人才中心"——基于精英大学外籍教师需求的人才环境体系构建[J]. 中国科技论坛,2024(8):137-147.

[102] 汪群,李青,梁秋璐. "一带一路"倡议下工程性人才集聚环境评价指标体系构建[J]. 水利经济,2024,42(2):79-84,100.

[103] 柳美君,李伟平,杨斯杰,等. 长三角区域一体化政策对科技人才流动的影响研究[J]. 科学学研究,2024,42(4):733-745,862.

[104] 徐明. 中国共产党百年人才思想的理论进路与实践向度[J]. 北京社会科学,2022(2):4-15.

[105] 李志,曹雨欣. 我国西部地区柔性引才困境及路向研究[J]. 重庆大学学报(社会科学版),2022,28(3):14-24.

[106] 袁野,刘壮,万晓榆,等. 我国人工智能产业人才政策的量化分析、前沿动态与"十四五"展望[J]. 重庆社会科学,2021(4):75-86.

[107] 湖北省武汉市江岸区委组织部. 武汉江岸:优化人才环境促进人才引育[J]. 中国人才,2020(6):63.

[108] 李旭辉,夏万军. 基于五大发展理念的人才发展环境动态评价实证研究——以国家自主创新示范区为例[J]. 北京理工大学学报(社会科学版),2020,22(2):60-69.

[109] 陈建俞,沈慧青. 中国人才生态学研究现状及发展趋势[J]. 科技导报,2019,37(10):74-80.

[110] 王见敏,康峻珲,王杰. 基于 AHP 模型的人才发展环境评价分析:以贵州省为例[J]. 贵州财经大学学报,2019(1):103-110.

[111] 陈章旺,柯玉珍. "互联网+"背景下两岸创新创业环境比较——以闽台两省为例[J]. 科技管理研究,2018,38(21):35-40.

后 记

本书是由我从事高校人事人才工作12年的工作经验和心得总结。对于这本学术专著的出版,我满怀期待与感激。于我而言,能够走上“高校人力资源管理”问题研究的学术道路既是命运的成全,也是恩赐。工作在人事,成长在人事,再到后来投身“高校人力资源管理”问题研究,一切并不像看起来那样“顺理成章”,其中各种艰辛与努力,在这本学术专著出版的那一刻,都将化为值得。

这本学术专著的出版,让我不由回溯自己研究“高校人力资源管理”问题的初衷与初心。我于2012年始在高校人事处工作,从事师资、人才、人事管理等工作,经历了人事人才迅速革新带来的地方高校高质量发展阶段,我是这一切的变化的亲历者和见证者。而所有这些亲历与经验又都成为我研究的重要给养与灵感源泉。

必须承认,虽然经验与观察非常重要,但是没有经过专业学术训练的经验与观察并不能称之为研究。从我个人的成长经历来看,对于人事人才的经验与观察似乎是工作带来的,但是专业的学术训练却是如“西天取经”般苦苦求得的。今时今日,在专著出版之际再回首发现,走上“高校人力资源管理”问题研究这条道路似乎是偶然与必然交织的结果。而对于研究问题的初心,是希望自己走出很远,依然不要忘记为何出发。

对于这本专著的出版面世,我无比荣幸又惶恐忐忑,虽然已付出诸多努力,想要将这本富有意义的学术专著做得更好,但是因为财力、物力、精力等各个方面的局限,目前来看研究仍有诸多不足。反过来看,已有研究的不足,又恰恰为未来持续、深入研究提供了基础与空间。迫切希望自己这本学术专著能够起到抛砖引玉的作用。一方面希望能够为地方高校在优化人力资源管理现有机制措施方面做出科学决策而提供依据;另一方面更希望本书能为后来者提供坚实的“垫脚石”,让准备开采这座“富矿”的研究者站在相对更高的起点。落笔,我深知这本学术专著的出版是我人生一个阶段的结束与另一个阶段的开始,希望未来自己能够不忘初心,继续深入人力资源领域开展实干研究,坚持做接地气、带感情的真研究。

附　录

×大学人力资源管理的理论与实践研究案例

为进一步加强我校高层次人才队伍建设，健全人才发展体制机制，完善人才引进培养使用政策体系，优化人才服务生态环境，通过实地调研和网络调研相结合的方式，对在高层次人才工作中取得突出成绩的高校进行了专题调研。通过调研，进一步明晰了当今人才发展面临的形势和任务，研判了目前我校在同类高校人才工作中所处的地位和状况，查找了存在的问题和不足，并对今后如何加强高层次人才队伍建设进行了深入思考，为进一步推动我校人才工作发展提供了决策依据。

一、人才发展面临的形势和任务

1．“新时代”强国战略：人才强国日益凸显

党的十八大以来，党中央高度重视人才工作，习近平总书记从实现“两个一百年”奋斗目标和中华民族伟大复兴的中国梦战略高度，发表一系列人才工作重要讲话，国家级、省级人才政策不断出台。近年来，先后有30个政策文件和104个相关配套文件。国家级、省级人才工作项目持续推进，高校迎来前所未有的人才发展战略机遇期。

2．“双一流”大幕开启：高校以“史上最高待遇”抢夺人才

国家“双一流”建设直接引发新一轮人才资源竞争和流动。“双一流”建设不可能一蹴而就，推进“双一流”建设关键在于“人”，在于建设一流的师资队伍。“双一流”建设涉及高等教育资源的争夺与分配，事关高校事业发展乃至生死存亡。在这一轮竞争中，无论对高校的评估方式如何变化，一流人才及一流人才带来的项目、成果，总能给学校的“双一流”评估“加分”。与此同时，我们清醒地发现，各兄弟高校也在不断调整人才政策，积极应对“双一流”高校建设的新形势，发起了新一轮的人才竞争攻势。

3．“强校梦”开启新篇：人才强校树新标

学校第四次党代会提出，要建成若干一流学科，迈进新一轮国家“双一

流”建设高校行列，学校综合实力跻身全国高校50强。这是全校师生自加压力、昂扬奋进的宏伟目标，要求我们全力聚焦一流，全面深化改革，加强顶层设计，时刻保持改革创新的锐气、敢为人先的勇气、蓬勃向上的朝气，突出重点，扭住关键，精准发力，奋力实现学校人才工作的新突破，全面开创事业发展的新局面。

二、高层次人才队伍现状分析及存在的问题

1. 高端人才资源稀缺，人才竞争日益激烈

高校人才竞争愈演愈烈。各高校使出浑身解数，争抢高端人才，待遇层层加码，导致引才、育才、留才难度加大。目前，我校的高端人才工作虽然取得了一定成就，但相对于兄弟高校，相对于“双一流”和“高水平研究型大学”的建设目标仍显单薄，人才高峰的打造任重而道远。

2. 高层次人才对学科建设的支撑度不够，发展不平衡、不充分

目前，已经完成的第四轮学科评估，是对新时代高校学科建设的一次重要检阅。通过这次评估，我们得以摸清家底、明确方位、找准方向、精准施策。虽然我校大部分上榜学科较第三轮学科评估取得了一定进步，但是前进的脚步和幅度还不够大，还亟须引进和培养更多的高端人才，强力支撑学科发展。

3. 人均贡献率亟待提升，主观客观问题并存

据统计，我校青年教师在学校的科研成果中占据了较高的贡献率。引进人才主持教学科研项目942项，其中国家级项目247项，省部级项目331项。高层次人才和团队的集聚和涌现，极大地提升了学校整体实力。但是，调研结果显示，目前学校还有部分教师的潜力未能充分挖掘，部分教师培养一流人才的意识和能力不相匹配。教研、教改精力投入不够，水平亟待提升。部分教师科研参与率不够高，成果产出率偏低，少数高级职称教师长期科研贡献不足。优秀教师团队数量偏少，团队组织程度不够高。主要问题在于，一方面主观积极性不够，缺乏竞争意识；另一方面，学校的考核和激励机制有待加强和完善。

4. 聚才胸襟不够开阔，思想观念不够解放

“武大郎开店”的思想和现象在一定范围内仍然存在。大胆引用水平比自己高的人，真正做到尊重知识、尊重人才的气魄还不够。部分学院领导人才强院的意识还不够强，进取精神还不够足。

三、对策和建议

1. 解放思想，凝聚共识

(1) 坚持党管人才。习近平总书记强调，择天下英才而用之，关键是要

坚持党管人才原则。加强党管人才，对做好新形势下人才工作、推进人才强国战略，实施创新驱动战略、建设创新型国家，具有十分重要的意义。我们要牢固树立科学人才观，深入实施人才集聚战略，贯彻以师生为中心的发展思想，进一步加强和改进党对人才工作的领导，健全党管人才领导体制和工作格局，创新党管人才方式方法，为深化人才发展体制机制改革提供坚强的政治和组织保证。

(2) 人才优先发展。充分发挥人才在学校事业发展中的基础性、战略性作用，做到人才制度优先创新、人才政策优先落实、人才投入优先保证、人才结构优先调整。

(3) 统一思想认识。围绕校第三次党代会提出的奋斗目标，充分认识到“一流人才引领一流学科，一流学科推动一流大学建设”，因势而谋，顺势而为，干事业一条心、谋发展一股劲、抓工作一盘棋，形成推动人才强校工作的强大合力。

2. 聚焦一流，优化布局

(1) 高峰学科，打造特区

建成高水平研究型大学，一流学科是支柱。坚持基础性、前沿性、应用性和交叉性，分层分类推进学科建设，强力支持若干优势学科“造高峰”、高地学科“建高原”，力争高峰耸立、高原成片、特色凸显。强力推进一流学科建设。设立人才特区，重点支持兽医学等优势学科建设，量身定做学科高端人才需求，实施特聘教授岗位设置精准化。集中优势资源，做强做优做精特聘教授引进工作，大力实施高端人才支持计划，积极培育和申报国家级人才项目。

(2) 目标导向，聚焦一流

根据校第四次党代会的精神，落实“学院办大学”的理念。没有一流的学院，就没有一流的大学。学科发展是建立在学院的平台上的，学院是学科建设的主体，从而也是人才培养、科学研究、社会服务、文化传承以及国际交流与合作的主体。对于有条件的学院，坚持目标导向，聚焦一流学科建设，扩大办学自主权，充分发挥学院的主动性和积极性。在下放权力的同时，完善学院内部治理体系，加强党政联席会议制度、学术委员会、二级教代会、第三方咨询或评价等制度建设，确保已经下放的各项自主权能够规范、公正、有效和阳光地运行，切实增强学院办学活力。

3. 问题导向，精准施策

(1) 面向高端：坚持高端引领，力求精准设岗、精准引才、精细服务，引培并举，造就一批世界水平的杰出人才和领军人才，充分发挥高层次人才在学校事业发展中的重要支撑作用。启动实施“33111人才引进和培养计划”，新增：院士3名；杰出人才30名；领军人才100名；优秀青年学术骨干1 000名；国家级高水平团队10个。

(2) 面向国际：把国际化理念融入创建一流大学师资队伍的顶层设计之中，创新人才国际化的激励机制，创建灵活多样的海外高层次人才引进、培养和使用机制，拓展海外招聘渠道，积极举办或承办国际学术会议，采用全职引进、柔性引进、项目合作与引进等多种方式，例如落实学院、学科海外联络人制度，推动柔性引进“候鸟式人才”机制。

(3) 面向青年：聚力助推青年教师成长发展。加强青年教师普惠制培养，从平台、资源、文化等方面入手，着力构建青年教师脱颖而出、人才辈出的生态系统。遵循青年教师成长发展规律，完善青年教师导师制，实施顶岗实践计划，鼓励青年教师深入行业一线挂职锻炼、合作研究，培育跨学科、跨领域的青年创新团队，增强人才队伍可持续发展能力。加强博士后流动站内涵建设，强化优秀青年师资储备。

4. 深化改革，激发活力

深化体制机制改革是人才发展的根本。要认真贯彻落实中央和省委关于人才工作体制机制改革的文件精神，着力破除体制机制障碍，全面畅通人才引进、晋升和流动通道，全面优化人才使用、评价和保障体系。

(1) 推进职称评聘机制改革。不断完善职称评聘程序，创新职称评聘机制，强化职称评聘的杠杆作用。针对教学、科研、教学科研并重、社会服务等不同类型教师岗位特点，建立科学合理的分类评价标准，对学历、资历、成果、海外研修等提出新的要求。出台相关政策和措施，强力支持和培养教学能力强的教师，大力培植学术创新能力强的教师。以品德、能力、业绩为导向，建立以代表性成果和实际贡献为主要内容的评价方式，不断完善同行专家评价机制。扩展高级职称评审绿色通道，对从国内外引进的优秀人才，根据本人实际水平、能力和业绩成果可直接申报相应级别的专业技术职务；对科研业绩突出、教学成果显著的40岁以下青年教师晋升正高职称，实行指标单列，择优评聘。

(2) 健全激励约束机制。优化教师分类管理和分类评价办法，健全教师激励约束机制，促进教师队伍整体绩效不断提高。在加大各级各类人才支持和激励力度的同时，结合全员聘用和岗位管理，建立规范有序的人员流转机制。逐步实施新进教师两轮聘期“非升即走”“非升即转”；对学历偏低、教学科研能力较弱、无法适应当前岗位要求的中青年教师进行转岗分流，建立岗位能上能下、人员能进能出的灵活、高效用人机制。对全体管理人员制定岗位职责，严格考核，全面加强机关作风和效能建设。

(3) 完善人才考评机制。量化高层次人才引进、杰出青年人才培养等具体指标，纳入学院领导班子考核内容，发挥好人才评价"指挥棒"作用。完善多层次、全方位的考核体系，继续扎实开展教职工年度考核、教师基本工作量考核、岗位聘期考核、高端人才聘期考核。全面实施"543"绩效考核评价机制，杰出人才、领军人才一个聘期 5 年、拔尖人才一个聘期 4 年、优秀人才一个聘期 3 年，聘期内约定考核目标任务，实施聘中和聘期考核。强化考核结果运用，逐步实施新进教师两轮聘期"非升即走""非升即转"，特聘教授聘期考核"优秀长聘""合格续聘""非聘即走"等机制。建立岗位能上能下，人员能进能出的灵活、高效用人机制。

(4) 深化收入分配制度改革。坚持"一流人才，一流业绩，一流报酬"的导向，构建以岗位绩效工资为主体，年薪工资、协议工资、项目工资等并存的薪酬分配体系。从 2017 年起，校内高层次人才，按照同类人才引进标准实行年薪制。启动实施绩效收入倍增计划，优化酬金分配结构，减轻学院在奖励性绩效中的承担份额，从今年起，学校承担教学计划内的课时补贴，作为新增的业绩绩效；同时，持续提高职责绩效，确保教职员工收入水平位居省内同类高校前列，更好满足广大教职员工对美好生活的向往。

5. 强化服务，优化环境

强化服务保障体系是人才发展的支撑。要在各项工作中深入落实以师生为中心的发展思想，优化顶层设计，重塑工作流程，打通壁垒隔阂，强化窗口服务，全面营造人才成长发展的良好生态环境。将人才资源的投入作为学校建设和发展投入的重点，明确人才发展重点领域、重点项目的投入需求，提高经费使用效率。构建完善学校、学院、学科三级投入机制，积极探索社会捐赠等多渠道筹集人才经费的新机制。提升人才服务意识，创新人才服务举措，优化人才服务环境，构建分工合作、运转协调、服务周到、快捷高效的人才服务通道。完善一站式办事流程，打造人才服务"一张网"，让教师少跑腿，让信息多跑路。加强与人才的交流沟通，及时帮助解决人才工作和生活中的难题。

四、取得的成效(示例)

1. A，男，博士，教授。曾获中国青年科技奖（1998，中组部等）、全国农业科技推广先进个人(2004，农业部)、江苏省高校优秀共产党员(2010，省教育工委)、江苏省有突出贡献中青年专家(2012，省政府)、江苏省粮食生产突出贡献科技人员(2012,省政府)、庄巧生小麦研究贡献奖(2019年度)、江苏省青年科技奖(1995,省委组织部等)、中国农学会青年科技奖(1998),享受国务院特贴(1999)。国家"百千万人才工程"第三层次培养人选(1997年),江苏省"333工程"第二层次(首批中青年科技领军人才)培养对象(1997年起的1～4期)。获国家科技进步二等奖、江苏省科技进步一等奖(2006,第2完成人),获江苏省政府农业科技成果转化奖一等奖(2003,第1完成人),获江苏省政府农业技术推广奖一等奖(2011,第1完成人),获国家教委科技进步二等奖(1997年,第1完成人),获中国作物科技奖(2017,第1完成人),获江苏省科技进步一等奖(2018,第3完成人),获中华农业科技奖科普奖(2018,第3完成人)。

2. B,男,博士,教授。科研项目:主持国家公益性行业专项,国家科技支撑,国家自然科学基金重点项目,国际合作重点项目,973、863课题等11项。获奖情况:2014年教育部科学技术进步奖一等奖、2014年国家级教学成果奖二等奖、2013年江苏省教学成果奖特等奖。发表论文131篇(SCI 47篇),出版著作6部。授权发明专利8项、软件著作权1项。人才工程:江苏省"333工程"第二层次培养对象。其他:全国农业科研杰出人才及其创新团队首席专家、中国畜牧兽医学会第十三届理事会副理事长、国务院学位委员会第七届学科评议组兽医学科召集人之一、第二届全国动物防疫专家委员会委员。获第三期"333工程"突出贡献奖、省畜牧兽医学会杰出贡献奖。

3. C,男,博士,教授。科研项目:主持"十二五"农村领域国家科技计划课题2项(2012、2013)、省农委重点实验室种子工程高标准农田建设养殖业良种工程项目(2015)、国家自然科学基金项目(2011)、农业部农作物病虫鼠害监测与防治项目(2015)、省高校优秀科技创新团队计划(2013)、省农业科学院成果导向型重大项目子项目(2014)、江苏省重点研发计划重点项目子项目(2014)、江苏省科技支撑计划(2014)、江苏省农业三新工程项目(2013、2014)。获奖情况:获江苏省农业技术推广奖一等奖(第1,2011)、江苏省研究生培养模式改革成果二等奖(第1,2015)。发表学术论文60余篇,主编著作6部,参编著作5部。授权专利3项(3/5,2015;3/5,2015;4/4,2015)。人才工程:江苏省第四期"333工程"第二层次培养对象、江苏省高校优秀科技创新团队负责人(2014)、江苏省现代农业产业技术创新团队负责人(2012)。被评为江苏省粮食生产突出贡献农业科技人员(2012)、江苏省有突出贡献的中青年专家(2013),担任农业部小麦专家指导组副组长(2012)、教育部高校教指委委员(2013)、江苏省小麦高产创建专家组组长。江苏省首批品牌专业和国家级特色专业建设点“农学”专业负责人、江苏品牌专业工程第一批A类专业农学专业负责人。

4. D,男,博士,教授。科研项目:主持完成国家社会科学基金项目(2013),教育部全国优秀博士学位论文作者专项资金项目(2010—2014),中国博士后科学基金特别资助(2012)、一等资助(2011)。获奖情况:教育部第七届高等学校科学研究优秀成果奖(人文社会科学)三等奖(第1,2015)、江苏省人民政府第十三届哲学社会科学研究优秀成果奖二等奖(第1,2014)、江苏高校第九届哲学社会科学研究优秀成果奖一等奖(第1,2014)、江苏省高校第八届哲学社会科学研究优秀成果奖二等奖(第1,2012)、省哲学社科联合会青年文史学者论坛优秀成果一等奖(2012)。出版专著2部,发表学术论文29篇,其中CSSCI收录期刊25篇。成果被人大复印资料《文艺理论》《美学》全文转载、《中国社会科学文摘》《中国社会科学报》等转引15篇。《中国社会科学报》“青年学人”栏目(2015年5月15日)以“从‘问题’出发探究文类理论”为题刊登专访。中国社会科学网“新锐人物”版块刊登个人简介。人才工程:江苏省第四期“333工程”第三层次培养对象(2013,考核结果为“优秀”)、入选教育部“新世纪优秀人才支持计划”(2013)、第十三届霍英东教育基金会“高等院校青年教师奖”获得者(2012)、江苏高校“青蓝工程”优秀青年骨干教师培养对象(2010)、首届“江苏青年社科英才”(2014)。

5. E,男,博士,教授。科研项目:主持国家自然科学基金5项(2015、2014、2011—2013、2010—2012、2014)、国家重点基础研究发展计划课题2项(2014、2012)、农业部转基因重大专项(2014)、南京农业大学转基因生物新品种培育重大专项重大课题2项(2011、2013)、973子课题(2013)。获奖情况:国家有突出贡献中青年专家(2015年)、主讲《高级遗传学》获江苏省优秀研究生课程(2014年,排名1/2)、省研究生培养模式改革成果二等奖(2015年,排名5/6)、全国大学生课外学术科技作品竞赛优秀指导教师奖(2013)、校“十二五”科技工作先进个人(2016)。以通讯/第一作者发表论文55篇,其中SCI收录33篇,论文被引用370余次。授权专利6项(第1,2014;第1,2013;第2,2016;第5,2013;第5,2012;第5,2012)。人才工程:国家“百千万人才工程”(2015)、科技部“创新人才推进计划”(中青年科技创新领军人才)(2015),江苏省杰出青年基金(2011),江苏省“333工程”第三层次(2011),江苏省高校优秀科技创新团队(负责人,2014)。其他:应邀在国际淀粉圆桌会议等国际会议上做报告4次、担任*Journal of the Science of Food and Agriculture*等杂志编委。兼任江苏省作物学优势学科负责人、教育部重点实验室主任、教育部国际合作联合实验室常务副主任等职。

6. F,男,博士,教授。科研项目:主持国家社科基金项目(2013)、江苏省社科基金项目(2012)、教育部人文社科项目(2011)。获奖情况:获教育部霍英东教育基金会第十四届高等院校青年教师奖三等奖(2014),中国法学会论文二等奖(2014),第三届“江苏省法学优秀成果奖”二等奖(2015),环境保护部、中国法学会征文一等奖(2015),校“2014—2015 学年度最受学生欢迎的任课教师”(2015)。以第一作者在《法学研究》《法商研究》《法律科学》《法学》《环球法律评论》《政治与法律》《当代法学》等法学权威、核心刊物发表论文 10 余篇,3 篇论文被人大复印资料以及《中国社会科学文摘》全文转载,出版著作一部。人才工程:江苏省“青蓝工程”优秀青年骨干教师(2012)、江苏省“青蓝工程”中青年学术带头人(2014)、校高端人才支持计划首批支持对象(2013)。

7. G,女,博士,教授。科研项目:主持国家自然科学基金项目 2 项(2015、2011)、省科技厅产学研前瞻性联合研究项目 2 项(2012、2015)、住建部科研项目 1 项(2013)、省博士后科研资助项目(2013)、省交通科学研究计划项目 2 项(2015、2013)、省交通运输科技与成果转化项目 1 项(2014)、市科技计划项目 2 项(2011、2012)。获奖情况:2015 年中国商业联合会科学技术一等奖(省部级,排名第 1)、2013 年中国商业联合会科学技术二等奖(省部级,排名第 2)。以第一作者或通讯作者发表学术论文 15 篇,其中被 SCI、EI 收录 10 篇。授权国家发明专利 5 项(第 1,2015;第 1,2015;第 1,2015;第 1,2015;第 2,2014)。其他:完成科技成果转化 3 项,产生直接经济效益近 400 万元。

8. H,男,博士,教授。科研项目:主持国家自然科学基金(2014—2018),农业部行业项目(2008—2012),省社会发展(2015—2018)等省级项目 7 项,省教改重点项目 1 项(2013)。获奖情况:省高教系统优秀共产党员(2014),省教学成果二等奖(第 3,2011),省优秀本科毕业论文指导教师(2012),校教学成果一等奖(第 1,2013),校优秀教学一等奖(第 1,2015),国家精品资源共享课程(第 2,2013),校优秀硕士论文指导教师(2015),4 名硕士获国家奖学金(2013 年 2 名,2015 年 2 名),国家、省大学生研究生实践创新训练计划指导教师(2013)。在国内外刊物上发表科研论文 29 篇(第一或通讯作者论文 25 篇),其中 5 篇被 SCI、EI 收录,出版教材 1 部(第 2,2013),发表教改论文 6 篇。授权专利 3 项(第 1,2015;第 4,2011;第 4,2013)。人才工程:省“青蓝工程”骨干教师(2006),国家环境影响评价工程师(2007),校“新世纪人才工程”

中青年学术带头人(2012),“环境科学与工程”校重点学科带头人(2012),省六大人才高峰(2013)。其他:江苏省创新团队骨干成员(2013),农业资源与环境学报编委(2015—2016),兼任中国生态学会生态健康与人类生态专业委员会委员、省环境科学学会理事、省土壤学会理事、省青联委员。

×大学“十四五”人事处事业发展规划

“十三五”期间，学校始终坚持党管人才，强力推进人才强校战略，不断深化体制机制改革，切实加强师德师风建设，大力推进外引内培，聚力实施民生工程，师资队伍质态显著优化，人才队伍实力更加强劲，全体大学人的获得感、幸福感更加强烈，大力推动了学校各项事业的蓬勃发展。

“十四五”时期是学校全面提升内涵建设，构建现代大学治理体系、加快推进高水平研究型大学建设的关键期。“天下之治者在于人才”。国以才立，政以才治，业以才兴。人才是实现民族振兴、赢得国际竞争主动的战略资源。作为学校“十四五”事业发展规划的重要组成部分，科学制定“十四五”师资队伍建设事业发展规划，进一步明晰“十四五”期间师资队伍建设的发展基础、发展环境、发展思路、发展目标、发展重点和保障措施尤为重要。根据学校党委和行政对“十四五”事业发展规划的总体部署，制定本规划。

一、发展基础

（一）发展现状

1. 师德师风建设全面加强

“十三五”期间，学校成立党委教师工作部，增设师德师风建设科，成立了以校党委书记和校长为第一责任人的校师德建设领导小组、相关部门共同参与的校师德失范应急处置工作小组；初步构建“校党委—党委教师工作部—二级单位党委—基层教工党支部—教职工”五级师德管理体系和“教育、宣传、考核、监督、激励、惩处”六位一体的师德建设体系；出台了《中共×大学委员会关于建立健全师德建设长效机制的实施意见》《×大学师德失范行为负面清单及处理办法（试行）》等文件；开展了“名师厚德讲堂”“最美教师评选”“教职工荣退仪式”“新教师入职宣誓仪式”等品牌活动；积极构建学校、教师、学生和社会多方参与的师德监督体系、畅通监督举报通道；选树了一大批师德典型，崇尚师德、尊师重教的良好氛围进一步浓郁。1个团队和1名教师事迹分别入选首批“全国高校黄大年式教师团队”“全国高校教书育人楷模风采”，1个学院获评“全国教育系统先进集体”，1名教师荣获江苏省“最美高校教师”荣誉称号。

2. 师资队伍结构显著优化

“十三五”期间，教师队伍规模不断扩大，职称结构更加合理，博士化和国际化程度稳步提高，各支队伍协调发展。至“十三五”末，专任教师达2 704

名，45 岁以下教师 1 572 人，占比 58.1％；40 岁以下青年教师 1 162 人，占比 43％；高级职称教师 1 429 人，占比 52.8％，正高级职称 557 人，占比 20.6％；具有博士学位教师 1 953 人，占比 72.2％；具有外校学缘背景的教师占比 81.5％；具有 1 年以上海外学缘背景或海外研修经历的教师共 720 人，占比 26.6％。

3. 高端人才建设深入推进

“十三五”期间，学校共引进博士以上高层次人才 841 人，占目前现有专任教师总数的 31.1％。新增外籍院士 2 人，“千人计划”入选者 6 人，“长江学者奖励计划”入选者 4 人，“万人计划”入选者 7 人，国家“杰出青年科学基金”获得者 5 人，国家“优秀青年科学基金”获得者 2 人，国家级教学名师 2 人，“百千万人才工程”国家级人选 5 人，科技部“创新人才推进计划”中青年科技创新领军人才 2 人，江苏特聘教授 21 人，江苏省“双创团队”4 个，江苏省“双创人才”10 人，江苏省“双创博士”86 人，江苏省第五期“333 高层次人才培养工程”培养对象 32 人（第一层次 1 人，第二层次 5 人，第三层次 26 人），江苏高校“青蓝工程”培养对象 41 人，江苏省“六大人才高峰”培养对象 55 人，江苏省第五期“333 高层次人才培养工程”科研资助项目 8 项。新增政府特殊津贴专家 5 人，江苏省有突出贡献中青年专家 2 人，省级教学名师 2 人。实现国家级人才项目类别大满贯。

4. 人事制度改革持续深化

“十三五”期间，学校不断推进人事制度改革，推动管理中心下移，集中政策资源，引培高端人才，稳定关键人才，扶持青年人才，大力推进人才队伍建设的科学化、规范化和制度化。一是完善人才引进、培养与评价制度。先后出台高层次人才引进与培养工作突出贡献奖实施办法、人才引进办法、加强人才工作的若干意见、“高端人才支持计划”实施办法、“青蓝工程”实施办法、高层次人才考核办法等文件，完善了高端人才考核评价机制。引进人才全面实现“543”绩效考核评价，特聘教授聘期考核“优秀长聘”“合格续聘”“非聘即走”等机制。二是健全考核与分配制度。坚持“一流人才，一流业绩，一流报酬”“多劳多得、优劳优酬”的激励导向，制订教师基本工作量要求，实施绩效工资办法，大力推进分配制度改革，构建以岗位绩效工资为主体，年薪工资、协议工资、项目工资等并存的薪酬分配体系，提前全面完成绩效倍增计划，教职工住房租金补贴增至 26％，教职员工待遇全面提高，充分调动了各类人才的积极性和创造性。三是优化岗位聘任制度。积极推进岗位聘任制度改革，先后出台《×大学岗位设置与聘用暂行办法》《×大学辅导员职务职级双线晋升实施办法》《×大学职员制聘用管理办法》等文件，完成两次科级岗位全员聘任工作。结合编制使用和学科发展，实施长聘、短聘、项目聘用的多元聘用机制，实施全员聘用合同管理制度，稳步推进“非升即转”“非升即走”“能上能下”“能进能出”的流动机制。四是完善职称评审制度。修订专业技术职务评聘办法和基本资格条件，对学历、资历、成果、海外研修等提出新的要求；根据学科特点，制定不同的专业技术职务任职资格条件，建立科学合理的分类评价标准；不断完善同行专家评价机制，健全青年教师职务晋升绿色通道。5年来，59名40岁以下青年教师晋升教授。五是改进博士后培养和管理制度。建立健全博士后管理办法，促进博士后工作高质量发展，在站博士后由“十二五”末154人增加到“十三五”末356人；不断加强博士后流动站建设，博士后科研流动站增至20个，新增数并列全国第一，基本覆盖学校所有学科；聚焦博士后流动站内涵建设，博士后科研资助立项数稳步提升，3个流动站在全国博士后综合评估工作中获评优秀，1名教师获评“全国优秀博士后管理工作者”。

学校先后获评江苏省教育工作先进集体、市人才集聚示范单位；连续两年获评江苏省本科院校师资培训先进单位。

（二）主要问题

1. 高端人才建设需要进一步增强

国家级高层次人才数量不足，特别是具有国际学术声誉的大师级人才匮乏；青年拔尖人才储量不大，成长速度不快，海外青年人才比例偏低；高水平创新团队较少，培育力度不强，一流人才梯队结构有待进一步优化。

2. 师资队伍的国际化程度需要进一步提升

具有海外博士学位、1年以上海外研修经历和全职外籍教师队伍的比例有待提高；国家公派、省公派等多层次派出机制有待进一步完善。

3. 师资队伍的发展活力需要进一步激发

考核激励刚性不强，创新竞争氛围不浓，激发师资队伍创新创造活力的考核评价机制还需进一步完善。部分学院培养一流人才的意识和能力不相匹配；教研、教改精力投入不够，水平亟待提升；薪酬激励与制约作用有待进一步彰显，教师人均科研贡献率不高，业绩绩效和绩效收入增长不成正比，整体贡献度与高质量发展的要求差距较大。

4. 人事管理的体制机制需要进一步优化

人才引培的精准性、针对性需更加聚焦，人才服务的人性化、精细化水平还要进一步提高。各类人才的评价机制有待健全，推动人事管理重心下移有待进一步强化，全员聘用和业绩考核机制有待进一步优化，岗位职责有待进一步明晰，岗位和人员配置有待进一步精准。

二、发展环境

（一）发展机遇

1. 创新驱动

国家深入实施创新驱动发展战略，激发经济发展活力，构建“大众创业，万众创新”格局，人才在引领科技创新、推动经济社会发展、维护社会稳定等领域发挥着重要作用，全社会大兴识才、爱才、敬才、用才之风，人才发展迎来重大机遇。

2. 对外开放

在“一带一路”倡议指引下，中国与世界的融合不断加深，高等教育国际化向广度和深度拓展，将为我校在全球范围内吸纳优质人才资源，开展高层次国际合作和人才国际化培养带来重大机遇。

3. 战略指引

党的十九大报告指出，人才是实现民族复兴、赢得国际竞争主动的战略资源。中共中央《关于深化人才发展体制机制改革的意见》、中共江苏省委《关于聚力创新深化改革打造具有国际竞争力人才发展环境的意见》、国家“双一流”建设和江苏高水平大学建设全国百强高校实施方案，进一步明确了人才在创新驱动战略中的核心地位，为学校人才工作指明方向。

4. 使命担当

“十四五”是学校加快推进高水平研究型大学建设的关键时期。学校第三次党代会提出，到2022年建成若干一流学科，迈进新一轮国家“双一流”建设高校行列，学校综合实力跻身全国高校50强。师资队伍建设是高校发展的重点和关键。学校为师资队伍建设提供了充足的资源支撑和宽松的政策支持。因此，积极争取高层次、高匹配、高效益的人才资源，努力开创“人人渴望成才、人人努力成才、人人皆可成才、人人尽展其才”的良好局面，为建设国内一流、国际知名、特色鲜明的高水平研究型大学提供强有力的人才保证和智力支撑是我们的使命和担当。

（二）面临挑战

1.“后疫情时代”影响

2020年的新型冠状病毒肺炎疫情从跨区域到跨国家，对全球的经济发展产生了重要的影响，师资队伍建设工作面临重大挑战。如何在“后疫情时代”与时俱进制定人才战略，以动制动，以变应变，危中寻机，因地制宜开展

“云引才”，隔空架好引才“热线”，将是“十四五”期间我校思考的重大课题。

2. 全球竞争加剧

高等教育国际化背景下，各国大学对优秀人才资源的争夺更趋激烈。世界一流大学布局实施全球发展战略，人才资源的跨境流动与共享，新型人才集聚方式应运而生，形成你追我赶的竞争格局。如何在全球化人才流动环境中保持强劲的人才集聚态势，将是“十四五”期间我校面临的重大挑战。

3. 政策体制约束

受国家创新体系政策的影响，“双一流”高校形成了一流师资的“虹吸现象”，增加了非双一流高校人才集聚的困难度；部分高校特殊的人才政策形成了新的“人才特区”，加剧了学校间人才竞争的激烈度；地方政府人才政策成为地方高校人才政策的“叠加优势”，同时加大了人才大战的残酷度。受区域位置、地方经济社会发展水平和现有办学基础条件的限制，我校对人才的争夺难以与发达地区高校和名牌高校抗衡。如何克服重重障碍，发挥独特优势，全力破解人才发展难题，将是“十四五”期间我校思考的重大议题。

4. 内涵建设的紧迫性

“双一流”发展的新格局下，学校事业规模高质量发展，面临“前有标兵，后有追兵”的形势，随着学校事业规模和发展布局的拓展，省部共建持续推进，学校师资队伍的数量、质量和规划面临新的要求。师资队伍建设如何不断适应高水平研究型大学建设需求需要不断探索与实践。

三、指导思想、发展目标和主要发展指标

（一）指导思想

坚持以习近平新时代中国特色社会主义思想为指导，落实立德树人根本任务，聚焦高校内涵式发展，坚持党管人才原则、以师生为中心的发展理念，以强化高校教师思想政治素质和师德师风建设为首要任务，以提高教师专业素质能力为关键，以推进人事制度改革为突破口，遵循教育规律和教师成长发展规律，为提高人才培养质量、增强科研创新能力、服务国家经济社会发展提供坚强的师资保障，为建设国内一流、国际知名、特色鲜明的高水平研究型大学提供智力支撑。

（二）发展目标

紧紧围绕高水平研究型大学建设的奋斗目标，进一步扩大师资队伍总量，优化师资队伍结构，增强师资队伍核心竞争力，健全师资队伍管理机制，完善师资队伍成长环境，汇聚更多知名学者和领军人才，打造更多具有核心竞争力的教学科研团队，壮大更具活力和潜力的优秀中青年人才队伍，健全

师德师风建设长效机制，努力形成与学校战略目标相适应的中国特色现代大学人事制度体系，建成一支师德高尚、业务精湛、结构合理、充满活力的师资队伍和管理队伍。

（三）主要发展指标

“十四五”末，实现专任教师总量达到3 500～3 800人，其中，45岁以下达60%，师生比控制在1∶15以内。教师队伍高级专业技术职务比稳定在60%～65%之间，其中正高级达22%，40岁以下人员占高级专业技术职务达25%以上。新进教师30%以上具有海外博士学位或博士后经历，教师队伍的博士化率达75%，其中省优势学科、重点学科中青年教师博士化率达100%，教授中的博士化率达90%以上。毕业于外校或在校外完成高一级学历（学位）教育的教师学历异缘结构占队伍总数的90%以上。新增两院院士3名，杰出人才30名，领军人才100名，优秀青年学术骨干1 000名，国家级高水平团队10个，国际及国内行业、专业有重大影响力的领导人10人。积极引进外籍优秀人才，不断提高外籍教师在教师队伍中的比例。每年引进博士以上教学、科研以及临床医学等高层次人才200人以上，积极补充专职辅导员及管理、教辅等人员。

四、主要任务与发展举措

（一）主要任务

坚持将人事制度改革作为撬动其他改革的基础，实施“一体两翼多支点”的发展思路，即“提高师资队伍的整体实力，打造人才高原；提高高端人才和青年人才的核心竞争力和可持续发展潜力，打造人才高峰和高地；健全和完善人才工作引、培、用、服等机制，夯实人才服务支点”，形成与学校战略目标要求相适应的人才队伍建设机制，聚力打造德才兼备、质态更优、活力充沛的一流师资队伍。

（二）发展举措

1. 实施铸魂育德工程

坚持党建引领，充分发挥文化涵养功能，健全教职工政治理论学习制度，引导教师自觉用习近平新时代中国特色社会主义思想武装教师头脑，用“四个意识”导航，用“四个自信”强基，用“两个维护”铸魂。突出课堂育德、典型树德，不断完善教师荣誉表彰体系，充分发挥“最美教师”“情暖校园”等品牌活动的典型引领示范作用，持续创新教师入职宣誓、老教师荣休等仪式类活动的形式与内涵；建立健全教育、宣传、考核、监督、激励和惩处相结合的师德建设体制机制，压实二级党组织责任、强化规则底线、细化考核措施，深化长效机制。

2. 实施一流人才精准引培工程

坚持目标牵引、制度引领、责任导向、措施联动的原则，精准定编定员定岗，精准落实人才引进计划，精准确定人才培养目标，精准执行人才引进新标准、新待遇，扎实做好高端人才精准引培。不断完善“学校主导、学院主体、校院联动”的人才引进机制。充分发挥学校顶层设计的作用、学院的主体作用、人事、国资、设备、后勤等部门的联动作用、经费和政策的支撑保障作用，不断提高人才引进效率。进一步加大全球招聘力度，建立常态化海外人才招聘机制，构建校领导带队、学院参加、学科支撑、海归协助的海外引才策略，定期举办高层次国际青年学者论坛，重点引培一批活跃在国际学术前沿的杰出人才、领军人才和创新团队。不断完善“按需引才、对标择才、持续育才”的人才工作体系。突出靶向需求。突出学校、学院、学科和专业发展的需求靶向，优先引进高端、紧缺、急需人才。面向重点建设领域公开招聘学术带头人，面向急需发展的学科（专业）公开招聘特聘教授，面向海内外公开招聘部分学院（实体研究院）学术院长或名誉院长。依托×大学-Y市“高层次人才驿站”，积极发挥人才集聚、产学研创新、创业保障等多元功能。依托地方政府和大型企业资源，进行联合引智工作，实现高层次人才的共享共用。依托“人才特区”，有计划、有重点地遴选支持一批有潜力入选国家级领军人才的后备人选，实施特殊支持政策，集中资源、针对扶持、集中攻坚、以点带面，实现领军人才队伍超常规、跨越式的发展目标。围绕重点发展领域与学科，强化“学术大师+创新团队”的人才引进与建设模式，打造一批具有明显竞争力的顶尖团队。围绕领军人才配备学术平台和学术助手，形成以领军人才为主导，相关人才为补充和配套的人才集群。

3. 实施青年人才强基固本工程

积极探索新进教师预聘和长聘制度，发挥博士后科研流动站“人才储备库”的作用，逐步实行新进人员“先进站后进编”选聘机制。强化省校“青蓝工程”、省“双创计划”双创博士等政策中青年教师的支持力度。完善青年教师职业导师制度，帮助青年教师制定职业生涯规划，以导师制引领人才过教学关、科研关、师风关，以系统培训引领人才过思想认识关、能力提升关。在职称评审中，针对成果突出的青年教师，打破学历、资历限制，畅通绿色通道评聘机制。深入实施教师境外研修计划，不断完善国家、省、学校、学院四级公派体系，积极开展国际学术交流，不断提升青年教师国际化水平。关注青年教师身心健康，定期举办青年教师交流互动活动，提升青年教师的职业幸福感。

4. 实施多支队伍提质增能工程

加速高水平专职科研队伍建设。探索建立以任务为牵引的固定科研人员和流动科研人员合理组合的团队聘任机制，根据科研工作需要设立不同类型、不同层次的科研助理岗位，完善公正合理的专职科研人员进出、职务升降和薪酬激励体制。提高全职博士后在站规模，聚焦博士后流动站内涵建设，强化过程考核，坚持分类管理，严格退出机制，提高博士后高质量科研产出。坚持管理人员职业化、专业化发展方向，完善职员制度，健全各类管理岗位人员的职业发展通道。选优配强思政课教师、辅导员、师范教师队伍，加强思政课教师、辅导员、师范教师队伍建设，实施党政管理人员能力提升工程，持续推进辅导员队伍专业化、职业化、专家化发展，加强教辅人员、科研助理等人员培训进修，重视后勤管理和技术技能骨干队伍建设，不断提高各支队伍的职业发展能力。

5. 实施机制改革提质增效工程

深化分类管理与评价改革。根据人员类别、岗位性质等制定完善相应的聘用、考核、评价和激励办法，建立健全科学有效的分类管理体系。坚持以教育教学质量与实绩、创新能力与贡献为导向，对教师评价“讲品德，讲业绩，讲能力，讲贡献，讲影响，讲质量”，建立健全以业绩考核为重点的专任教师人才评价制度和以过程考核与业绩考核相结合的管理岗位考核评价制度，持续改进结果评价、强化过程评价、探索增值评价、健全综合评价。推进职称评审制度改革。注重考查团队经济社会效益，合理评价团队业绩。针对不同类型、不同层次教师，建立科学合理的分类分层评价标准。克服唯学历、唯资历、唯“帽子”、唯论文、唯项目等倾向。根据不同类型、不同层次教师工作特点和成长规律，建立健全教学工作量评价标准，合理设置差异化评价指标体系。实行代表作制度，注重标志性成果的质量、贡献、影响，突出评价成果质量、原创价值和对社会发展的实际贡献。深化“放管服”改革。加大人力资源配置的科学性与精准性，结合岗位测算与学校事业发展目标，更多地将人事人才相关管理权限下放至学院（学科），赋予学院（学科）更大的自主权。提升人事人才工作信息化水平，积极推进更加便捷、更加有温度的服务体系建设，全面推进管理、服务质量与水平大提升，形成学校特色化人事人才工作格局。开设“人才引进绿色通道”，实行高端人才引进“专人服务制”“定期联络制”，优化高端人才跟踪服务和沟通反馈机制。推进绩效分配制度改革。充分发挥薪酬激励与制约作用，推进业绩绩效收入分配制度改革，完善绩效增长新机制。

推动管理重心下移，通过签订全员岗位聘期目标任务书和全员考核，实施年终奖励性绩效与学院年度业绩考核结果直接挂钩，根据年度业绩考核排名或等次上浮或下调奖励性绩效发放总量的比例。构建以岗位绩效工资为主体，协议工资制、项目工资制等并存的灵活多样的收入分配体系。探索“团队薪酬制”，在一定范围内将自主聘用、职称评审、待遇标准等权力下放给学院和绩效突出的团队，逐步形成绩效工资总量与学校事业发展水平相适应的动态调整机制。

五、规划实施与评估

（一）实施保障

1. 体制机制保障——加强党对人才工作的全面领导

压实党政共抓人才工作、全员参与人才工作的责任体系。在党委统一领导下，不断完善人事部门牵头抓总、相关职能部门各司其职、二级学院具体实施、全体教职员工广泛参与的人才工作格局。明确相关职能部门和各学院的党政主要负责人是本单位人才队伍建设的第一责任人，强化学院在人才工作中的主体地位和主导作用，确保人才队伍建设任务落实。

2. 经费保障——加大人才建设的经费投入力度

将人才资源的投入作为学校建设和发展投入的重点，明确人才发展重点领域、重点项目的投入需求，提高经费使用效率。构建完善学校、学院、学科三级投入机制，积极探索社会捐赠等多渠道筹集人才经费的新机制。根据实际需要，总量上不封顶，进一步完善《×大学高层次人才引进与培养突出贡献奖励办法》，表彰和奖励在人才工作中贡献突出的单位。

3. 服务保障——不断提升人才服务工作水平

积极构建分工合作、运转协调、服务周到、快捷高效的人才服务机制，及时帮助解决各类人才在住房、办公、生活、子女入学等中的实际困难。通过优化服务、完善机制，努力让各类人才都有进取争先的动力，不断提升教职工的职业幸福感。

（二）规划实施与考核评估

1. 加强组织领导

牢固树立“党管人才”思想，不断完善人才工作领导体系，加强校人才工作领导小组的指导和统筹协调，定期研判人才工作的新形势、新要求，定期检查师资队伍建设规划的实施进展。明确要求相关职能部门和各学院专人负责本项规划的实施与检查，围绕学校“十四五”师资队伍建设规划提出的发展目标、建设重点与主要举措，自觉把本单位的工作放在学校发展的全局中科学谋划、扎实推进。

2. 制订年度计划

科学分解"十四五"师资队伍建设规划的目标和任务，制定配套的年度实施计划。做好年度实施计划与年度工作计划的衔接，将年度实施计划的目标、任务体现在学校的年度工作计划中。分年度、有步骤地做好"十四五"师资队伍建设发展规划的实施工作，把师资队伍建设年度目标达成率作为各级领导班子和领导干部考核的重要内容，不断提升战略管理和执行能力。

3. 加强监督评估

不断完善师资队伍建设目标量化考核指标体系，定期统计、分析和反馈队伍建设相关数据。通过获得的信息和数据，与规划指标对比，开展偏差分析，找出原因，提出对策建议，确保规划的有效实施。

六、2032 年远景规划与工作思路

"十四五"期间，学校将继续全面贯彻落实校党委要求，紧紧围绕"一体两翼多支点"的人才发展思路，坚持以师德师风建设为引领，以深化人才人事体制改革为抓手，以评价创新为导向，以高端集聚为目标，以优化服务为支撑，实现学校人才队伍建设质态新提升。

到 2032 年，学校教师发展支持体系更加健全，管理评价制度更加科学，待遇保障机制更加完善，教师队伍治理体系和治理能力实现现代化，教师思想政治素质、业务能力、育人水平、创新能力显著提升，建成一支政治素质过硬、业务能力精湛、育人水平高超的高素质专业化创新型高校教师队伍。

×大学关于深入实施新时代人才强校战略的若干意见

为全面贯彻落实党的二十大、中央和省委人才工作大会、学校第四次党代会精神，深入实施科教兴国战略、人才强国战略、创新驱动发展战略，认真落实《中共中央 国务院关于全面深化新时代教师队伍建设改革的意见》《中共中央 国务院深化新时代教育评价改革总体方案》《教育部等六部门关于加强新时代高校教师队伍建设改革的指导意见》等文件精神，构建完善人才优先发展、人才引领发展的模式，以高质量人才工作支撑学校事业高质量发展，为“双一流”创建和高水平研究型大学建设提供坚强的智力支撑和人才保障，现就我校深入实施新时代人才强校战略提出如下意见。

一、总体要求

（一）指导思想

以习近平新时代中国特色社会主义思想为指导，全面贯彻党的二十大和学校第四次党代会精神，坚持党管人才原则，深刻领悟“教育、科技、人才”三位一体部署的重要意义和丰富内涵，坚持教育优先发展、科技自立自强、人才引领驱动，坚持落实立德树人根本任务，坚持各方面人才统筹推进，深入实施新时代人才强校战略，不断完善人才战略布局和“引得进、育得强、留得住、用得好、评得准”的“五位一体”人力资源治理体系，纵深推进人事制度改革，聚力构建群贤毕至、班行秀出、近悦远来的人才队伍建设新生态，建设结构合理、素质优良的人才队伍，为“双一流”创建和高水平研究型大学建设提供坚强的智力支撑和人才保障，为加快建设世界重要人才中心和创新高地作出贡献。

（二）基本原则

坚持党管人才。持续完善党管人才领导体制和工作机制，改进党管人才方式方法，加强对新时代人才的政治引领和政治吸纳，坚持党对人才战略思想研究、总体规划制定、重要政策统筹、重点人才培养等方面的全面领导。

坚持人才优先。以人才为核心，充分发挥人才在学校事业发展中的基础性、战略性支撑作用，坚持人才经费优先投入、人才住房优先解决、科研条件优先提供、招生指标优先保障、发展渠道优先畅通等。

坚持统筹兼顾。统筹兼顾优势学科、重点学科、新兴交叉学科、基础紧缺学科等各方面人才的培养和引进，统筹兼顾自然科学与人文社会科学、年龄层次、职称结构、学缘关系等各方面的人才需求，统筹兼顾专业技术、党政管理、工勤技能等各类人才的协调发展，做到分类指导、优化结构、相互衔接、协调发展。

坚持引育并重。围绕一流创建学科、聚焦优势学科、关注特色学科，把使用好现有人才、培养好急需人才、引进好高水平紧缺人才作为学校人才人事工作的中心内容，盘活内部资源做好人才服务，争取外部资源支持人才发展，建设多维平台助力人才创新，形成引育并重的人力资源工作新模式，最大限度地调动各类人才的积极性、主动性和创造性。

（三）总体目标

到2027年，学校人才发展支持体系更加健全，人才评价制度更加科学，待遇保障机制更加完善，人力资源治理体系和治理能力现代化水平进一步提高，汇聚更多战略科学家、领军人才、知名学者，打造更多具有核心竞争力的高水平教学科研团队，建成一支师德高尚、大师汇聚、学术卓越、结构科学，引领学校"双一流"创建和高水平研究型大学建设的一流人才队伍，构建形成人人渴望成才、人人努力成才、人人皆可成才、人人尽展其才的生动局面。

专任教师总量达3 600～3 900人，其中45岁以下教师稳定在60%左右，师生比控制在1∶15以内。新增院士3名，杰出人才30名，国家级高水平团队10个，领军人才100名，优秀青年学术骨干1 000名。在站博士后总数达800名，其中海外博士后达150名。

二、凝聚"一个共识"，着力构建有效支撑高水平研究型大学建设的人力资源治理体系

1. 坚持党管人才，牢固树立"人才是第一资源"的工作理念。坚持党管人才，牢牢把握人才工作的正确政治方向，深入实施新时代人才强校战略，始终坚持"人才是第一资源"，加强"教育、科技、人才"三位一体整体推进的人才工作"新理念"；进一步凝聚"人才引领发展、人才推动创新、人才成就事业"的思想共识，不断完善"党委统一领导、党政齐抓共管、部门合力推进、学院主体落实、全校广泛参与"的人才工作"新机制"；做好新时代人才工作的顶层设计和统筹推进，不断增强人才工作的科学性、精准性、前瞻性，努力在高端人才集聚上实现新突破，巩固人才工作"新优势"，着力构建和完善面向国家重大战略需求、服务区域经济社会发展、具有特色的人力资源治理体系，为学校事业高质量发展提供坚实的人才支撑。

三、把握"两个重点"，全力打造师德为先的教职工思想政治工作体系

2. 坚持以体制机制建设为重点，建立健全"四维联动"的教职工思想政治工作体系。不断完善党委教师工作部全面统筹教职工思政、师德师风、教师评价等职能，持续完善以党委教师工作部牵头、多部门联动的协同体系，以教师思想政治工作管理员、师生师德建设监督员为主力的管理体系，“校党委—党委教师工作部—二级单位党委—基层教工党支部—教职工”的责任体系，“教育、宣传、考核、监督、激励、惩处”的建设体系。

3. 坚持以师德师风建设为重点，营造形成争做“四有好老师”的良好文化氛围。坚持党建引领，健全教职工政治理论学习制度。出台《×大学落实教师思想政治和师德师风建设工作责任制实施办法(试行)》，压紧压实二级党组织责任。聚焦中青年教师、新进教师、海外留学归国教师等重点人群，开展分层分类师德专题教育。建立健全教职工荣誉体系，持续创新教师入职宣誓、教职工荣休等活动形式，丰富文化内涵。出台《×大学师德考核评价实施办法(试行)》，构建完善科学合理的师德考评体系以及学生、家长和社会共同参与的师德监督体系。

四、推进“三大战略”，持续完善引育并重的青年人才成长体系

4. 推进优秀博士后储备战略。出台《×大学关于加强博士后工作高质量发展的意见》，加强优势学科全职博士后招收力度，鼓励交叉学科招收全职博士后，发挥高层次人才招收全职博士后的“头雁效应”，激发招收全职博士后的积极性和主动性，多措并举扩大全职博士后招收规模，强化“以才引才、待遇引才、伯乐荐才”的工作机制，多点发力做大海外博士后规模。聚焦博士后流动站内涵建设，严格规范过程管理，提高博士后科研贡献度，推进博士后科研成果转化。出台《×大学优秀博士后评选细则(试行)》，表彰做出突出成绩的博士后研究人员，着力打造人才“蓄水池”和科研“高产田”。

5. 推进青年人才强基固本战略。建立健全“双导师”制度，建立优秀青年人才发现、预选和跟踪培养机制，完善青年人才“全方位全链条”培养。鼓励青年教师先专心从事科研工作、再从事教学和社会服务工作，新入职工科教师应先实践再上岗，逐步实现工科专业教师工程岗位实践全覆盖。实行青年人才进团队、进项目管理，打造基于“学校—学院—团队—项目”的多层次青年优秀人才培养体系。通过省校“青蓝工程”、省“双创计划”、省校“高端人才支持计划”等培养体系，支持青年人才迅速成长。对有标志性成果产出的优秀青年进行重点培养、跟踪服务和持续支持。打破学历、资历限制，畅通绿色通道评聘机制，探索通过直聘、高聘、破格晋升等方式促使优秀人才脱颖而出的机制。

6. 推进青年人才国际化引领战略。持续推进教师境外研修计划，加大青年教师公派访学资助力度，完善国、省、校、院四级联动的公派管理体系，鼓励和支持更多青年人才走出去"拜名师、访名校"，拓宽学术视野，提升学术国际竞争力。积极拓展外籍教师引进渠道，聚天下英才而用之。探索"常任轨"和"国内轨"并行的双轨制人才管理制度，外籍人才实行"常任轨"管理，按照国际学术标准进行聘期考核；国内教师实行"国内轨"管理，通过骨干教师进修、双语师资培养、双轨教师合作研究等专项计划推动国际化转型。

五、实施"四大计划"，不断优化精准高效的一流人才引培体系

7. 实施高精尖缺人才（团队）引聚计划。聚焦一流创建学科、优势学科、特色学科，围绕学校、学院、学科和专业发展的靶向需求，采用"分类评价＋精准滴灌"方式，优先引进高端、紧缺、急需人才。面向重点建设领域公开招聘学术带头人和创新团队，面向急需发展的学科（专业）公开招聘特聘教授，面向海内外公开招聘部分学院（实体科研机构）学术院长或名誉院长。进一步加大全球招聘力度，建立海外人才招聘常态化机制，构建校领导带队、学院参加、学科支撑、海归协助的海外引才策略。筹建一批海外高层次人才招聘工作站，聘请一批海外高层次人才招聘联络员，定期举办高层次国际青年学者论坛，重点引进一批活跃在国际学术前沿的杰出人才、领军人才和创新团队。强化"学术大师＋创新团队"的海外人才引进与建设模式，围绕海外领军人才配备学术平台和学术助手，形成以海外领军人才为主导，相关海外人才为补充和配套的海外人才集群。依托与市名城名校合作协议，共建共享强市强校高质量人才，进一步激发市校人才政策叠加效应，汇聚全球英才。

8. 实施海内外柔性引智计划。强化"不求所有，但求所用"引才理念，出台《×大学高层次人才柔性聘用办法（试行）》，加强以才引才、以才聚才、就地引才、多元引才，分类设立柔性引智人才岗位，建立灵活多样的弹性引才和用人机制。坚持人才长聘与准聘、讲座教授与兼职教授相结合，建立学校与学院（实体科研机构）多层次柔性引才渠道，构建校聘、院聘、团队聘用多种柔性引才方式，不断丰富人才队伍多样性，夯实持续发展根基。

9. 实施顶尖科学家培育计划。出台《×大学"顶尖人才培育工程"实施办法（试行）》，聚焦国家重点领域、重大科技任务、学科特色和未来发展，重点支持一批有潜力入选院士、国家级重大人才工程项目的后备人选，坚持一事一议、一人一策，实现国家级人才队伍跨越式发展。培养一批学术造诣深厚、创新意识强的学科带头人和教学名师；储备一批攻克"卡脖子"技术的急需人才；支持一批科研基础好、培养潜力大、发展势头好的高层次青年后备人才；大力推动形成文科"兵团作战"态势，凝练学科方向，多形式组建一批引领学科前沿的科研创新团队，培育一批有重要影响力的人文社会科学学术大师。

10. 实施创新团队支持计划。以学科建设、教学科研需求为导向，出台《×大学一流学科创建团队引进与管理办法（试行）》，建立以首席科学家为核心的创新团队，形成“首席科学家—PI—团队骨干—优秀博士”和专兼职人员相结合的创新团队体系。以重点实验室及重大科研项目为依托，以定向组织任务、揭榜挂帅任务等为牵引，探索高水平创新团队选拔培育机制，构建科学化、持续化、动态化团队考核与管理机制。赋予创新团队选聘用人、团队建设、评价考核、绩效分配等方面的自主权，在岗位设置、人员编制、人才引进及经费保障等方面重点投入、重点支持。支持创新团队在国家级科研平台、重点学科、重点项目等方面开展交叉研究，组建跨学科高水平创新团队，加强有组织科研，以“大团队”打造“大平台”，承接“大项目”，培养“大人才”，产出“大成果”。

六、开展“五大行动”，聚力形成协同发展的各类人才管理体系

11. 开展教学科研队伍提质护航行动。鼓励多种形式引进和聘用专兼职教学科研人员，建立以任务为牵引的固定和流动教学科研人员组合的团队聘任机制。设立不同类型、不同层次的教学科研助理岗位，完善公正合理的专职教学科研人员进出和薪酬激励体制，打造一支规模适度、结构合理、流转有序、适应高水平研究型大学高质量发展的专兼职教学科研队伍，通过政策引导、精准辅导、堵点疏导等形式全面提升教学科研队伍的各项能力。

12. 开展管理队伍职业续航行动。坚持德才兼备、以德为先的用人标准选拔任用管理人员，以素质优良、结构合理、精干高效、相对稳定为目标加强管理队伍建设。通过加大管理队伍各项能力专题培训，加强校院管理人员的岗位交流，选送管理人员出国出境进修等方式，将管理队伍与教师队伍建设同步规划、同步建设、协调发展，推动管理队伍建设规范化、科学化、制度化。

13. 开展辅导员队伍思想导航行动。坚持引育并举，优化辅导员队伍结构布局，构建专兼结合、以专为主、结构合理的专业化辅导员队伍。完善高校专职辅导员职业发展体系，着力推动辅导员职业化建设，强化辅导员职业发展的张力和活力。完善辅导员工作台账制度、考核办法等，努力形成科学合理的辅导员考核评价体系。建立健全“国—省—校—院”四级辅导员培训研修体系，按照“点面结合、突出重点，分类指导、分层培养”原则，推进辅导员连续性、系统化培养，努力建设一支政治强、业务精、纪律严、作风正，敬业爱岗、结构合理的辅导员队伍。

14. 开展实验教师队伍精业引航行动。积极探索专任与兼任、固定与流动相结合的建设模式，通过人才引进、内部调配、非编聘用、鼓励中青年教师到实验室锻炼等方式，及时补充以实验技术人员为重点的实验教师队伍。将实验教师队伍的培训、学术交流和学历提升等纳入教师队伍培养体系，全面提升实验教师队伍综合实力，形成一支技能优良、结构合理、爱岗履职的实验教师队伍。

15. 开展工勤技能队伍匠心助航行动。以培养大国工匠、卓越工程师、高技能人才为目标，以服务教学科研中心工作和广大师生员工为宗旨，深化后勤管理体制机制改革，鼓励通过技能研修、岗位练兵、技能竞赛、技术交流等形式，不断提高后勤保障队伍的业务技能水平和综合素质，形成一支爱岗敬业、技能过硬、服务周到、甘于奉献的后勤保障人才队伍。

七、深化“六项改革”，健全完善适应高质量发展的人才制度体系

16. 深化岗位聘任制度改革。围绕学校发展目标，实施全员岗位聘用，全面推进人员总量管理，统筹用好编制资源，推进以动态聘用为核心的动力机制建设，实现从身份管理向岗位聘用的根本转变。按照“按需设岗、以岗选人、公平竞争、择优聘用”原则，完善岗位设置分类分级体系，实现岗位荣誉、待遇保障与岗位职责的有机统一，实行科研岗、教学岗、教学科研岗的有序流转，激发教师教学科研活力。探索实施“大科制”，打通人员配置、强化服务职能、优化工作流程、提高行政效率。开通人事代理人员进编通道，持续完善新入职教师预聘与长聘制、高端人才长聘和特聘制、高水平团队年薪制与协议制、编制外人员聘用与管理办法。通过升、留、降、转、走等办法，建立岗位能上能下、人员能进能出的灵活、高效用人机制与合理有序的人员流动和退出机制。

17. 深化职称评审制度改革。全面优化各类岗位的任职条件，加速推进形成以人才培养为核心，聚焦学科发展、教学科研以及服务社会需求，以创新能力、质量、贡献为导向，完善评价科学、规范有序、竞争择优的职称制度体系。根据不同类型、不同层次教师工作特点和成长规律，建立健全教学工作量评价标准，合理设置差异化评价指标体系。推进学科交叉成果互认共享，推行代表性成果评议，完善同行专家评议，分层分类分学科制定职称评审的代表性成果要求，重点考察科研成果的创新价值和创新内涵。拓宽晋升通道，促使更多优秀青年人才脱颖而出。

18. 深化薪酬分配制度改革。坚持“一流人才、一流业绩、一流报酬”导向，进一步完善以岗位绩效工资为主体，年薪工资、协议工资、项目工资等并存的薪酬分配体系，完善形成“高产出、高贡献、高收入”的优绩优酬分配模式。探索“团队薪酬制”，在一定范围内将绩效工资打包给创新团队，激活团队创新创造活力。推动管理重心下移，通过签订全员岗位聘期目标任务书和年度基本工作量及聘期考核，严格执行基本工作量年度评价与年终绩效挂钩、增发业绩绩效与聘期目标任务考核结果挂钩，大力推进年终业绩绩效与学院高质量综合考核结果挂钩，根据高质量综合考核结果上浮或下调年终业绩绩效发放总量，真正发挥考核的约束机制和杠杆作用。

19. 深化职员制改革。完善管理人员任职标准、岗位规范和考核评价办法，在政策性较强、关键重要岗位重点实施，职员职数向教务员、辅导员适当倾斜。全面实施聘用合同管理，全员签订岗位聘用合同书和聘期目标任务书。打破职员职级终身制，实施职员职级能上能下动态管理。严格年度和聘期考核，加强考核结果的运用，对考核结果为“基本合格”“不合格”人员采用降级缓聘等方式，激发管理人员活力和效能。

20. 深化人才考评制度改革。深化教育评价改革，以创新价值、能力、贡献为导向，积极构建“师德为先、教学为要、科研为基、发展为本”的人才综合评价体系。完善多元化评价机制，丰富应用型人才的考评机制，促进成果转化应用。结合全员聘用和岗位管理，强化年度考核与聘期考核，强化考核结果运用，完善新进教师两轮聘期“非升即转”、师资博士后“非聘即走”制度，特聘教授聘期考核“优秀长聘”“非聘即转”制度。强化师德评价，坚决落实师德师风“一票否决”制度；强化科学评价，优化评价周期，灵活运用年度考核与聘期考核，对基础研究教师、青年教师进行长周期评价。

21. 深化养保医保制度改革。持续完善机关事业单位养老保险制度改革工作，按时完成在职人员的参保登记、基数调整和社保征缴，持续推进“中人”退休待遇核定，切实维护教职工权益。依法依规全面推动基本医疗保险改革工作，妥善解决教职工医疗保障问题，确保教职工和离退休人员的医疗保障待遇全面落实到位。进一步做好外籍专任教师医疗保险管理服务工作。

八、强化多元支撑，构建完善“四位一体”的人才保障体系

22. 持续完善组织保障。坚持党管人才原则，实行人才工作一把手工程，充分发挥党委总揽全局、协调各方的领导核心作用，人才工作领导小组顶层设计和整体规划作用，组织、人力资源部门人才政策的制定和实施作用，其他职能部门协调保障作用，各二级单位的主体作用，并将人才队伍建设成效继续纳入二级单位领导班子及成员的年度考核和领导干部聘期考核体系。

23. 持续完善经费保障。坚持人才资源优先投入的原则，将人才资源投入作为学校建设和发展的投入重点。持续完善学校、学院、学科三级投入机制，积极探索冠名讲席教授、特聘教授等社会捐赠渠道筹措人才队伍建设经费机制，保障人才建设经费上不封顶。

24. 持续完善服务保障。简化人才引进手续，优化人才管理流程，提高人才引进效率，积极构建分工合作、运转协调、服务周到、快捷高效的人才服务机制，实行高端人才引进“专人服务制”“定期联络制”“跟踪服务和沟通反馈机制”。探索设置人才服务专员岗，设立人才服务日，召开人才座谈会，组织开展人才联谊交流，多部门联动及时解决人才配偶安置、子女教育、住房购房等困难，积极营造尊重人才、爱才惜才的氛围，不断提升人才获得感、幸福感、安全感和归属感。

25. 持续完善环境保障。充分发挥新闻媒体舆论导向作用，大力宣传优秀人才典型和各项人才政策，建立有利于人才发展的制度文化，积极营造“人人都是引才育才责任人”的文化氛围，持续完善人才建设工作荣誉表彰体系，表彰和奖励在人才工作中贡献突出的个人和集体，增强环境文化对人才的吸引力、凝聚力和感召力。

×大学岗位设置与聘用管理办法

为深化学校人事制度改革，建立健全岗位管理制度和人员聘用制度，实现人事管理的科学化、规范化，根据《江苏省高等学校岗位设置管理实施意见》（苏人社发〔2021〕123号）、《江苏省高等学校人员总量内设机构领导职数管理办法（试行）》（苏编办发〔2020〕31号）等文件精神，结合我校实际，制定本办法。

第一章　总　　则

第一条　开展岗位设置与聘用工作的意义。开展岗位设置与聘用工作，是高校人事管理的重大改革和制度创新，是变身份管理为岗位管理，进一步深化高校人事制度改革的重要内容。以合理配置教育人才资源、优化高校人员结构、提高用人效益为核心，理顺人事管理体制，引入竞争激励机制，推行全员聘用制，从而打破身份管理，实现职务能上能下、待遇能高能低、人员能进能出的用人机制，为高等教育高质量发展打牢基础。

第二条　岗位设置原则。

（一）科学设岗，宏观调控。深入实施新时代人才强国战略，全方位培养、引进、用好人才，从人才培养、科学研究和社会服务的需要出发，突出学科队伍建设，兼顾各类人员现状，合理确定岗位结构比例标准，规范设置各级各类岗位，加强宏观调控和监督管理。

（二）优化结构，精干高效。完善岗位设置分类分级体系，以教师队伍为主体，加强高层次人才队伍建设，优化各类人员结构比例，合理配置人力资源，提高用人质量与用人效益。

（三）按岗聘用，规范管理。以岗位设置为基础，深化聘用制改革，加快形成有利于人才成长的培养机制、人尽其才的使用机制、各展其能的激励机制、脱颖而出的竞争机制，促进学校人力资源科学管理。

（四）分类指导，协调发展。充分考虑学校办学水平、队伍建设和功能定位等因素，实行分类指导，分层管理，充分调动学校各类人员的积极性，促进人才队伍建设全面协调发展。

第三条　实施范围。

（一）学校专业技术人员、管理人员和工勤技能人员，分别纳入相应岗位管理。

（二）学校编内人员、与学校直接签订劳动合同的编外人员（含外籍人员、港澳台人员），均纳入岗位设置管理。

（三）岗位设置管理中涉及学校领导人员的，按照干部人事管理权限的有关规定执行。

第二章　岗位类别与等级

第四条　岗位类别。学校岗位分为专业技术岗位、管理岗位、工勤技能岗位三种类别。

第五条　专业技术岗位。专业技术岗位指从事专业技术工作，具有相应专业技术水平和能力要求的工作岗位，分为教师岗位和其他专业技术岗位，其中教师岗位是专业技术主体岗位。

教师岗位指具有教育教学、科学研究工作职责和相应能力水平要求的专业技术岗位，包括专任教师岗位和专职辅导员岗位。学校对教师岗位实行分类管理，在教师岗位中设置教学为主型、教学科研型、科研为主型、社会服务型等岗位类别。

第六条　其他专业技术岗位。其他专业技术岗位主要包括工程实验、图书资料、编辑出版、会计统计、医疗卫生等专业技术岗位。

第七条　专业技术岗位分为13个等级。高级岗位分7个等级，即一至七级，正高级岗位包括一至四级，副高级岗位包括五至七级；中级岗位分3个等级，即八至十级；初级岗位分3个等级，即十一至十三级，其中十三级是员级岗位。高等学校正高级教师岗位名称为教授一级岗位、教授二级岗位、教授三级岗位、教授四级岗位，分别对应一至四级专业技术岗位；副高级教师岗位名称为副教授一级岗位、副教授二级岗位、副教授三级岗位，分别对应五至七级专业技术岗位；中级教师岗位名称为讲师一级岗位、讲师二级岗位、讲师三级岗位，分别对应八至十级专业技术岗位；初级教师岗位名称为助教一级岗位、助教二级岗位，分别对应十一至十二级专业技术岗位。

第八条　管理岗位指担负领导职责或管理任务的工作岗位，分为领导管理岗位和普通管理岗位。领导管理岗位包括校级领导岗位和内设机构（包括综合管理、教学、科研及教辅机构等）领导岗位。普通管理岗位是指不担负领导职责的其他管理岗位。管理岗位要适应增强高等学校运转效能、提高工作效率、提升管理水平的需要。

第九条　管理岗位分为8个等级。管理岗位的最高等级、结构比例和各等级管理岗位数量，按照干部人事管理有关规定和权限确定。学校现行的厅级正职、厅级副职、处级正职、处级副职、科级正职、科级副职、科员、办事员依次分别对应三至十级管理岗位。

第十条 工勤技能岗位指承担技能操作和维护、后勤保障、服务等职责的工作岗位，包括技术工岗位和普通工岗位，其中技术工岗位分为5个等级。学校中的高级技师、技师、高级工、中级工、初级工，依次分别对应一至五级工勤技能岗位。

第三章 岗位总量与结构比例

第十一条 岗位总量。学校的岗位总量根据机构编制部门核定的人员总量确定。纳入岗位设置管理人员，不得超过核定的岗位总量。岗位设置备案时仅备案编内人员。每轮聘用拟使用的各类岗位数不得超过省主管部门核准的各类岗位总数，其中专业技术岗位数以现有专业技术人数为测算基数，各级职称及职称内等级的结构比例不得突破核定的结构比例。

第十二条 岗位类别比例。学校专业技术岗位按照不超过75%设置，其中专任教师岗位数一般高于学校岗位总量的60%，其他专业技术岗位一般不超过学校岗位总量的15%；管理岗位一般不超过学校岗位总量的20%；按照自然减员方式逐步减小工勤技能岗位的比例，已经实现社会化服务的一般性劳务工作，不再设置相应的工勤技能岗位。

第十三条 专业技术岗位结构比例。学校高级专业技术岗位比例最高控制标准为60%，其中正高级不超过25%。高级专业技术岗位应当以教师岗位为主体。其他专业技术岗位的最高等级，原则上应低于教师岗位。为常态化做好优秀人才的选拔与引进，高级专业技术岗位的设置和聘用应预留一定的发展空间。

专业技术正高级岗位中，二级、三级、四级之间的比例分别为2∶4∶4；副高级岗位中，五级、六级、七级之间的比例为3∶3∶4；中级岗位中，八级、九级、十级之间的比例为3∶4∶3；初级岗位中，十一级、十二级之间的比例为5∶5。

第十四条 管理岗位结构比例。学校各等级管理岗位的数量按照干部人事管理权限进行设置。学校五级、六级管理岗位，不超过管理岗位总数的30%，五级、六级之间的比例为1∶2；七级、八级管理岗位，不超过管理岗位总数的55%，七级、八级之间的比例为1∶1；九级、十级管理岗位，不超过管理岗位总数的15%。

第十五条 工勤技能岗位结构比例。工勤技能一级、二级、三级岗位的总量占工勤技能岗位总量的比例原则上不超过70%，其中一级、二级岗位的总量占工勤技能岗位总量的比例原则上不超过30%。

第十六条　特设岗位。特设岗位是指因高校常设岗位没有空缺，经特别程序批准，为引进高层次人才等特殊需要而专门设置的非常设岗位。特设岗位的设置，由学校提出申请，报省主管部门审批。

第四章　岗位聘用

第十七条　聘用方式。学校岗位聘用人员方式分为首聘、续聘、晋聘和低聘等。

（一）首聘是一般指新教师首次聘用到学校专业技术和管理岗位，原则上专业技术人员聘用到相应专业技术岗位等级的最低档。

（二）续聘是指继续聘用到上一轮岗位聘用受聘岗位。

（三）晋聘是指聘用到比上一轮岗位聘用受聘岗位更高级别岗位。

（四）低聘是指聘用到比上一轮岗位聘用受聘岗位更低级别岗位。上一轮岗位聘用聘期考核不合格者，一般应低聘。

第十八条　岗位职责和聘期目标任务

（一）学校制定教师岗、其他专业技术岗、管理岗和工勤技能岗的岗位基本职责和聘期基本目标任务。

（二）各二级单位应结合事业发展目标，充分考虑各类岗位特点和学科特色，在岗位设置与聘用方案中明确各类各级岗位具体的岗位职责和聘期目标任务，并在和受聘人员签订《岗位聘用合同书》和《岗位聘期目标任务书》时予以明确。

第十九条　岗位聘用条件。聘用人员必须同时满足岗位基本条件和聘用申报条件。

（一）基本条件

学校专业技术岗位、管理岗位和工勤技能岗位三类岗位的基本任职条件：

1. 遵守宪法和法律；

2. 具有良好的品行和职业道德；

3. 岗位所需的专业、能力或技能条件；

4. 适应岗位要求的身体条件；

5. 岗位所需的其他条件。

（二）续聘申报条件

上一轮岗位聘用考核优秀或合格，能履行原受聘岗位在本轮岗位聘用中的岗位职责，完成聘期任务。

（三）晋聘申报条件

上一轮岗位聘用考核优秀或合格，能履行申请晋聘岗位的岗位职责，完成聘期任务，并达到相应岗位晋聘申报条件。各类晋聘申报条件请见各类岗位聘用的实施细则。

第五章　岗位设置与聘用的组织机构及分级管理

第二十条　成立学校、二级单位两级聘用组织机构，开展全校教职工的岗位设置与聘用工作。

（一）学校成立岗位设置与聘用工作领导小组，负责学校岗位设置和聘用工作的组织领导、政策制定以及重大事项的决策。领导小组办公室设在人力资源处（党委教师工作部），负责岗位设置与聘用政策解读和工作布置。

（二）学校分别成立教师岗位、其他专业技术岗位、管理岗位和工勤技能岗位聘用工作组。各二级单位成立学院（部门）岗位聘用工作小组。

（三）专业技术一、二、三级岗位，管理岗位，其他专业技术岗位，工勤技能岗位由学校统一评审聘用；专业技术四级（含学院实验技术岗位）及以下岗位聘用，在学校统一布置下，由各学院岗位聘用工作小组在限定的岗位数内组织评审聘用。

（四）管理岗位的聘用工作，按照干部人事管理的相关规定执行。

第二十一条　学校成立监督委员会、仲裁委员会、申诉委员会，由校纪委、工会、人力资源处（党委教师工作部）等部门负责人和教职工代表组成，负责受理聘用工作中的投诉和申诉事宜。

第六章　岗位设置与聘用基本程序

第二十二条　岗位设置基本程序

（一）编制岗位设置方案。学校根据人才培养、科学研究、社会服务等综合因素以及学科和人才队伍建设的需要，在充分考虑现有人员职务结构比例的基础上，编制岗位设置方案。

（二）备案岗位设置方案。岗位设置方案报省主管部门审核备案。

（三）制定岗位设置实施方案。学校按照审核备案的岗位设置方案制定岗位设置实施方案。

（四）组织实施。学校按照岗位设置实施方案，积极稳妥地组织实施。

岗位设置实施方案、聘用结果报省主管部门备案。

第二十三条　岗位聘用基本程序

（一）公布岗位。按照核准的岗位设置方案，根据按需设岗、竞聘上岗、按岗聘用的原则，学校确定岗位设置，明确岗位等级，公布岗位职责、聘用条件等。

（二）聘期考核。各单位岗位聘用工作小组组织对聘用人员进行上轮聘期考核，业绩成果和考核结果经公示无异议后，报送学校人力资源处。

（三）个人申请。个人向设岗单位提出书面申请，并按照要求提交相关表格和证明材料。

（四）资格审核。各单位岗位聘用工作小组对应聘人员的任职资格和业绩材料进行审核。

（五）组织评审。各单位岗位聘用工作小组组织评审，确定推荐人选或拟聘人选，人选和相应业绩材料经公示无异议后，报送学校人力资源处。

（六）学校审批。学校组织对各类岗位的推荐人选进行评审，对拟聘人选进行审核、备案。

（七）结果公示。学校对拟聘人选进行公示；在公示期内有异议者，按规定程序进行投诉或申诉。

（八）签订合同。学校与受聘人员签订岗位聘用合同、目标任务书等。

第七章　合同管理与聘用考核

第二十四条　合同管理

（一）根据省主管部门统一部署，学校组织实施岗位设置与聘用工作，全面推进人员聘用制度。学校与受聘人员签订聘用合同，聘用合同的签订、变更、续订、解除和终止等按照省有关文件规定执行。

（二）聘用合同内容包括岗位职责、聘用期限、工作任务、工资待遇、双方的权利和义务、违约的责任及双方协商的其他事项等。合同采用书面形式，一式两份，学校和受聘人员各执一份。

（三）除专业技术一级岗位外，岗位聘用期限一般为三年，接近法定退休年龄的人员，按在岗实际年限聘用。

（四）学校与受聘人员在平等自愿、协商一致的基础上签订聘用合同，明确受聘岗位、职责和任务要求、双方权利和义务、违约责任等方面的内容。

（五）学校引进“拔尖人才”及以上层次且在聘期内的高端人才，可按照现有专业技术职务参加岗位聘用，聘用岗位待遇高于协议待遇的，按照实际聘用岗位兑现待遇,同时应调整加强聘期目标任务的制定与考核。

第二十五条 聘用考核

(一)聘用考核分为平时考核、年度考核和聘期考核。平时考核主要涉及教职工日常考勤;年度考核每年进行一次,按照学校教职工年度考核有关规定执行;聘期考核每三年开展一次。聘期考核以聘用合同书和目标任务书约定的岗位职责和所承担的工作任务为依据,专业技术人员与工勤人员重点考核履行岗位职责和完成工作目标任务的数量、质量,管理人员应从德、能、勤、绩、廉等方面综合考核。

(二)聘期考核结果分为优秀、合格、基本合格、不合格,考核结果作为岗位调整的主要依据。出色履行岗位职责和做出突出贡献者,可评定为优秀;未完成合同规定岗位任务者,根据其岗位职责履行情况应评定为基本合格或不合格。

(三)聘期考核结果合格及以上的,经本人申请,可以续聘原岗位或申请晋升同级职称内高一级岗位;考核结果基本合格的,可以申请续聘原岗位,但不得晋升高一级岗位;聘期考核结果不合格的,在现聘岗位基础上降低岗位等级聘用或转岗待岗。受聘人员无正当理由不同意调整岗位的,学校有权解除聘用合同。

第八章 投诉、申诉与监督

第二十六条 应聘者对聘用程序、聘用结果有异议,有权进行投诉或提出申诉。投诉或申诉须以书面形式提出,并签署真实姓名。

第二十七条 监督委员会、仲裁委员会、申诉委员会负责受理聘用工作中的投诉和申诉事宜,并按照相关程序处理。

第二十八条 岗位聘用工作实行回避制度。聘用工作组织成员在开展岗位聘用与考核工作时,遇到本人或与本人有亲属关系的,应当回避。

第九章 若干具体问题的规定

第二十九条 经核准的岗位设置方案应保持相对稳定。学校因事业发展需要调整岗位设置的,应按规定的程序进行备案。机构编制部门重新核定人员总量和管理岗位领导职数后,学校应重新调整岗位设置方案,调整后的岗位设置方案报省主管部门审核、备案。

第三十条 "双肩挑"岗位可设置在内设综合管理机构领导岗位以及二级教学、科研、教辅机构专职党务领导岗位,重点设置在专业技术性要求较高的综合管理机构高级管理岗位。“双肩挑”人员是主聘在管理岗位，兼聘专业技术岗位的人员，同时占管理岗位和专业技术岗位数。“双肩挑”人员必须原为专任教师，评聘高校教师（教学、科研）系列高级职务后，因工作需要现在管理岗位工作，担任校级领导、内设综合管理机构以及二级教学、科研、教辅机构专职党务岗位副职以上领导，并且仍继续承担部分教学科研工作的人员。高校“双肩挑”人员数量应不超过经核定的校级领导岗位、内设综合管理机构岗位以及二级教学、科研、教辅机构专职党务岗位总数的15%。学校二级教学、科研和教辅机构的行政领导岗位，一般应由具有相应专业技术背景的人员担任，受聘在此类岗位的专业技术人员，不作为“双肩挑”人员。

第三十一条　专职辅导员是指在学院专职从事大学生日常思想政治教育工作的人员，包括学院党委副书记、学工办主任、团委书记等副处级及以下从事学生工作的人员，具有教师和管理人员双重身份。专职辅导员实行专业技术职务和管理岗位“双线”晋升，在其专业技术职务或管理岗位等级发生变动时，可通过自主选择占相应专业技术岗位或管理岗位数。“双线晋升”应以专业技术职务晋升为主，管理职级晋升为辅，在同一聘期内可就高选择专业技术职称等级或管理职级核定国家工资，绩效工资按学校分配办法执行，占专业技术岗位，管理职级数单列，不占核定的管理岗位职级数。

第三十二条　坚持按岗评聘，专业技术人员聘任专业技术岗位应具有符合岗位要求的专业技术资格。因工作需要转岗聘任的，未转评相应岗位专业技术职务的，不得晋升岗位等级。对同时设有专业技术岗位和管理岗位的财务处、图书馆等综合管理部门和教辅部门，取得相应系列专业技术职务的，可聘在专业技术岗位；未取得相应系列专业技术职务的，只能聘在管理岗位；聘期内不得调整岗位。聘在专业技术岗位的，若聘期内提任领导职务，可重新选择聘在专业技术岗位或管理岗位。

第三十三条　新调入或交流轮岗专业技术人员，在未取得本系列专业技术职务前，可以聘在相应职称的最低等级，同级转评相应系列职称后，方可按照规定晋升岗位等级或申报高一级职称。

第三十四条　本实施办法及其细则中各类各级岗位的任职年限按足年计算，从现专业技术职务聘用年份开始计算至聘用工作启动年份。同级转聘人员从转聘前专业技术职务任职时间起算。

第三十五条　专业技术人员岗位聘用申报条件中涉及教学科研项目、学术荣誉、各类奖项、成果获得等的计算时间口径为任现专业技术职务以来。

第十章　附　　则

第三十六条　医院岗位设置与聘用工作，参照本办法制定具体的实施办法。

第三十七条　本办法所依据的法律法规和政策性文件发生变化时，按新的规定执行。本办法未尽事宜按省主管部门有关文件和学校有关规定执行。

第三十八条　本办法由学校岗位设置与聘用管理工作领导小组办公室(人力资源处)负责解释。

第三十九条　本办法及实施细则自颁布之日起施行，《×大学岗位设置与聘用暂行办法》同时废止。

附件 1　×大学教师岗位设置与聘用实施细则

附件 2　×大学其他专业技术岗位设置与聘用实施细则

附件 3　×大学管理岗位设置与聘用实施细则

附件 4　×大学工勤技能岗位设置与聘用实施细则

附件 1　×大学教师岗位设置与聘用实施细则

为做好我校教师岗位的设置、聘用和管理工作，完善以岗位设置管理为中心的人才遴选、使用、评价、激励与保障机制，根据《江苏省高等学校岗位设置管理实施意见》及《×大学岗位设置与聘用管理办法》，制定本实施细则。

一、岗位设置

(一) 设置范围

学校专任教师和专职辅导员。

(二) 岗位名称和岗位等级

1. 教师岗位等级设十二级，具体设置为：高级岗位分 7 个等级，其中正高级教师岗位分为一至四级，副高级教师岗位分为五至七级；中级教师岗位分 3 个等级，即八至十级；初级教师岗位分 2 个等级，即十一至十二级。

2. 教师岗位名称及等级

(1) 正高级教师岗位名称为：教授一级岗位、教授二级岗位、教授三级岗位、教授四级岗位，分别对应专业技术一至四级岗位。

(2) 副高级教师岗位名称为：副教授一级岗位、副教授二级岗位、副教授三级岗位，分别对应专业技术五至七级岗位。

(3) 中级教师岗位名称为：讲师一级岗位、讲师二级岗位、讲师三级岗位，分别对应专业技术八至十级岗位。

(4) 初级教师岗位名称为：助教一级岗位、助教二级岗位，分别对应专业技术十一级、十二级岗位。

（三）岗位结构比例

专业技术正高级岗位中，二级、三级、四级之间的比例分别为 2∶4∶4；副高级岗位中，五级、六级、七级之间的比例为 3∶3∶4；中级岗位中，八级、九级、十级之间的比例为 3∶4∶3；初级岗位中，十一级、十二级之间的比例为 5∶5。

在不突破专业技术岗位结构比例的前提下，高级岗位的数量向专任教师岗位倾斜。专职辅导员岗位不设专业技术二级岗位，专业技术三、四级岗位结构比例按 1∶9 设置，专业技术五、六、七级岗位结构比例按 1∶3∶6 设置，专业技术八、九、十级岗位之间的结构比例为 3∶4∶3，专业技术十一级和十二级岗位之间的结构比例为 5∶5。

二、岗位职责

（一）教授一至四级岗位基本职责

1. 师德风尚：拥护中国共产党的领导，遵守国家宪法和法律，自觉践行社会主义核心价值观，具有良好的思想政治素质和师德师风修养，以德立身，以德立学，以德施教，爱岗敬业，为人师表，教书育人；热爱科学，追求真理，自觉遵守学术道德和学术规范；坚持教书与育人相统一、言传与身教相统一、潜心问道与关注社会相统一、学术自由与学术规范相统一。

2. 立德树人：落实立德树人的根本任务，治学严谨，遵循教学规律，教学经验丰富，教学效果优秀，形成良好影响的教育理念和教学风格。在教学改革、课程建设等方面取得创造性成果，发挥示范引领作用。深化教育教学改革，创新教学模式，更新教学内容，指导本科生和研究生开展学术创新活动和专业实践活动，不断提高人才培养质量。

3. 科学研究：关注国家重大战略需求、社会实践突出问题和国际科学技术前沿，积极争取并主持有重大理论或实践价值的科研项目，努力解决科学技术和社会实践领域重大问题，产出标志性成果，推动理论创新和技术进步。

4. 学科建设：积极参与所在学科（方向）的学科规划、评估和申报工作；主持或参与学科平台（基地）与重点学科、特色学科（专业）建设工作，凝聚和引领学科队伍，推动学科平台和学术队伍持续健康发展；积极参与国际国内学术组织的重大活动，推介本校学科新人和学术成果，保持或扩大学科优势，不断扩大本学科在国内外的影响。

5. 团队建设：负责或参与本学科团队建设、学科骨干的引进与培养，创建规模适当、结构合理、敬业爱岗、团结创新的高水平科技创新团队或教学团队。

6．学术交流：积极倡导和开展学术交流，积极参加国际国内学术会议并提交论文或发表研究报告；邀请知名学者来校讲学或访问；参与社会热点问题讨论；主讲学术讲座或组织学术沙龙等。

7．社会服务：积极承担或参与学校管理服务工作，参与学校发展规划及重大政策的调研、起草、讨论和修订，为学校科学发展积极贡献力量；组织或参与以知识和技术为基础的各类公益性社会服务活动；通过专题研究、技术推广、成果转化、咨询服务等多种方式为经济社会发展做贡献，提高学校服务国家和地方经济社会发展的能力和水平。

（二）副教授一至三级岗位基本职责

1．师德风尚：拥护中国共产党的领导，遵守国家宪法和法律，自觉践行社会主义核心价值观，具有良好的思想政治素质和师德师风修养，以德立身，以德立学，以德施教，爱岗敬业，为人师表，教书育人。

2．立德树人：落实立德树人的根本任务，治学严谨，遵循教学规律，教学效果优秀，在教学改革、课程建设以及人才培养等方面取得创造性成果，具有较好的示范引领作用。

3．科学研究：关注国家重大战略需求、社会实践突出问题和国际科学技术前沿，积极争取并主持有重大理论或实践价值的科研项目，努力解决重大问题，产出标志性成果。

4．学科建设：积极参与所在学科（专业）的学科、平台（基地）以及重点（特色）专业等建设工作；积极参与国际国内学术组织的重大活动，不断扩大本学科在国内外的影响。

5．团队建设：负责或参与本学科团队建设、学科骨干的引进与培养，创建规模适当、结构合理、敬业爱岗、团结创新的高水平的科技创新团队或教学团队。

6．学术交流：积极参加国际国内学术会议并提交论文或发表研究报告；邀请知名学者来校讲学或访问；参与社会热点问题讨论；主讲学术讲座或组织学术沙龙等。

7．社会服务：积极承担或参与学校管理服务工作、公益性社会服务及合作，提高学校服务国家和地方经济社会发展的能力和水平。

副教授各级岗位具体职责由各学院根据学科发展状况、教学科研需要及岗位工作性质、特点制定。

（三）讲师一至三级岗位基本职责

1. 师德风尚：拥护中国共产党的领导，遵守国家宪法和法律，自觉践行社会主义核心价值观，具有良好的思想政治素质和师德师风修养，以德立身，以德立学，以德施教，爱岗敬业，为人师表，教书育人。

2. 立德树人：落实立德树人的根本任务，治学严谨，遵循教学规律，教学效果优秀，在教学改革、课程建设以及人才培养等方面取得创造性成果，具有较好的示范引领作用。

3. 科学研究：关注国家重大战略需求、社会实践突出问题和国际科学技术前沿，积极争取并主持有重大理论或实践价值的科研项目，努力解决重大问题，产出标志性成果。

4. 学科建设：积极参与所在学科（专业）的学科、平台（基地）以及重点（特色）专业等建设工作；积极参与国际国内学术组织的重大活动，不断扩大本学科在国内外的影响。

5. 团队建设：负责或参与本学科团队建设、学科骨干的引进与培养，创建规模适当、结构合理、敬业爱岗、团结创新的高水平的科技创新团队或教学团队。

6. 学术交流：积极参加国际国内学术会议并提交论文或发表研究报告；邀请知名学者来校讲学或访问；参与社会热点问题讨论；主讲学术讲座或组织学术沙龙等。

7. 社会服务：积极承担或参与学校管理服务工作、公益性社会服务及合作，提高学校服务国家和地方经济社会发展的能力和水平。

讲师各级岗位具体职责由各学院根据学科发展状况、教学科研需要及岗位工作性质、特点制定。

（四）助教一、二级岗位基本职责

1. 师德风尚：拥护中国共产党的领导，遵守国家宪法和法律，自觉践行社会主义核心价值观，具有良好的思想政治素质和师德师风修养，以德立身，以德立学，以德施教，爱岗敬业，为人师表，教书育人。

2. 立德树人：落实立德树人的根本任务，治学严谨，遵循教学规律，教学效果优秀，在教学改革、课程建设以及人才培养等方面取得创造性成果，具有较好的示范引领作用。

3. 科学研究：关注国家重大战略需求、社会实践突出问题和国际科学技术前沿，积极争取并主持有重大理论或实践价值的科研项目，努力解决重大问题，产出标志性成果。

4. 学科建设:积极参与所在学科(专业)的学科、平台(基地)以及重点(特色)专业等建设工作;积极参与国际国内学术组织的重大活动,不断扩大本学科在国内外的影响。

5. 团队建设:负责或参与本学科团队建设、学科骨干的引进与培养,创建规模适当、结构合理、敬业爱岗、团结创新的高水平的科技创新团队或教学团队。

6. 学术交流:积极参加国际国内学术会议并提交论文或发表研究报告;邀请知名学者来校讲学或访问;参与社会热点问题讨论;主讲学术讲座或组织学术沙龙等。

7. 社会服务:积极承担或参与学校管理服务工作、公益性社会服务及合作,提高学校服务国家和地方经济社会发展的能力和水平。

助教各级岗位具体职责由各学院根据学科发展状况、教学科研需要及岗位工作性质、特点制定。

(五) 专职辅导员岗位职责

专职辅导员的岗位职责由学生工作部(处)、各学院根据国家和学校的有关文件规定制定。

三、岗位聘用申报条件

(一) 教授一级岗位聘用申报条件

专业技术一级岗位是国家专设的特级岗位,人岗合一,由国家直接确定。教授一级岗位应为院士及其他为国家做出重大贡献的一流人才。

(二) 教授二级岗位聘用申报条件

已聘用在教授二级岗位的人员,根据聘期考核情况决定是否续聘。教授二级岗位的基本任职条件按照省有关规定执行。

(三) 教授三级岗位聘用申报条件

已聘用在教授三级岗位的人员,根据聘期考核情况决定是否续聘。在本学科领域具有较高的学术成果,为本学科某一方向的学术带头人,担任正高级专业技术职务满 5 年符合下列条件之二者、担任正高级专业技术职务满 10 年符合下列条件之一者,可按照有关规定和程序评选聘用到教授三级岗位:

1. 教育部高等学校各科类教学指导委员会、教育部研究生专业学位指导委员会委员;

2. 享受国务院政府特殊津贴者;

3. 省“333 高层次人才培养工程”第二层次人选;“五个一工程”入选者。

4. 省级教学名师;

5. 国家科技三大奖特等奖或一等奖(前七名)或二等奖(前五名)获得者;

6. 国家级教学成果奖二等以上奖励获得者,其中特等奖(前五名)、一等奖(前三名)、二等奖(前二名),省级教学成果特等奖(前二名)、一等奖获得者(第一名);

7. 省部级科技进步奖或省部级哲学社会科学优秀成果奖获得者:其中一等奖(前三名)、二等奖(前二名);

8. 国家社会科学基金项目优秀成果文库入选者;

9. 国家优秀教材一等奖获得者(前二名)、二等奖获得者(第一名);

10. 全国百篇优秀博士论文提名奖或省优秀博士论文奖第一指导教师;

11. 国家高技术研究发展计划("863"计划)项目主持人;

12. 国家重点基础研究发展计划("973"计划)项目一级子课题主持人;

13. 主持国家自然科学(社会科学)基金项目 2 项及以上或国家重点、重大研究计划 1 项;

14. 国家重点研发课题负责人;

15. 任现职以来,在校地合作研究院、研发中心、基地、平台、大学科技园入园项目等担任负责人,从事科技开发、成果转化、技术推广或校地(企)社会合作与服务等工作,取得重大经济效益和社会效益,人文社科类学科横向项目累计到账经费 300 万元以上;自然科学类学科来横向项目累计到账经费 1 200 万元以上;

16. 国家教学质量工程系列等项目负责人;

17. 国家研究生创新教育工程平台负责人;

18. 省部级重点学科、实验室、工程中心、协同创新中心负责人;

19. 人文社科类以第一作者在《中国社会科学》发表论文 1 篇,或以第一作者在×大学 A 类期刊榜发表论文 3 篇,或以第一作者或通讯作者在外文顶级期刊发表论文 1 篇;理科医科农科类以第一作者或通讯作者发表 3 篇 SCI 一区论文;工科类以第一作者或通讯作者发表 3 篇 SCI 二区论文。或以第一作者或通讯作者所发表的论文单篇 SCI、SSCI 他引达到 50 次者。

担任正高级专业技术职务满 15 年,具有良好的学术声誉,教学科研业绩突出,且在学校改革发展、学科建设、人才培养、队伍建设等全局性工作中做出公认的重要贡献者,可按照有关规定和程序评选聘用到教授三级岗位。

(四) 教授四级岗位聘用申报条件

具有正高级专业技术职务,考核合格,可按有关规定和程序直接聘用到教授四级岗位。已聘用在教授四级岗位的人员，根据聘期考核情况决定是否续聘。

（五）副教授一级及以下岗位聘用申报条件

学校规定岗位基本申报条件，各学院结合具体情况制定学院副教授一级及以下岗位聘用申报条件，报学校批准后执行。

1. 副教授岗位聘用基本年限要求

(1) 担任副高级专业技术职务满10年，可申请副教授一级岗位。

(2) 担任副高级专业技术职务满5年，可申请副教授二级岗位。

2. 教学科研业绩突出的教师可不受上述年限要求限制，直接聘用到副教授相应岗位，具体要求由各学院制定。

（六）专业技术四、七、十、十二级岗位的任职条件，仍按现行专业技术职务任职资格评审条件和国家规定的相关职业资格准入的有关条件、规定执行。

四、聘期考核

聘任在教师岗位的人员聘期考核主要由年度考核和聘期任务考核组成，年度考核按照学校教职工年度考核和教师基本工作量考核相关文件规定执行。

（一）教授二级岗位聘期任务

1. 聘期内教学、科研、公共事务三项工作量达到《×大学教师基本工作量要求暂行规定》中相应类型的基本工作量要求，并完成所在学院/部门的各项任务要求。

2. 每年按计划完成指导青年教师和培养研究生任务。

3. 聘期内主讲有关本学科研究前沿的讲座或报告；邀请国际知名学者来校讲学至少1次；每年参加全国或国际学术会议一次并提交会议论文或做报告。

4. 获得下列成果之一者，视同完成目标任务

① 教学成果：获得国家级教学成果奖二等及以上奖励(特等奖前6，一等奖前5，二等奖前3)；或获得省部级优秀教学成果二等及以上奖励(特等奖前3，一等奖前2，二等奖前1)；或主持省级及以上教学工程项目(含教学团队、专业建设、课程建设、教学实验中心等)1项；或主编/副主编教材获得国家级教材奖1项；或主编“马工程”重点教材1部；或主编省级及以上重点/规划教材1部；或主持省级及以上教学研究课题项目(国家级排名前2，省级主持)；或获得“金讲台”奖；或独立或以第一作者发表核心期刊教学研究论文2篇。

② 作为第一指导教师：指导学生在学科竞赛排行榜项目中获全国一等(金)奖及以上1项或省级二等(银)奖2项；或指导本科生获省级优秀毕业设计(论文)一等奖；或指导学生获国家级创新创业训练计划项目2项。

③ 自然科学类获得国家自然科学奖、国家科技进步奖、国家技术发明奖(一等奖前5，二等奖前3)；或获得省部级科技成果二等奖及以上奖励(一等奖前2，二等奖前1)。

人文社科类获得国家社科基金结题鉴定优秀等次，或获得省部级人文社会科学优秀成果二等以上奖励。

④ 入选国家级人才工程项目。

⑤ 主持国家级重大重点项目1项。

⑥ 自然科学类：发表一级及以上期刊论文不少于2篇，其中顶级期刊论文不少于1篇；或发表顶尖期刊论文不少于1篇。

人文社科类：研究成果入选《国家哲学社会科学优秀成果文库》，或在国家社会科学基金成果专刊刊发成果1篇及以上；或发表二级及以上期刊论文不少于2篇，其中一级期刊论文不少于1篇；或发表顶级期刊论文不少于1篇。

⑦ 指导的博士研究生论文入选省优秀博士学位论文。

⑧ 其他与上述条件相当的标志性成果。

5. 获得下列成果之二者，视同完成目标任务

① 教学成果：参与获得省部级及以上优秀教学成果奖1项；或参与获得省级及以上教学工程项目(含教学团队、专业建设、课程建设、教学实验中心等)1项(前2)；或参编的教材获国家级教材奖1项；或副主编省部级及以上重点/规划教材1部；或参与校级及以上教学研究课题项目(省级排名前2，校级主持)；或获校教学竞赛二等奖(教学奖)及以上1项；或独立或以第一作者在核心期刊发表教学研究论文1篇。

② 作为第一指导教师：指导学生在学科竞赛排行榜项目中获省级三等(铜)奖及以上1项；或指导本科生获省级优秀毕业设计(论文)；或指导学生获省级及以上创新创业训练计划项目1项。

③ 自然科学类主持省部级及以上课题1项，或聘期内到账科研经费不少于30万元；人文社科类主持省部级及以上课题1项，或聘期内到账科研经费不少于15万元。

④ 自然科学类发表三级及以上期刊论文不少于2篇，其中二级及以上期刊论文至少1篇。人文社科类发表学术期刊榜论文不少于2篇，其中三级及

以上期刊论文至少1篇；或发表三级及以上期刊论文1篇，另出版学术专著1部。

⑤ 自然科学类通过技术转让、技术入股、咨询服务等为学校创经济效益25万元以上；人文社科类通过咨询服务等为学校创经济效益10万元以上；或产出C类以上智库类科研成果2项（或B类1项）。

⑥ 自然科学类获得国家自然科学奖、国家科技进步奖、国家技术发明奖（一等奖前8，二等奖前5）；或获得省部级科技成果或人文社科类成果三等奖（一等奖前3，二等奖前2，三等奖前1）；或人文社科类获得国家社科基金结题鉴定良好等次。

⑦ 指导的硕士研究生论文入选省优秀硕士学位论文。

⑧ 个人或以指导教师的身份在文学艺术创作或艺术竞赛、展演中获得国家级（或行业最高规格）三等以上奖励或荣誉（或省级一等奖）；体育学科在全国性比赛获得个人项目前3名（或省级前2名）或团体项目前5名（或省级3）。

⑨ 其他与上述条件相当的代表性成果。

备注：① 发表论文须以×大学为第一单位，本人须为第一作者或通讯作者。② 本文中未列出的科研业绩和成果根据科学技术处和人文社科处认定的标准执行；未列出的教学业绩和成果根据教务处认定的标准执行。③ 完成更高层次目标任务者等同完成本层次目标任务。④ 体育、艺术、烹饪等领域参照本办法执行。

（二）教授三级岗位聘期任务

1. 聘期内教学、科研、公共事务三项工作量达到《×大学教师基本工作量要求暂行规定》中相应类型的基本工作量要求，并完成所在学院/部门的各项任务要求。

2. 每年按计划完成指导青年教师和培养研究生任务。

3. 聘期内主讲有关本学科研究前沿的讲座或报告，至少参加全国或国际学术会议一次并提交会议论文或做报告。

4. 获得下列成果之一者，视同完成目标任务

① 教学成果：获得国家级教学成果奖二等及以上奖励（特等奖前9，一等奖前6，二等奖前4）或获得省部级优秀教学成果二等及以上奖励（特等奖前5，一等奖前3，二等奖前2）；或参与校级及以上教学工程项目（含教学团队、专业建设、课程建设、教学实验中心等）1项（省级前2，校级主持）；或副主编教材获得国家级教材奖1项；或副主编“马工程”重点教材1部，或副主编省级及以上重点/规划教材1部；或主持省级及以上教学研究课题项目1项；或

获省教学竞赛二等奖及以上1项；或独立或以第一作者发表核心期刊教学研究论文2篇。

② 作为第一指导教师：指导学生在学科竞赛排行榜项目中获全国二等（银）奖及以上1项或省级三等（铜）奖及以上2项；或指导本科生获省级优秀毕业设计（论文）二等奖及以上；或指导学生获省部级及以上大学生创新创业训练计划项目2项（其中国家级至少1项）。

③ 获得国家自然科学奖、国家科技进步奖、国家技术发明奖（一等奖前6，二等奖前4）；或获得省部级科技成果三等奖或社科成果三等奖（一等奖前3，二等奖前2，三等奖前1）。

④ 入选国家级人才工程青年项目；或入选省部级重点人才工程项目（江苏特聘教授、省“双创计划”双创人才和团队核心成员、省“333工程”一二层次、省级团队项目负责人等）。

⑤ 自然科学类：发表顶级期刊论文不少于1篇。

人文社科类：研究成果入选《国家哲学社会科学优秀成果文库》，或在国家社会科学基金成果专刊刊发成果1篇及以上；或发表二级及以上期刊论文2篇。

⑥ 指导的硕士研究生论文入选省优秀硕士学位论文。

⑦ 新增主持国家级科研项目1项。

⑧ 其他与上述条件相当的标志性成果。

5. 获得下列成果之二者，视同完成目标任务

① 教学成果：主持获得校级教学成果奖一等奖1项；或获得校级及以上教学工程项目（含教学团队、专业建设、课程建设、教学实验中心等）1项（省级前5，校级主持）；或参编的教材获得国家级教材奖1项；或副主编的教材入选校级及以上重点/规划教材1部；或参与校级及以上教学研究课题项目（省级排名前3，校级主持）；或获校教学竞赛二等奖（教学奖）及以上1项。

② 作为第一指导教师：指导学生在学科竞赛排行榜项目中获省级三等（铜）奖及以上1项；或指导学生获校级及以上优秀本科毕业设计（论文）；或指导学生获校级及以上创新创业训练计划项目2项（其中至少1项为省级项目）。

③ 自然科学类主持省部级及以上课题1项，或聘期内到账科研经费不少于25万元。人文社科类主持省部级及以上课题1项，或聘期内到账科研经费12万元。

④ 自然科学类发表三级及以上期刊论文不少于2篇。人文社科类发表

学术期刊榜论文不少于2篇；或发表学术期刊榜论文1篇，另出版学术专著1部。

⑤ 自然科学类通过技术转让、技术入股、咨询服务等为学校创经济效益20万元以上；人文社科类通过咨询服务等为学校创经济效益8万元以上；或产出C类以上智库类科研成果1项。

⑥ 自然科学类获得国家自然科学奖、国家科技进步奖、国家技术发明奖（二等奖前8）；或获得省部级科技成果三等奖或社科成果三等奖（一等奖前4，二等奖前3，三等奖前2）。

⑦ 个人或以指导教师的身份在文学艺术创作或艺术竞赛、展演中获得国家级（或行业最高规格）优秀奖以上奖励或荣誉（或省级二等奖）；体育学科在全国性比赛获得前5名（或省级前3名）或获得团体项目前8名（或省级前5名）。

⑧ 其他与上述条件相当的代表性成果。

备注：① 发表论文须以×大学为第一单位，本人须为第一作者或通讯作者。② 本文中未列出的科研业绩和成果根据科学技术处和人文社科处认定的标准执行；未列出的教学业绩和成果根据教务处认定的标准执行。③ 完成更高层次目标任务者等同完成本层次目标任务。④ 体育、艺术、烹饪等领域参照本办法执行。

（三）教授四级岗位聘期任务

1. 聘期内教学、科研、公共事务三项工作量达到《×大学教师基本工作量要求暂行规定》中相应类型的基本工作量要求，并完成所在学院/部门的各项任务要求。

2. 每年按计划完成培养研究生任务。

3. 聘期内至少参加全国或国际学术会议一次并提交会议论文或做报告。

4. 获得下列成果之一者，视同完成目标任务。

① 教学成果：参与获得国家级教学成果奖二等及以上奖励；或获得省部级优秀教学成果二等及以上奖励（特等奖前7，一等奖前4，二等奖前3）；或参与校级及以上教学工程项目（含教学团队、专业建设、课程建设、教学实验中心等）1项（省级前4，校级前2）；或参编的教材获得国家级教材奖1项；或编写的教材入选校级及以上重点/规划教材（省部级以上副主编、校级主编）；或获校级教学竞赛（教学奖）一等奖及以上1项；或独立或以第一作者在核心期刊发表教学研究论文2篇。

② 作为第一指导教师：指导学生在学科竞赛排行榜项目中获全国三等(铜)奖及以上1项或省级三等(铜)奖及以上2项；或指导本科生获省级优秀毕业设计(论文)；或指导学生获国家级大学生创新创业训练计划项目1项。

③ 自然科学类获得国家自然科学奖、国家科技进步奖、国家技术发明奖(二等奖前5)；或获得省部级科技成果三等奖或社科成果三等奖(一等奖前4,二等奖前3,三等奖前2)；或人文社科类获得国家社科基金结题鉴定良好等次。

④ 入选省部级人才工程项目(省"333工程"第三层次、青蓝工程等)。

⑤ 自然科学类：发表一级及以上期刊论文不少于2篇。

人文社科类：研究成果入选《国家哲学社会科学优秀成果文库》,或在国家社会科学基金成果专刊刊发成果1篇及以上；或发表三级及以上期刊论文不少于2篇,其中二级及以上期刊论文至少1篇。

⑥ 新增主持省部级及以上科研项目1项。

⑦ 其他与上述条件相当的标志性成果。

5. 获得下列成果之二者,视同完成目标任务。

① 教学成果：获得校级优秀教学成果奖二等奖以上(一等前3、二等前2)；或参与校级及以上教学工程项目(含教学团队、专业建设、课程建设、教学实验中心等)1项(前3)；或主编出版教材1部；或参与校级及以上教学研究课题项目1项(省级排名前3,校级前2)；或获校级教学竞赛奖(教学奖)1项；或独立或以第一作者在核心期刊发表教学研究论文1篇。

② 作为第一指导教师：指导学生获学科竞赛省级获奖；或指导学生获校级及以上优秀本科毕业设计(论文)；或指导学生获校级及以上创新创业训练计划项目2项。

③ 自然科学类主持省部级及以上课题1项,或聘期内到账科研经费不少于20万元；人文社科类主持省部级及以上课题1项,或聘期内到账科研经费不少于10万元。

④ 自然科学类发表四级及以上期刊论文不少于2篇,其中三级及以上期刊论文至少1篇。人文社科类发表核心期刊及以上论文不少于2篇(其中学术期刊榜论文不少于1篇)；或发表核心期刊论文1篇,另出版学术专著1部。

⑤ 自然科学类通过技术转让、技术入股、咨询服务等为学校创经济效益15万元以上；人文社科类通过咨询服务等为学校创经济效益6万元以上；或产出智库类科研成果不少于1项。

⑥ 获得省部级科技成果三等奖或社科成果三等奖(一等奖前5,二等奖前4,三等奖前3),或社会力量颁发的教学、科研优秀成果奖励全国三等奖以上(一等奖前4,二等奖前5,三等奖前2),或市厅级教学科研优秀成果奖励二等奖(一等奖前3,二等奖前2)。

⑦ 个人或以指导教师的身份在全国性文学艺术创作评奖或艺术竞赛、展演中获得奖励或荣誉(或省级三等奖);体育学科在全国性比赛个人项目获得前8名(或省级前5名)或团体项目获得计分名次(或省级前8名)。

⑧ 其他与上述条件相当的代表性成果。

备注:① 发表论文须以×大学为第一单位,本人须为第一作者或通讯作者。② 本文中未列出的科研业绩和成果根据科学技术处和人文社科处认定的标准执行;未列出的教学业绩和成果根据教务处认定的标准执行。③ 完成更高层次目标任务者等同完成本层次目标任务。④ 体育、艺术、烹饪等领域参照本办法执行。

(四) 副教授岗位聘期任务

突出教书育人实绩,认真履行岗位职责,承担本科生教育教学及科学研究任务,聘期内教学、科研、公共事务三项工作量达到《×大学教师基本工作量要求暂行规定》中相应类型的基本工作量要求,并完成所在学院/部门的各项任务要求。

聘期内完成教书育人或科学研究成果之一者,视为完成目标任务。

1. 教书育人成果:

① 作为第一指导教师,指导本科生获校级优秀毕业设计(论文)及以上奖项。

② 作为第一指导教师,指导学生获校级及以上大学生创新创业训练计划项目1项。

③ 作为指导教师,指导学生参加“互联网+”“挑战杯”“创青春”大赛项目获省级三等(铜)奖及以上(国家级排名前8,省级排名前4)。

④ 作为第一指导教师,指导学生在学科竞赛排行榜项目中获省级奖项。

⑤ 作为第一指导教师,指导本科生以第一作者发表高质量论文1篇。

⑥ 获得×大学“年度最受学生欢迎的任课教师”1次。

⑦ 获省级及以上教学工程项目(含教学团队、专业建设、课程建设、教学实验中心等)1项(国家级排名前5、省级排名前4)。

⑧ 获省级及以上教改项目1项(国家级排名前5、省级排名前3)。

⑨ 独立或以第一作者在核心期刊发表教学研究论文1篇及以上。

⑩ 获校级及以上教学竞赛奖(本科教学奖)。

⑪ 主编或参编“马工程”重点教材1部,或参编省级及以上重点/规划教材1部。

⑫ 获省级及以上教学成果奖(国家级排名前8,省级排名前4)1项,或以参编身份获省级及以上教材奖1项,或获校级教学成果一等奖1项(排名前3)。

2. 科学研究成果:

① 主持国家级项目1项或省部级重点项目1项。

② 独立或以第一作者在高水平期刊发表本专业高水平、有创见的学术论文(不与教学研究论文重复):人文社科类学科2篇高水平论文或1篇权威期刊论文,或正式出版高水平、有创见性的本专业个人学术专著1部;理科医科农科类学科2篇高水平论文,或1篇2级以上论文;工科类学科2篇高水平论文,或1篇3级以上论文。

③ 获国家级科研成果二等奖,或省部级一等奖(排名前五)或二等奖(排名前三)或三等奖(第一名)1项,或获市厅级科研成果二等奖以上奖励(第一名)1项。

④ 获国际授权专利(排名前3)1项或国家授权发明专利(排名第1)1项,同时有专利转让并产生经济效益;或申报获批国家级新医(农、兽)药证书或审定省级以上新品种1项(排名前三)。

⑤ 主持制定省级及以上标准1项。

⑥ 获得×大学智库类、创作类D类以上成果。

⑦ 从事科学技术开发、科研成果推广、农业技术推广工作或政策决策咨询,人文社科类累计横向到账经费10万元以上,自然科学类累计横向到账经费40万元以上。

⑧ 其他与上述条件相当的科研成果。

(五) 讲师岗位聘期任务

突出教书育人实绩,认真履行岗位职责,承担本科生教育教学及科学研究任务,聘期内教学、科研、公共事务三项工作量达到《×大学教师基本工作量要求暂行规定》中相应类型的基本工作量要求,并完成所在学院/部门的各项任务要求。

聘期内完成教书育人或科学研究成果之一者,视为完成目标任务。

1. 教书育人成果:

① 参与指导本科生获校级优秀毕业设计(论文)。

② 作为第一指导教师,指导学生获校级及以上大学生创新创业训练计

划项目。

③ 作为指导教师，指导学生参加“互联网＋”“挑战杯”“创青春”大赛项目获省三等(铜)奖及以上(国家级排名前8，省部级排名前4)。

④ 作为第一指导教师，指导学生在学科竞赛排行榜项目中获省三等(铜)奖及以上。

⑤ 作为第一指导教师，指导本科生以第一作者发表高质量论文1篇。

⑥ 获得×大学“年度最受学生欢迎的任课教师”1次。

⑦ 获省级以上教学工程项目(含教学团队、专业建设、课程建设、教学实验中心等)1项(国家级排名前8、省部级排名前6)或主持完成校级教学工程项目1项。

⑧ 获省级教改项目1项(省级排名前4)。

⑨ 独立或以第一作者发表教学研究论文1篇。

⑩ 获校级及以上教学竞赛(本科教学奖)二等奖及以上奖项。

⑪ 参编“马工程”重点教材或省级及以上重点/规划教材1部。

⑫ 获省级及以上教学成果奖1项(排名前8)，或以参编身份获省级及以上教材奖1项，或获校级教学成果奖1项(排名前3)。

2. 科学研究成果：

① 主持省部级项目1项。

② 独立或以第一作者在高水平期刊发表本专业高水平、有创见的学术论文(不与教学研究论文重复)1篇。

③ 获省部级以上科研成果奖(排名前3)1项，或获市厅级科研成果一等奖(排名前3)1项。

④ 获国家授权发明专利1项。

⑤ 主持制定省级或者行业标准1项。

⑥ 获得×大学智库类、创作类成果(排名前3)。

⑦ 出版学术专著1部。

⑧ 其他与上述条件相当的科研成果。

(六) 助教岗位聘期任务

突出教书育人实绩，认真履行岗位职责，承担本科生教育教学及科学研究任务，聘期内教学、科研、公共事务三项工作量达到《×大学教师基本工作量要求暂行规定》中相应类型的基本工作量要求，并完成所在学院/部门的各项任务要求。

聘期内完成教书育人成果之一，且完成科学研究成果之一，视为完成目标任务。或完成高质量成果之一，视为完成目标任务。

1. 教书育人成果：

① 突出教育教学实绩，认真履行教育教学职责，上好每一节课、关爱每一个学生。

② 年均教学工作量须达到《×大学教师基本工作量要求暂行规定》中对应类型的基本要求。

③ 系统担任1门以上课程的讲授工作，教学综合考核在良好以上。

④ 承担1门以上课程的辅导、答疑、课堂讨论、习题课、实验课等教学工作，专业课和实践课教师还须指导过学生的实习、毕业论文、毕业设计等教学环节，教学效果良好。

⑤ 善于结合学生思想特点，做好学生思想工作，关心学生成长；担任班主任、辅导员等学生管理服务工作并考核合格。

2. 科学研究成果：

① 独立或以第一作者在省级以上期刊公开发表本专业学术论文2篇以上。

② 参加编撰正式出版的学术专著或教材（本人撰写3万字以上），同时独立或以第一作者在省级以上期刊发表本专业学术论文1篇以上。

3. 高质量成果：

① 发表1篇核心期刊论文。

② 有与本专业相关的国家授权发明专利（第一名）1项。

③ 有实用新型专利（第一名）1项。

各学院应在此基础上，结合实际情况，规定教师各级岗位和专职辅导员岗位的聘期任务。

五、若干情况规定

1. 如在聘期内获得重大教学、科研成果等，经个人申请、相关专家认定，可酌情计入完成的聘期任务，按成果级别视为完成聘期任务。

2. 学校引进的高层次人才，综合考察其学术成就、学术影响、学术资历等因素，参照本办法中各层次及等级岗位聘用的学术条件，由学校根据校内外同行专家的学术评价确定其聘用的岗位等级。

3. 新入校人员按其所具备的相应专业技术职务任职基本条件、学术水平和能力，聘用到相应层次的等级岗位。博士后研究人员工作期满出站后可聘用至专业技术八级岗位；博士毕业生聘用至专业技术十级岗位；硕士毕业生聘用至专业技术十二级岗位，工作满1年考核合格，可聘用在专业技术十一级岗位。

4. 聘期内获高一等级专业技术职务任职资格者，或我校职工新调整到教师岗位且具有相应等级专业技术职务任职资格者，如其任职资格所对应的专业技术岗位有空缺，直接聘用到该层级岗位的最低等级，在没有取得高校教师专业技术职务前，不得晋升更高等级岗位。

附件2　×大学其他专业技术岗位设置与聘用实施细则

为建设一支高素质的专业技术人员队伍，保障学校教学科研工作的顺利进行，根据《×大学岗位设置与聘用管理办法》，制定本实施细则。

一、岗位设置

（一）岗位设置原则。根据学校整体事业发展的客观需要，统筹兼顾，优化结构，协调发展，有利于人才培养质量和科学研究水平的不断提高，保障教学、科研工作的顺利进行。

（二）岗位设置范围。其他专业技术岗位是除教师岗位外的所有专业技术岗位的统称，主要包括实验岗位（实验室）、工程技术岗位（工程实验信息中心）、图书资料岗位（图书馆资料室校史馆）、编辑出版岗位（学报、校报）、医疗卫生岗位（校医院）、会计审计（财务处、审计处）等。

（三）岗位数量。其他专业技术岗位一般不超过学校岗位总量的15%。学校根据各单位其他专业技术工作的实际需要，核定各单位的专业技术岗位数量。

（四）岗位等级。其他专业技术岗位分为11个等级。包括正高级岗位、副高级岗位、中级岗位、初级岗位。其他专业技术岗位不设专业技术二级岗位，正高级岗位分两个等级，分别对应专业技术三和四级岗位；副高级岗位分三个等级，分别对应专业技术五至七级岗位；中级岗位分三个等级，分别对应专业技术八至十级岗位；初级岗位分三个等级，分别对应专业技术十一至十三级岗位，其中十三级是员级岗位。

（五）岗位结构比例。其他专业技术正高级、副高级、中级和初级岗位结构比例为5∶20∶60∶15。正高三、四级岗位之间的结构比例为1∶9；副高五、六、七级岗位之间的结构比例为1∶3∶6；中级八、九、十级岗位之间的结构比例为3∶4∶3；初级十一和十二级岗位之间的结构比例为5∶5。

二、岗位职责

（一）基本职责

其他专业技术岗位人员应为教育教学、科学研究提供优质服务和得力辅助工作;总结经验,开展研究,取得一定数量和质量的专业技术成果和工作业绩。

1. 遵守中华人民共和国宪法和法律;拥护中国共产党领导和社会主义制度;遵守学校的各项规章制度。

2. 品行端正、严谨治学、为人师表、立德树人、团结协作、敬业乐群。

3. 自觉遵守并践行社会主义核心价值观,具有良好的思想政治素质和师德师风修养;传播优秀文化、潜心教书育人、关心爱护学生、坚持言行雅正、遵守学术规范、秉持公平诚信、坚守廉洁自律、积极奉献社会。

4. 具有履行相应岗位职责所需的理论水平、工作能力、专业知识和技能。

5. 积极完成学院和所在单位安排的各项工作;积极履行聘用合同、完成岗位职责和目标任务要求,接受聘期考核。

6. 其他专业技术三级岗位:

(1) 密切关注本学科领域的前沿发展,对学科建设进行规划,并参与所在学科点的学科建设工作。

(2) 负责或参与本学科的学术梯队建设,不断培养和推出优秀青年专业技术人员。

(3) 积极开展科学研究,积极争取并主持国家级项目和其他项目,积极撰写高水平学术论文、论著。

(4) 指导副高和中级专业技术人员,承担学校和学院(部门)的其他科研及社会服务等各项任务,完成岗位工作量。

7. 其他专业技术四级岗位:

(1) 密切关注本学科领域的前沿发展,参与所在学科点的学科建设工作。

(2) 负责或参与本学科的学术梯队建设,培养优秀青年教师。

(3) 积极开展科学研究,积极争取主持或参与国家级项目和其他项目,积极撰写高水平学术论文、论著。

(4) 指导副高和中级专业技术人员,承担学校和学院(部门)的其他科研及社会服务等各项任务,完成岗位工作量。

8. 其他专业技术副高级岗位:

(1) 了解本专业国内外发展动态,参与专业规划并组织实施,取得建设性成果;

(2) 积极开展工作研究和学术交流,认真钻研业务,解决工作中的技术

难题,发表较高水平的研究论文、论著;

(3) 承担相关专业技术工作,服务质量优良;

(4) 积极参与指导、培养中级和初级专业技术人员,完成岗位工作量。

9. 其他专业技术中级岗位:

(1) 承担相关业务工作,掌握履行岗位职责所需要的专业理论知识、技术和技能;

(2) 积极钻研业务,解决工作中的技术问题,发表较高水平的研究论文、论著;

(3) 积极参与指导初级专业技术人员,完成岗位工作量。

10. 其他专业技术初级岗位:

(1) 具有履行岗位职责所需要的专业理论知识、技术和技能,积极开展工作研究处理工作中的技术问题;

(2) 完成岗位工作量。

(二) 考察项目

各单位根据学校对各类各级专业技术岗位工作的基本职责,制定细化具体的岗位职责和聘期任务,由学校其他专业技术岗位聘用工作组审核后,写入聘用合同和目标任务书,作为聘期考核的依据。没有明确职责和目标任务的,不能参加岗位分级,只能聘用到相应专业技术岗位的最低等级。

1. 工程实验技术岗位。

以实验教学为主要职责的岗位主要考察:实验课程教学,实验教学成果,创新实验开发,实验设备研发、维护和使用,实验室建设、管理与服务,工程实验技术人员培养等。

以科研辅助为主要职责的岗位主要考察:实验技术开发,科研设备的研发、使用和维护,科研项目和成果,实验室建设、管理与服务,工程实验技术人员培养等。

以公共技术支撑为主要职责的岗位主要考察:公共平台的建设、维护和运行,技术开发与服务,项目技术管理与实施,工程实验技术人员培养等。

2. 图书档案、编辑出版岗位主要考察:专业技能、研究成果、学术及社会影响、管理服务工作、本单位队伍建设等。

3. 会计审计岗位主要考察:财税政策水平、会计审计制度制定、研究成果、管理服务工作、本单位队伍建设等。

4. 医疗卫生岗位主要考察:医德、医疗水平、医疗效果、掌握新知识和新技术情况、学术影响、管理服务、本单位队伍建设等。

5. 幼教岗位主要考察：教研水平、班级管理、组织活动、家长评价等。

三、岗位聘用申报条件

其他专业技术岗位聘用申报条件按照现行的专业技术职务评聘的有关规定执行。实行职业资格准入控制的专业技术岗位的基本条件，应包括国家规定的相关职业资格准入条件。

（一）其他专业技术三级岗位

在正高级专业技术岗位任职满10年；是学校相关专业技术领域发挥重要作用的带头人；专业技术工作任务饱满，在本专业领域取得较高的学术研究成果，并作出突出贡献者。

（二）其他专业技术四级岗位

在正高级专业技术岗位上任职，专业技术工作任务饱满，在本专业领域取得较高的学术研究成果，并作出突出贡献者。

（三）其他专业技术五级岗位

在副高级专业技术岗位任职满15年；能较好地履行岗位职责，承担较为重要的专业技术工作任务，在相关专业技术领域有一定的研究能力，并取得一定的成果，业绩突出。

（四）其他专业技术六级岗位

在副高级专业技术岗位任职满10年；能较好地履行岗位职责，承担较为重要的专业技术工作任务，在相关专业技术领域有一定的研究能力，并取得一定的成果，业绩突出。

（五）其他专业技术七级岗位

在副高级专业技术岗位上任职，能较好地履行岗位职责。

（六）其他专业技术八级岗位

在中级专业技术岗位任职满15年；能较好地履行岗位职责，专业技术工作任务饱满，业绩突出。

（七）其他专业技术九级岗位

在中级专业技术岗位任职满10年；能较好地履行岗位职责，专业技术工作任务饱满，业绩突出。

（八）其他专业技术十级岗位

在中级专业技术岗位任职，能较好地履行岗位职责。

（九）其他专业技术十一级岗位

在初级专业技术岗位任职满15年；能较好地履行岗位职责，专业技术工作任务饱满，业绩突出。

（十）其他专业技术十二级岗位

在初级专业技术岗位上任职，能较好地履行岗位职责。

（十一）其他专业技术十三级岗位

在员级岗位上任职，能较好地履行岗位职责。

附件3　×大学管理岗位设置与聘用实施细则

为进一步推进学校岗位设置与聘用管理工作，逐步建立管理人员领导职务、职员职级、专业技术职务“多维发展”的晋升机制，建设高素质专业化的党政管理队伍，根据《×大学岗位设置与聘用管理办法》《×大学职员制聘用管理办法（试行）》，制定本细则。

一、岗位设置

管理岗位分为8个等级，现行的厅级正职、厅级副职、处级正职、处级副职、科级正职、科级副职、科员、办事员依次分别对应管理岗位三级至十级职员。

学校各等级管理岗位的数量按照干部人事管理权限进行设置。学校五级、六级管理岗位，不超过管理岗位总数的30%，五级、六级之间的比例为1∶2；七级、八级管理岗位，不超过管理岗位总数的55%，七级、八级之间的比例为1∶1；九级管理岗位，不超过管理岗位总数的15%。

二、岗位职责

（一）基本要求

1. 遵守中华人民共和国宪法和法律，拥护中国共产党领导和社会主义制度，遵守学校的各项规章制度。

2. 品行端正、严谨治学、为人师表、立德树人、团结协作、敬业乐群。

3. 自觉遵守并践行社会主义核心价值观，具有良好的思想政治素质和师德师风修养；传播优秀文化、潜心教书育人、关心爱护学生、坚持言行雅正、遵守学术规范、秉持公平诚信、坚守廉洁自律、积极奉献社会。

4. 具有履行相应岗位职责所需的理论水平、工作能力、专业知识和技能。

5. 积极完成学校和所在单位安排的各项工作；积极履行聘用合同、完成岗位职责和目标任务要求，接受聘期考核。

（二）基本职责

1. 管理三、四级职员岗位职责按照干部人事管理权限确定。

2. 管理五、六级职员岗位职责：

(1) 主持或分管相关学院(部门)的管理工作,或者独立承担某一方面的专门性管理工作;

(2) 掌握高等教育管理理论,了解高等教育发展改革动向,为学校的发展积极献计献策;

(3) 负责拟定或独立起草本职管理工作中重要的公文或者文稿,开展业务研究;

(4) 指导下级岗位人员的工作。

3. 管理七、八级职员岗位职责:

(1) 主持学院(部门)科、室的管理工作,或者负责某一方面的专门性管理工作;

(2) 了解高等教育管理理论,为学校的发展积极献计献策;

(3) 独立起草本职管理工作中比较重要的公文或者文稿,开展业务研究;

(4) 指导下级岗位人员的工作。

4. 管理九、十级职员岗位职责:

承办具体的行政事务性工作,起草本职管理工作中一般性公文或者文稿,开展业务研究。

(三) 具体岗位职责

具体的各级岗位职责由学院(部门)根据岗位性质和目标任务确定。

三、岗位聘用条件

1. 管理岗位一般应具有大学本科以上文化程度。各等级管理岗位的基本年限要求:

(1) 五级管理岗位,须在六级管理岗位上工作2年以上;

(2) 六级及以下管理岗位,须分别在下一级管理岗位上工作3年以上;

(3) 确因工作需要,由专业技术岗位交流到管理岗位的人员,可根据干部人事管理权限和本人条件,直接聘任到相应的管理岗位。

2. 有过工作经历的新进人员一般依据学校同类人员确定。应届生毕业生初定为:大专及以下定十级职员,大学本科和硕士研究生定九级职员,博士研究生定八级职员。大学本科一年见习期满考核合格后,从见习期满开始初定九级职员;硕士研究生半年试用期考核合格后,从入职时间开始初定九级职员。

附件4 ×大学工勤技能岗位设置与聘用实施细则

为进一步提高我校工勤岗位人员的工作效率和服务水平，建立一支高效精干的工勤技能队伍，根据《×大学岗位设置与聘用管理办法》，制定本实施细则。

一、岗位设置

工勤技能岗位包括技术工岗位和普通工岗位，其中：技术工岗位分为一至五级，现有高级技师、技师、高级工、中级工、初级工分别与之对应；普通工岗位不分等级。工勤技能一级、二级、三级岗位的总量占工勤技能岗位总量的比例原则上不超过70%，其中一级、二级岗位的总量占工勤技能岗位总量的比例原则上不超过30%。

工勤技能岗位的设置要适应提高操作维护技能，提升服务水平的要求，满足学校教学科研和日常运行等需要。

由于现有工勤技能三级及以上人员结构比例已经超过上级的规定，学校原则上不再新增工勤技能岗位和聘用新的工勤人员。超过岗位设置数的单位，按照《×大学岗位设置与聘用管理办法》等文件要求，今后逐步缩减。

二、岗位职责

（一）基本职责

1. 工勤技能一级岗位

全面掌握本工种及与之相关的业务知识和操作技能，熟悉有关工艺流程，具有一定的现场设计和分析能力，能高质量地完成本工种及与之相关的任务；解决本工种岗位上关键性技术和工艺难题，积极参与技术革新和技术攻关，并积极指导和帮助初、中、高级工和技师提高业务。

2. 工勤技能二级岗位

全面掌握本工种的业务知识和操作技能，能高质量地完成本工种任务，在工作中发挥技术特长，热心传授技艺，积极指导和帮助初、中、高级工提高业务。

3. 工勤技能三级岗位

达到本岗位“应知应会”要求，熟练掌握本工种的业务知识和操作技能，在本职岗位上能起到技术尖子的作用，高质量地完成本岗位工作任务，并能指导帮助初、中级工提高业务能力。

4. 工勤技能四级岗位

达到本岗位“应知应会”要求，能独立完成岗位任务，并能注意技术的自我提高。在本职岗位上能起到技术骨干的作用，在技术革新和增收节支等工作中发挥积极作用。

5. 工勤技能五级岗位

达到本岗位“应知应会”要求，能在高级工和中级工的指导下，完成本岗位工作任务，有一定的独立解决问题的能力。

6. 普通工岗位

熟悉本职工作，有良好的服务态度和职业道德。有较强的工作责任心，自觉遵守操作规程和工作规范，安全生产，圆满完成本职岗位工作。

（二）具体的岗位职责由学院（部门）根据岗位性质和目标任务确定。

三、岗位聘用条件

学校已聘用的工勤技能一级岗位（高级技师）、工勤技能二级岗位（技师）、工勤技能三级岗位（高级工）、工勤技能四级岗位（中级工）、工勤技能五级岗位（初级工）和普通工岗位人员，根据聘期考核情况决定是否续聘。聘期考核合格，符合下列聘用条件的，可申报晋升相应的管理岗位：

1. 工勤技能一级岗位：在本工种下一级岗位工作满5年，通过高级技师等级考评，获得高级技师技术证书。

2. 工勤技能二级岗位：在本工种下一级岗位工作满5年，通过技师技术等级考评，获得技师技术证书。

3. 工勤技能三级岗位：在本工种下一级岗位工作满5年，通过高级工技术等级考评，获得高级工技术证书。

4. 工勤技能四级岗位：在本工种下一级岗位工作满5年，通过中级工技术等级考评，获得中级工技术证书。

5. 工勤技能五级岗位：学徒（培训生）学习期满和工人见习、试用期满，通过初级工技术等级考核。

6. 普通工岗位：未取得技术等级或新录用的工勤人员。

工勤技能一二级岗位原则上应具有专科以上学历，三级及以下岗位原则上应具有高中以上学历。凡国家对工勤技能岗位有特殊要求的，应聘人员必须获得相应的职业资格证书方可应聘相应岗位。

×大学人才引进办法

第一章 总 则

第一条 为贯彻落实中央和省委人才工作会议精神，以“优化组合、转型化合”为根本遵循，深入实施“人才支撑战略”，创新人才引进和评价机制，实行更具优势的人才政策，汇聚更具潜质的优秀人才，以杰出、领军人才引培和高水平教学科研团队建设为着力点，聚力打造一流“人才雁阵”。结合学校第四次党代会目标要求，加快推进高水平研究型大学建设，特制定本办法。

第二条 基本原则。坚持师德为先，德才兼备；坚持精准设岗，靶向引进；坚持高端、突出重点；坚持合同管理、目标考核。

第二章 引进方式和对象

第三条 引进方式。按来校工作方式可分为全职引进和柔性聘用。

（一）全职引进是指人事关系转入学校，全职全时在校工作。

（二）柔性聘用是指以合同、聘期管理的方式将人事关系暂无法转入学校的高层次人才，引进到校实际参与教学、科研和学科建设工作。具体流程和有关要求按学校有关规定执行。

学校鼓励引进全职全时来校工作的高层次人才和创新团队。

第四条 引进类型和对象

（一）杰出人才(A)：中国科学院院士、中国工程院院士，或主要发达国家科学院或工程院院士，诺贝尔奖获得者，或国家最高科学技术奖获得者或取得重大理论创新成果、前沿技术突破、解决重大工程技术难题、在经济社会事业发展中作出重大贡献的与以上人才学术水平相当的杰出人才。

（二）杰出人才(B)：国家级重大人才工程A类入选者、教育部国家重大人才工程项目入选者、“国家杰出青年科学基金”获得者，在国家科学技术奖一等奖及以上、教育部高等学校科学研究优秀成果奖（人文社会科学）一等奖、国家教学成果特等奖获得者中排名第一，或取得重大理论创新成果、前沿技术突破、解决重大工程技术难题、在经济社会事业发展中作出重大贡献的与以上人才学术水平相当的杰出人才。

（三）领军人才(A)：国家级重大人才工程B类入选者（科技创新、哲学社会科学和百千万工程领军人才、教学名师）、国家科学技术奖二等奖、国家教学成果一等奖获得者中排名第一或取得重大理论创新成果、前沿技术突破、解决重大工程技术难题、在经济社会事业发展中作出突出贡献的与以上人才学术水平相当的领军人才。

（四）领军人才(B)：国家级重大人才工程A类（青年项目）入选者、教育部国家重大人才工程项目（青年学者项目）入选者、“国家优秀青年科学基金”获得者、国家级重大人才工程B类（青年项目）入选者、“百千人才工程”国家级人选，或入围国家级人才项目会评者，国家社科基金重大招标项目首席专家、国家重点研发计划重大专项项目首席科学家，在海外知名高校、科研院所取得教授或相当职位，或在海外一流高校、科研院所取得副教授以上职位或相当职位，或取得重大理论创新成果、前沿技术突破、解决重大工程技术难题、在经济社会事业发展中作出突出贡献的与以上人才学术水平相当的领军人才。

（五）拔尖人才：国家级教学、科研团队负责人，或中科院“百人计划”、江苏特聘教授、江苏省“双创计划”双创人才或团队领军人才入选者，或入围国家级人才项目（青年项目）会评者，×大学特聘教授，×大学青年百人，或在相关学科领域取得理论创新成果、前沿技术突破、解决重大工程技术难题、在经济社会事业发展中作出标志性贡献的人才。

（六）优秀人才：符合学科和专业建设需求，科研业绩成果突出的正高级专业技术职务人员；毕业于海内外一流（著名）大学并有良好科研业绩成果的优秀博士（博士后）。待遇类别分为教授、副教授、海内外优秀博士(A)、海内外优秀博士(B)、学科和专业建设紧缺博士和一般博士。学校鼓励支持引进海内外优秀博士。

（七）创新团队

1. 积极引进在相关研究领域达到国际或国内先进水平，并在同行中具有重要的创新地位和学术影响的优秀团队。

2. 团队须拥有国际先进水平的发明专利或自主知识产权的创新成果，具备突破重大技术、解决学术问题的持续创新能力或成果转化能力。

3. 团队成员之间应具有长期合作的基础，团队成员须具有博士学位或高级专业技术职务，专业结构合理互补。团队成员一般由3～5人组成，团队核心成员须有杰出人才或领军人才1人，拔尖人才和优秀人才不少于2人。

第五条　能纳入以上引进范围，但属于学校急需引进的特殊人才，可以以特殊方式引进。主要包括具有知识产权并在高新技术成果转化中取得一定业绩的创新类人才，或没有在以上引进方式中列入的国家级人才项目和国家级科技奖励获得者，以及在社会、文化、艺术、体育等领域取得业界公认有突出业绩的优秀人才。

第六条 精准引才，分类评价。根据学院（研究院）发展现状、学科发展特色和团队建设特点，采用“分类评价+精准滴灌”方式引进“优秀人才”。对一流学科创建学科（Ⅰ类）、江苏高校优势学科（博士学位授权一级学科）（Ⅱ类）、江苏省重点学科（Ⅲ类）、校重点学科（Ⅳ）进行分类评价，按普通教授、普通副教授、海内外优秀博士（A）（B）、学科和专业建设紧缺博士、一般博士进行分层研究。

第三章 引进条件和标准

第七条 基本条件

（一）遵守中华人民共和国宪法和法律，拥护中国共产党领导和社会主义制度。

（二）遵纪守法、品行端正、团结协作、敬业乐群、廉洁奉公、身心健康。

（三）热爱教育事业、落实立德树人、专业扎实、教学严谨、锐意创新、勇于探索。

（四）无违法犯罪记录，无党纪、行政纪律处分等。

（五）身心健康，体检结果符合公务员录用体检标准。

（六）个人基本条件、业绩成果、职业能力等方面符合《×大学人才引进基本标准》和学院（研究院）有关要求，特殊引进可以根据实际业绩成果具体研究。

（七）引进的高层次人才应具有高级专业技术职务或博士研究生学历学位。

第八条 学缘要求

引进教学科研岗位的高层次人才，原则上本硕博均应毕业于国内外高水平大学，其中至少有一个阶段非我校毕业；原则上引进我校毕业博士应具有博士后工作经历；优先引进具有海内外一流（著名）高校博士学习，或海外高校（科研机构）联合培养，或博士后工作经历的人才；优先引进具有我校师资博士后工作经历的人才。

第四章 聘期与待遇

第九条 各类人才实行聘用合同管理，杰出人才和领军人才每个聘期为五年、拔尖人才每个聘期为四年、优秀人才每个聘期为三年。聘期内明确岗位职责、中期考核目标、聘期考核目标及相关待遇等。

第十条　学校对拔尖及以上人才实行年薪制;按高层次人才类别和实际情况提供办公和实验用房、住房、周转房、团队助手、购房补贴、租房补贴、安家费、科研启动费、医疗保障等支持条件;协助解决配偶工作安置、子女入学等问题。

学校为院士提供不低于250平方米有产权的住房。

学校为杰出人才(不含院士)、领军人才提供不低于100平方米的校内周转房,为拔尖人才提供不低于80平方米的校内周转房,为优秀人才提供校内周转房或单间宿舍,用于引进后三年的周转使用;或学校提供租房补贴,用于引进后三年的校外租房使用。

第十一条　引进高层次人才夫妻双方均为高学历者,同等条件下优先引进。引进后原则上购房补贴、安家费、租房补贴按高的一方享受,另一方减半发放。

第五章　工作程序和要求

第十二条　工作程序和要求

(一) 制定计划。学院(研究院)根据学科和专业建设的需要,每年9月底前提出下一年度人才引进需求和计划报人力资源处(党委教师工作部),经校人才工作领导小组审议后,报党委常委会审定。

(二) 发布公告。人力资源处(党委教师工作部)在江苏省人力资源和社会保障厅、学校网站和人事处网站等发布公开招聘公告。

(三) 资格审查。人力资源处(党委教师工作部)和学院(研究院)共同负责接收应聘人员的相关材料,并对应聘人员的资格条件进行初审。

(四) 面试(含试讲)。学院(研究院)成立综合考评小组并组织实施面试(含试讲)工作,对拟引进人才的教育教学能力、学术科研能力等作出评价,评价应以分数表达,是否引进应采用票决。综合考评小组的成员由学院党政负责人、学术委员会专家、学科专业骨干、纪检监察、组织人事等相关人员共同组成。

(五) 考察、公示。学院(研究院)成立考察组,对拟引进人才的思想政治表现、道德品质、心理状况、违法犯罪记录、行政纪律处分、师德师风负面清单行为等方面作出明确的鉴定意见。拟引进人才的基本情况和其业绩材料应公示7个工作日。

(五) 材料审批。学院(研究院)根据考评、考察、公示结果,集体研究并确定拟引进人才，组织拟引进人才填报相关材料，明确聘用岗位、进入学科（团队）、工作职责、聘期目标任务等事项后报人力资源处（党委教师工作部）审核；经校人才工作领导小组、党委常委会审议后，确定拟引进人才。引进拔尖及以上人才，须经校教师聘任专门委员会评审后报校人才工作领导小组研究。

（六）办理手续。经审批聘用的人员，由人力资源处（党委教师工作部）按有关规定办理体检、网上公示、报批聘用等相关手续。

（七）签订合同。学校与引进人才签订聘用合同，并按聘用合同进行管理和考核。

第十三条 符合条件申请安置配偶工作的高层次人才，须在其引进的同时提出安排配偶工作的申请，并将配偶简历等相关材料一并提交所在学院（研究院）。其程序和要求按照第十二条规定执行。

第六章 其他规定

第十四条 全职引进的高层次人才根据人才类别确定相应的服务年限，其中杰出人才和领军人才在校服务年限为十年，拔尖人才在校服务年限为八年、优秀人才在校服务年限为六年。在服务年限内，学校原则上不予批准引进人才提出的辞职、调离、长时间自费出国等申请。服务年限未满离开学校（含考核不合格解除聘用合同）的，按聘用协议约定办理住房（有产权的住房，学校收回产权）、购房补贴、安家费和科研启动费退还以及违约金缴纳等。

第十五条 引进的高层次人才原则上要求全职全时在校工作，特殊情况的，可根据工作时间和工作任务按月计发相应的薪酬待遇，但不享受购房补贴和安家费。

第十六条 引进人才的待遇执行标准以该人才通过学校人才工作领导小组的会议纪要确定。已与学校签订聘用合同的，待遇按协议约定执行。

第十七条 购房补贴可在聘用协议公证并入职后，在市内购房时一次性预借或在服务期满后一次性发放；安家费可在聘用协议公证并入职后一次性预借；科研启动经费在聘用协议公证并入职后分阶段下达，按学校相关办法进行管理。

第七章 附　　则

第十八条 按照党管人才原则，实行以学校为主导、学院（研究院）为主体的校、院两级管理服务机制。

第十九条 学院（研究院）在人才队伍建设中承担主体责任，党政主要负责人为本单位人才工作第一责任人，科学制定人才队伍建设规划，持续改善人才成长生态环境，畅通人才信息沟通交流和定期联系机制，精准靶向发掘引进急需优秀人才，在资源分配上有计划有目的予以倾斜、重点关注和定向跟踪培养，强化人才入职后“学术黄金期”的管理与服务。

第二十条 学院（研究院）可根据情况，对引进人才的购房补贴、租房补贴、安家费、科研经费等方面给予配套。

第二十一条 学校每年对各学院（研究院）人才引进工作进行专项指标考核，并对人才工作有卓越贡献的单位进行奖励。

第二十二条 各类人才原则上应在学校审批同意后一年内办理入职手续，无故超期者取消其引进录用资格。

第二十三条 未尽事宜由学校、学院（研究院）和引进人才三方协商解决。本办法由人事处负责解释。

第二十四条 本办法自颁布之日起施行，原《×大学人才引进办法》同时废止。

×大学定编定岗定员管理办法

第一章　总　　则

第一条　为全面提升学校治理体系与治理能力现代化水平，促进内涵式高质量发展，根据《江苏省高等学校人员总量内设机构领导职数管理办法（试行）》（苏编办发〔2020〕31号）、《江苏省高等学校岗位设置管理实施意见》（苏人社发〔2021〕123号）等有关文件精神，制定本办法。

第二条　定编定岗定员工作（以下简称“三定”工作）是在学校党委领导下开展，坚持总量控制、按需设岗、精简高效、提高效益、动态调节、优化结构、分类定编、统筹兼顾的原则。学校“三定”工作应符合学科建设需要，重点保证教学科研工作，突出专任教师主体地位，保证教辅人员配备，稳定管理人员规模，稳步缩减工勤技能人员。

第三条　人力资源处作为内设机构、岗位编制和人员总量的管理部门，牵头负责制定学校“三定”工作办法和日常管理工作。

第四条　本办法中的内设机构主要指校内常设的实体机构，不包括各类非常设机构，如各类委员会、领导小组以及非实体研究院所等。

第五条　学校设置的内设机构分为综合管理、教辅、教学及科研机构。学校内设机构设置和领导职数按有关规定执行。

第二章　内设机构设置与调整程序

第六条　学校内设机构和其下属机构的设置与调整，由人力资源处扎口管理，经学校“三定”工作领导小组研究、校党委常委会审议后成立。

（一）学校内设机构的设置与调整，由人力资源处会同党委组织部、党委发展规划部（发展规划处）等相关职能部门组织论证提出机构设置与调整建议方案，经校“三定”工作领导小组、校党委常委会审议后成立。

（二）各二级单位下属机构的设置与调整，由所在单位向人力资源处提出机构设置与调整建议方案，经人力资源处、党委发展规划部（发展规划处）审核、校“三定”工作领导小组、校党委常委会审议后成立。

第七条　机构设置方案应包含的内容：拟设置或调整机构的理由、机构名称、工作职责、岗位设置、领导职数、人员总量等。

第三章　学校人员总量

第八条　学校人员总量为基本教育规模人员数与专职科研人员数之和。基本教育规模人员是指学校为履行高等教育职能所必须配备的人员，主要包括专任教师、专职辅导员、教辅人员和综合管理人员。基本教育规模人员数以折合在校标准学生数为基本参考，按照一定的生员比核定。专职科研人员是指在学校专门从事科学研究工作的人员。

第九条　纳入人员总量管理的人员，按照江苏省高校岗位设置与聘用的有关规定，聘用在相应类别岗位，签订岗位聘用合同与目标任务书。

第十条　学校人员总量按照岗位职责、工作任务和管理模式的不同，建立基本教育规模人员编制、专职科研人员编制、流动编制和预留发展编制相结合的复合式人员总量管理模式。省主管部门下达学校人员总量为 5 358 个，其中基本教育规模人员数 5 103 个、专职科研人员数 255 个。原则上基本教育规模人员数的 90%（4 593 个）用于核定基本教育规模人员编制，专职科研人员数的 100%（255 个）用于核定专职科研人员编制，基本教育规模人员数的 10%（510 个）用于核定流动编制和预留发展编制。

（一）基本教育规模人员编制

基本教育规模人员编制用于聘用专任教师、专职辅导员、教辅人员、综合管理人员。

1. 专任教师和专职辅导员。专任教师是指承担本专业学科基础知识和专业知识教学，具有教育教学、科学研究工作职责和相应能力水平要求的工作人员。专职辅导员是指在学院专职从事大学生日常思想政治教育工作的人员。专任教师和专职辅导员占基本教育规模人员编制的 70%（3 215 个）。

2. 综合管理人员。指担负领导职责或管理任务的工作人员，占基本教育规模人员编制的 20%（919 个）。

3. 教辅人员。指为学校教育教学服务的工程实验、图书资料、编辑出版、会计统计、医疗卫生等工作人员，占基本教育规模人员编制的 10%（459 个）。

学校承担技能操作和维护、后勤保障、服务等职责的工勤技能人员计入综合管理和教辅人员，原则上聘用岗位和人员性质不变。

（二）专职科研人员编制

指在学校实体科研机构专门从事科学研究的工作人员，专职科研人员编制共计 255 个。

（三）流动编制

指由学校统一掌握的、用于调节各二级单位阶段性任务或人员结构性矛盾的过渡性人员编制。流动人员编制占基本教育规模人员编制的2%(102个)。

(四)预留发展编制

指由学校统一掌握的、用于学校事业发展需要的预留岗位编制。各学院培养的国家级人才,引进的杰出人才、领军人才、拔尖人才占用预留发展编制。预留发展编制占基本教育规模岗位编制的8%(408个)。

第四章　专任教师、专职科研人员和辅导员的总量

第十一条　根据省岗位设置与聘用管理有关规定,专任教师、专职科研人员和专职辅导员均聘用在教师岗进行管理。

(一)专任教师。学校专任教师人员总量为3 010个,包括专业教师基本编制、公共课教师编制和学科科研教师编制。

1. 专业教师基本编制。根据各学院师生比(1∶15)核定,共计2 730个专业教师基本编制。

2. 公共课教师编制。根据学校2021年公共课时费(万元)/10来计算核定,共计126个公共课教师编制,马克思主义学院公共课教师编制计入其中。

3. 学科科研教师编制。根据学科、学位点、重点实验室等建设情况来计算核定,省优势学科增加2/个人员编制、省重点学科增加1/个人员编制、博士学位授权一级学科增加1/个人员编制、博士专业学位授权点增加1/个人员编制;国家级科研机构增加2/个人员编制、省部级重点实验室增加1/个人员编制、省部级工程中心增加1/个人员编制。共计154个学科科研岗位编制。

(二)专职科研人员。根据学校实体研究院相关管理办法,实体研究院以科学研究为主要任务,在配置专职科研人员编制上,以项目经费总数、主持国家级项目等为主要依据。核定专职科研岗位编制255个。

(三)专职辅导员。专职辅导员包括学院党委副书记、学工办主任、团委书记等专职工作人员。根据现有全日制本科和研究生数,按师生比不低于1∶200的比例设置专职辅导员岗位。核定专职辅导员编制205个。

第十二条　各学院(研究院)可以统筹使用专业教师基本编制、公共课教师编制和学科科研教师编制。各学院(研究院)要根据十四五学科建设发展规划、师资队伍建设规划等,锚定学科发展方向,谋定团队方向规模,确定人力资源配置。

第十三条　各学院(研究院)要树立、宣传和增强"成本意识""绩效观

念”，通过“三定”工作将教师岗位编制落实到学科、精细到团队。发挥学科优势，结合国家和地方产业发展布局，集中优势师资队伍，着力解决重大、重点、关键项目或技术研究。

第五章　管理和教辅人员的总量

第十四条　根据江苏省岗位设置与聘用有关规定，原则上工程实验、图书资料、编辑出版、会计统计、医疗卫生等教辅人员聘用在其他专业技术岗位，从事党务、行政工作的管理人员聘用在管理岗。学校支持“三支队伍”同步规划、同步建设、同步发展。

第十五条　综合管理、教辅、群团组织、离退休人员管理等机构以前三年（2019、2020和2021）的平均人数为基数，综合考虑工作任务、发展规划等因素，本着从严控制、统筹兼顾的原则适当调整各内设机构的人员总量。原则上综合管理机构人员总量按领导职数的2～6倍设置，向推进学校高质量发展起重要和关键作用的机构倾斜。在管理人员中实行职员制，进一步优化职员晋升路径，实现管理人员职业化、专业化、专家化。

第十六条　构建“明晰关系、明确职责、规范权限、严格管理、强化考核”的校院两级管理体系。综合管理、教辅、群团组织、离退休人员管理等内设机构对下属科级机构进行优化设置，打通人员配置、强化服务职能、优化工作流程、提高行政效率。

第十七条　学院设综合办公室，作为一个综合性的办事机构，内部不设科。学院综合办公室设主任1人、副主任1人（专职组织员、纪检员）、秘书2人（教学秘书、科研秘书）；全日制学生数在1 000～2 000人的增设秘书1人，在2 000～3 000人的再增设秘书1人，在3 000人以上的再增设秘书1人。学院设团委和学生工作办公室，院学生工作办公室与团委合署办公。学院团委（学生工作办公室）设书记（主任）1人，全日制学生数在1 000～2 000人的设副书记（副主任）1人，在2 000～3 000人的再增设副书记（副主任）1人。实体研究院设秘书（聘任制）1人。

第十八条　原则上全日制本科和研究生人数在1 000人以下的、1 000～2 000人的、2 000～3 000人的、3 000人以上的，学院普通管理岗、其他专业技术岗（不含实验技术岗）和工勤技能岗的人员总量原则上不超过8、10、12、14人。各实体研究院普通管理人员总量为1人。

第十九条　加强实验技术人员在学校教学、科研、人才培养中的地位和作用，全力支持实验技术人员队伍建设，设定人员总量占教辅人员总量的

50%(230个)。实验室与设备管理处根据各学院科研机构、科研基地、重点实验室、工程中心等建设情况进行科学测算,将核定的人员总量分配到各学院,并报人力资源处审核。

第六章　其他事项的规定

第二十条　学校人员总量根据省主管部门要求每三年核定一次。各二级单位必须把学校核定的各类人员总量,科学、精细落实到各科室、各系部、各学科、各团队,并作为高层次人才引进、人员招聘和调配的主要依据。

第二十一条　各二级单位可在每年9月份申请下一年度补充缺编人员计划,下一年度满法定退休年龄且正常退休的教职工可以列入缺编计划,但延退人员仍占用人员总量。学校优先通过校内招聘和调配方式解决缺编人员,专业技术较强和紧缺急需岗位采用公开招聘方式补充。临时性和辅助性工作各二级单位可采用聘用劳务派遣人员来补充。

第二十二条　学校将进一步完善岗位设置与聘用工作,并与“三定”工作有效融合,科学设置岗位、完善岗位职责、制定聘期目标、签订聘用合同、加强考核管理。

第二十三条　各二级单位应在核定的人员总量范围内合理用人,进一步优化人力资源配置。

(一)超编二级单位的岗位由学校通过流动编制予以补足,待人员自然减员后学校收回。

(二)超编二级单位应逐步消化超编人数,调整和优化人员配置,原则上不再补充教辅和管理人员。

第二十四条　推进学校后勤服务社会化,除国家政策性安置外,新聘后勤服务人员应采取购买服务等方式,不纳入人员总量管理。

第二十五条　在学校人员总量内,经省人力资源和社会保障部门审核备案的人员,参照事业编制人员管理,纳入事业单位保险。学校人事代理人员和外籍人员列入人员总量内,参照事业编制人员管理,参加市社会保险。

第七章　附　　则

第二十六条　医院根据省主管部门相关机构编制标准另行核定。

第二十七条　本办法自颁布之日起试行,原《×大学关于学院编制测算及机关部门(直属单位)定编方案》同时废止。

第二十八条　本办法由人力资源处负责解释。

×大学公开招聘工作人员办法

第一章　总　　则

第一条　为深入贯彻习近平新时代中国特色社会主义思想，坚持党管人才原则，聚天下英才而用之，进一步规范学校公开招聘人员工作，提高人事管理科学化、制度化、规范化水平，建设高素质专业化工作人员队伍，根据《江苏省事业单位公开招聘人员办法》（苏办发〔2020〕9号）、《关于进一步建立健全省属事业单位人员流动配置机制的通知》（苏人社发〔2018〕184号）等文件规定，结合学校工作实际，特制定本办法。

第二条　学校公开招聘工作人员（专任教师、专职辅导员、管理人员、教辅人员等），适用本办法。

第三条　学校新聘用工作人员，除国家政策性安置、按照干部人事管理权限由上级任命及涉密岗位等确需使用其他方法选拔任用人员外，原则上采取公开招聘方式进行。

第四条　公开招聘坚持德才兼备、以德为先的用人标准，体现公开、平等、竞争、择优，做到信息公开、程序公开、结果公开。

第二章　职责分工

第五条　学校人才工作领导小组研究决定年度公开招聘计划与拟聘人员，并报校党委常委会研究审定。

第六条　人力资源处负责公开招聘的业务工作，负责学校公开招聘方案计划拟制、具体实施及后续工作的审核指导、组织协调。

第七条　专项招聘由校人才工作领导小组委托招聘工作小组具体实施。

第三章　公开招聘程序、方案和公告

第八条　公开招聘按下列程序进行：

（一）制定公开招聘方案；

（二）发布公开招聘公告；

（三）审查应聘人员资格条件；

（四）考试、考察；

（五）体检（含心理测试）；

（六）公示拟聘用人员名单；

（七）备案公开招聘结果；

（八）办理进人手续；

（九）签订聘用合同。

第九条 学校年度公开招聘方案由人力资源处于上年度12月编制，报江苏省教育厅、江苏省人力资源和社会保障厅核准备案。公开招聘方案应当包括：招聘岗位、资格条件、招聘人数、招聘时间、招聘方式、报名方法、招聘结果公示方式、投诉举报方式及需要说明的事项等。

资格条件根据岗位需要科学合理设置，不得设置指向性或者歧视性条件，不得将毕业院校、国（境）外学习经历、学习方式作为限制性条件。专业名称参照江苏省考试录用公务员专业参考目录确定。除国家另有规定外，不得组织面向特定人群的定向招聘。

急需引进的高层次人才、紧缺专业人才等特殊人才，可以优化程序，采取直接考察的方式招聘。

第十条 公开招聘公告应当载明以下内容：

（一）招聘单位的名称、经费性质、地址；

（二）招聘岗位名称、岗位描述、岗位类别，资格条件、招聘人数、招聘方式、招聘对象、开考比例；

（三）报名方法、报名时间、报名地点、所需提交的材料、资格审查时间、陈述申辩时间；

（四）考试方式、考试科目（或者内容概要）、考试时间、成绩计算方法和公布方式；

（五）考察、健康检查要求；

（六）招聘结果公示方式，投诉举报电话；

（七）最低服务年限等应当告知的其他事项。

公告发布至报名截止，期间不少于7个工作日。

第十一条 招聘公告发布后不得擅自更改。确需更改的，应当在原发布公告的媒体上发布变更公告。涉及降低资格条件、扩大报名范围的变更公告，视同新的招聘公告确定补充报名时间。

第四章 报名、资格审查

第十二条 公开招聘应当面向社会，凡符合条件的人员均可报名应聘。

第十三条 公开招聘原则上应当实行网上报名，网上报名时间不少于3

个工作日。确需实行现场报名的，现场报名时间不少于1个工作日。

第十四条 在组织报名时，应对应聘人员的资格条件进行审查，核验有关材料；实施网上报名的，可以在面试前核验有关材料。没有通过资格审查的应聘人员，可以在公开招聘公告规定时间内向资格审查单位陈述申辩。负责资格审查的单位应当听取其陈述申辩，对其提出的事实、理由和证据进行审查，并及时作出审查结论。告知审查结论，可以采取网上审查网上告知、现场审查现场告知等方式。

第十五条 应聘人员一般应当具备下列资格条件：

（一）遵守中华人民共和国宪法和法律，拥护中国共产党领导和社会主义制度；

（二）遵纪守法，品行端正，团结协作，敬业乐群，廉洁奉公；

（三）热爱教育事业，有较强的事业心和责任感；

（四）具有适应岗位要求的身体和心理条件，能胜任本职工作，履行岗位职责，具有良好的道德素养；

（五）具有岗位所需要的专业或技能；

（六）新聘用管理人员、专职辅导员及教辅人员应具有硕士及以上学位，新聘用专任教师，应具有博士研究生学历学位或高级专业技术职务。

（七）符合岗位所规定的其他资格条件。

国家另有规定限制应聘到事业单位或者事业单位有关岗位的人员，不得报名应聘。

第十六条 公开招聘岗位的开考比例一般为1∶3。未达到开考比例的，应当核减招聘人数或者取消招聘岗位，并在原发布招聘公告的媒体上发布岗位变更公告。取消招聘岗位的，应当及时告知该岗位资格审核通过的应聘人员，应聘人员可以改报其他符合条件的岗位。

对少数特殊行业、特殊专业，或者层次要求较高等确实难以形成竞争的急需人员的专业技术岗位，经省教育厅、省人力资源和社会保障厅同意，可以适当降低开考比例，并在公开招聘公告中载明。

第十七条 应聘人员按报名要求提交的材料应当真实、准确、完整、有效。

第五章 考试、考察及体检

第十八条 考试可以采取笔试、面试、实际操作能力测试等方式。笔试主要测试招聘岗位所必备的综合知识、专业知识和工作技能等。面试主要测试履行岗位职责所需的业务能力和综合素质等。实际操作能力测试主要测试与岗位相适应的技能和操作水平等。设置心理测试环节作为考察项，不计入总成绩，主要测试应聘人员心理健康状态和素质能力。

第十九条 政府人力资源社会保障部门所属人事考试机构、人才服务机构，以及具备条件的第三方机构，可以受学校人力资源处委托，为学校公开招聘提供考试服务。学校须履行考试组织单位职责，加强监督管理，并对考试安全负责。

第二十条 人力资源处应当按《江苏人事考试考务工作规定》（苏人社规〔2019〕1号）制定考试工作规程，规范命题、考试、阅卷评分等环节，并按考试工作规程组织考试。

第二十一条 招聘方式中如有笔试，笔试成绩占总成绩的比例原则上不低于30%。笔试成绩一般在笔试结束后15个工作日内在人力资源处网站公布，应聘人员可以通过身份证号或者准考证号查询。

第二十二条 学校制定面试流程，包括面试的方法、程序、时间、地点和成绩计算方法、面试评委的组成结构以及监督办法等。面试评委须按面试题目命题要求和面试要素当场评分。面试成绩当场告知应聘人员。

第二十三条 学校按照招聘公告明确的方法确定考察和健康检查人选，并组织考察和健康检查，如考察和健康检查结果直接影响聘用资格的，应当及时告知应聘人员，如应聘人员要求书面告知的，应当书面告知。

第二十四条 考察体检人选可以按招聘岗位拟聘人数等额或者差额确定。招聘岗位如拟招聘1人，考察体检人选可以确定为2人；拟招聘多人的，差额比例应当不超过二分之一。具体确定办法应在公开招聘公告中载明。

面试没有形成竞争的岗位，考察体检人选的面试成绩应当不低于面试总分的60%。

第二十五条 学校制定考察方案，明确考察的内容、方法等，考察组成员不少于2人。考察应当侧重于思想政治表现、道德品质、与应聘岗位相关的业务能力和工作实绩，核实应聘人员资格条件等。

第二十六条 健康检查应在学校指定的医疗机构进行。健康检查标准参照录用公务员的通用体检标准执行。应聘人员对健康检查结果有疑问的，本人可申请复查一次，并到指定的医疗机构重新检查。属于当场或者当日复查的健康检查项目须当场或者当日提出申请，其他项目可以在收到健康检查结果通知后2个工作日内申请复查一次。健康检查组织单位对申请复查人员组织复查，健康检查结果以复查结论为准。

第六章　公示与聘用

第二十七条　根据考试、考察和健康检查结果，确定拟聘用人员名单。

第二十八条　拟聘用人员名单应公示。公示时间不少于7个工作日。公示内容包括招聘单位、岗位名称，拟聘用人员姓名、学历、专业、毕业院校、现工作单位，招聘考试的各项成绩、总成绩、排名。

第二十九条　自报名截止之日起至公示拟聘人员名单的公开招聘工作，一般应在50个工作日内完成。如遇特殊情况，经省教育厅、省人力资源和社会保障厅同意后可以适当延长。发布长期招聘公告招聘的，应当及时公示拟聘用人员名单。

第三十条　以事业单位身份录用人员，由学校向省教育厅、省人力资源和社会保障厅报批或备案，办理相关聘用手续。拟聘用人员名单公示后，应聘人员如无正当理由放弃聘用资格的，学校可以在名单公示结束后的1年内取消其再次应聘本单位的资格。

第三十一条　拟聘用人员与学校订立3年以上(含试用期)聘用合同的，除依法依规解除聘用合同外，应当在学校最低服务6年(含试用期)。严格落实事业单位新聘用人员服务期制度，在服务期内的事业单位新聘用人员，如果未依法依规解除聘用合同的，除距服务期满不足6个月外不能报名应聘省内其他事业单位，除组织另有任用外原则上不予调动。

第三十二条　因下列情形导致拟聘岗位出现空缺的，学校按照公告规定，以考生的考试总成绩从高分到低分依次一次性递补，并报省教育厅、省人力资源和社会保障厅备案：

(一) 应聘人员健康检查或考察不符合要求的；

(二) 拟聘人选公示的结果影响聘用的；

(三) 拟聘人选明确放弃聘用的；

(四) 其他导致拟聘岗位空缺的情形。

聘用审批或备案后不再递补。

第七章　其他规定

第三十三条　引进高层次人才属于学校招聘工作人员范畴，原则上执行《江苏省事业单位公开招聘人员办法》《×大学人才引进办法》等相关规定。

第三十四条　根据《关于进一步建立健全省属事业单位人员流动配置机制的通知》(苏人社发〔2018〕184号)规定，符合相关条件的，可不通过公开招聘，直接办理调配或引进手续。学校在职人事代理人员符合相关条件的，可以申请办理直接调配，但不得同时享受学校引进政策和待遇。

第三十五条 招聘港澳台及外国国籍人员，须报省人力资源和社会保障厅核准，并按照国家外国专家局《外国人来华工作许可服务指南（暂行）》（外专发〔2017〕36号）和国家外国专家局、人力资源和社会保障部、外交部、公安部《关于全面实施外国人来华工作许可制度的通知》（外专发〔2017〕40号）等文件执行。

第三十六条 人力资源处按照《江苏省事业单位公开招聘人员工作风险防控指南》等规定制定各环节风险防控方案，明确各工作环节的责任人员，压实相关人员责任。严格按照《事业单位人事管理回避规定》要求，认真落实回避制度。

第八章 附　　则

第三十七条 学校附属医院按照本文件要求开展公开招聘工作。

第三十八条 在学校其他文件中的有关条款与本文件不一致的，以本文件为准。

第三十九条 本办法由人力资源处负责解释，未尽事宜按国家或省有关规定执行。

第四十条 本办法自公布之日起施行。

×大学教职工校外兼职管理暂行办法

第一章　总　　则

第一条　为深入贯彻中央、省委人才工作会议精神，坚持人才是第一资源，坚持创新驱动，推动科技成果转化，进一步规范我校教职工的校外兼职行为，保证学校正常的教学、科研和管理秩序，维护学校和教职工的合法权益，根据《事业单位人事管理条例》《人力资源和社会保障部关于支持和鼓励事业单位专业技术人员创新创业的指导意见》《教育部办公厅关于高校进一步落实以增加知识价值为导向分配政策有关事项的通知》等相关文件精神，结合学校实际，制定本办法。

第二条　校外兼职是指学校教职工在高质量履行岗位职责的前提下，以个人名义依法依规利用本人的知识和技能到校外企事业单位、科研机构、公益性组织或学术组织等从事教学、科研、服务、管理、成果转化等工作。

第三条　与本人聘用岗位或科学研究内容无关的工作为第二职业，不属于校外兼职活动，原则上教职工不得从事第二职业。学校委派的各项兼职活动不在本办法规定之列。

第二章　校外兼职的分类与要求

第四条　校外兼职主要分为社会兼职、学术兼职以及企事业单位兼职三大类。

（一）社会兼职指在党政军机关、国际组织、社会团体、基金会等各类组织中担任职务，分取酬和不取酬两类。

（二）学术兼职是指担任荣誉性职位、学术顾问、学术委员会成员、专家组成员等，担任国内外相关学会组成人员，担任学术刊物主编、副主编、编委等，担任国际会议主席或分会主席，担任国际学术机构的专家顾问等。分为公益和取酬性学术兼职。

1. 公益性学术兼职，指在各类学会、协会、学术性组织等从事公益性质的学术兼职。

2. 取酬性学术兼职，指与国内外高校或科研机构签订工作合同或协议并领取薪酬的兼职。

（三）企事业单位兼职是指在科技成果转化、教学、科研等合作过程中因工作需要的兼职活动。分取酬和不取酬两类。

第五条 学校教职工原则上不得在企业担任法定代表人、董事长、经理、财务负责人、执行董事等重要职务，不得作为企业的实际控制人。因从事成果转移转化工作等特殊情况，确需到企业担任以上职务或创办企业的，按照学校离岗创业有关规定执行，或提交校人才工作领导小组、校党委常委会研究决定。

第六条 各类校外兼职活动应有利于增强学校办学实力、有利于提高学校声誉和社会影响力、有利于促进学校相关学科发展、有利于承担服务国家重大战略需求和重点工程技术支撑等任务、有利于促进科技成果创新和转化。

第三章 校外兼职的办理程序

第七条 教职工从事校外兼职活动，应当由本人申请、所在单位或学科所在学院审核，同意后报人力资源处审批。教职工在具有国(境)外背景的机构兼职，须经国际合作与交流处(港澳台办公室)审批，涉密人员兼职须经保密办公室审批，与科技成果转移转化相关的企业兼职须经科学研究院审批。

具体程序如下：

(一) 教职工向所在单位或学科所在学院提出兼职申请，填写《×大学教职工校外兼职申报表》(见附件)；

(二) 所在单位或学科所在学院审核，同意后报人力资源处审核；

(三) 人力资源处根据相关管理规定进行审批[视实际情况，由国际合作与交流处(港澳台办公室)、保密办公室、科学研究院等部门先行审批]。

第八条 取酬类的兼职还应报校人才工作领导小组、校党委常委会研究审批。

第九条 教职工临时性或一次性取酬的学术或社会服务，无须申报；已申报兼职情况如有变动，应及时更新。

第四章 校外兼职的管理

第十条 教职工校外兼职期间，人事关系和保险关系仍在学校，考勤、考核等人事管理工作仍由所在单位负责。原则上教职工校外兼职活动不得占用工作时间，确需占用的，一个月累计不得超过四天。教职工兼职期满应立即停止校外兼职，需要继续校外兼职的，应按照上述程序重新办理审批手续。

第十一条 教职工可依法依规获得兼职报酬。教职工因从事学校科技成果转移转化且在相应企业兼职所获得的奖酬，按照学校科技成果转移转化相关规定进行处理。

第十二条 教职工从事校外兼职活动，应遵守国家法律法规和学校规章制度，维护学校声誉和知识产权，不得侵害国家、学校和校内其他师生的合法权益，不得从事削弱学校核心竞争力的校外兼职，不得泄露国家秘密和学校的技术秘密。负有保密义务的教职工，在校外兼职期间应与学校签订竞业限制相关协议。

第十三条 教职工在执行学校任务或主要是利用学校的物质技术条件所完成的发明创造属于职务发明，其知识产权一般情况下归学校所有、所发表学术论文的署名单位为×大学。

第十四条 教职工从事科技成果转移转化兼职活动所涉及的知识产权、职务成果归属及署名、无形资产处置、学校声誉、人力、设备、场地等权利义务，依据学校相关规章制度，以合同或协议形式约定处理。

第十五条 教职工校外兼职期间，不得以单位或个人的名义允许校外单位使用×大学及其二级单位的名称、徽记、标志性景观等标识；也不能对外转让或授权兼职单位使用×大学的专利和非专利技术等无形资产。

第十六条 教职工未经批准不得代表×大学或者其二级单位在兼职单位从事任何活动（如教育培训、广告宣传等），不得以×大学教职工身份从事产品推销、广告宣传等商业活动。

第五章　违规处理

第十七条 教职工如违反上述规定，或者未按要求报批擅自在校外兼职，或严重影响本职工作的，或给学校和他人造成损失的，或不按照协议履行相关责任和义务的，学校将给予相应处理或处分，并保留追究其赔偿损失和法律责任的权利。

第十八条 兼职人员所在二级单位须加强对校外兼职人员的考勤、日常管理和考核工作，如出现未按本办法严格执行，有隐瞒或者弄虚作假等情形，甚至造成严重不良影响和后果的，学校将对二级单位和相关责任人进行追责问责。

第十九条 教职工从事校外兼职活动，所涉及的劳动、技术、经济、法律等所有纠纷，由教职工和校外兼职单位负责处理，学校不承担任何责任。教职工与校外兼职单位产生争议的，自行按《中华人民共和国劳动合同法》及相关法律法规处理。对学校造成损失的，学校有权依法追偿。

第六章　附　　则

第二十条　本办法公布前，已在校外兼职的教职工，应自本办法公布之日起三个月内，按照本办法规定办理审批手续。

第二十一条　本办法适用于全校教职工，学校中层领导干部的校外兼职活动还应按《关于×大学处级干部在企业、社团兼职的若干规定》执行。

第二十二条　本办法由人力资源处负责解释。

第二十三条　本办法自公布之日起试行。

×大学专业技术人员兼职和离岗创新创业实施办法

第一章　总　　则

第一条　根据《人力资源社会保障部关于支持和鼓励事业单位专业技术人员创新创业的指导意见》(人社部规〔2017〕4 号)《省人力资源社会保障厅转发人力资源社会保障部关于支持和鼓励事业单位专业技术人员创新创业指导意见的通知》(苏人社发〔2017〕263 号)《关于鼓励高校、科研院所专业技术人员创新创业有关人事管理的意见》(苏人社发〔2015〕461 号)精神,规范我校专业技术人员创新创业行为,确保学校的教学、科研、管理等工作有序进行,特制定本办法。

第二条　本办法适用于学校事业编制的具有一定科研基础、创新项目并取得相应创新成果的专业技术人员。

第三条　专业技术人员创新创业主要形式是兼职和离岗。兼职创新创业是指专业技术人员通过兼职、挂职、参与项目合作等方式到相关企业开展创新创业活动。离岗创新创业是指专业技术人员,带着科研项目或成果,通过注册公司、参股公司等形式,在规定期限内脱离校内岗位,开展与科技创新和成果转化相关的自主创业行为。

第四条　学校所属企业,均不在兼职、挂职、参与项目合作、离岗创业的范围。

第二章　兼职创新创业

第五条　学校支持专业技术人员在满足以下基本条件的前提下从事兼职创新创业:

(一) 确保较好履行校内本职岗位职责,高质量完成本职岗位要求的工作任务和目标,不因兼职影响本职岗位工作;保质保量完成学院(部门)交办的其他任务。

(二) 兼职工作内容须与所从事学科专业密切相关且能够发挥其专业技术能力和作用,旨在推动科技成果转化、实现技术攻关,或提升学校学术影响力和服务社会能力。

第六条　学校安排专业技术人员到相关企业兼职,应与专业技术人员单独签订协议,就岗位职责履行、兼职工作内容和任务、考核与管理、工资福利待遇等内容予以约定。

第七条 学校委派专业技术人员到相关企业挂职、参与项目合作等形式开展创新创业工作，应与专业技术人员、相关企业签订三方协议，就专业技术人员履职及考核管理、三方权利义务、权益归属与分配等予以约定。

第八条 兼职创新创业人员应遵纪守法，自觉维护学校合法权益和利益，定期向所在学院（部门）汇报兼职情况。

第九条 兼职创新创业人员有下列情形之一，学校可解除聘用关系。

（一）未经批准在外兼职，学校责令其停止兼职行为，拒不改正的；

（二）接受兼职单位全职聘用，经学校提出，拒不改正的；

（三）兼职行为严重损害学校利益或给学校造成重大损失的；

（四）其他可解除聘用关系的情况。

第十条 兼职创新创业人员与学校发生人事或劳动争议的，可依法申请人事或劳动争议仲裁；与兼职单位发生争议的，按照法律法规处理。

第三章 离岗创新创业

第十一条 离岗创新创业是指专业技术人员本人书面提出申请，经学校和省主管部门同意并签订合同（协议）后，带着科研项目和成果离岗到企业开展创新创业或自主创办企业。担任学校管理职务的专业技术人员，须按规定辞去所聘管理职务后，以专业技术人员身份离岗创业。

第十二条 离岗期限与人事关系。离岗创新创业人员的离岗期不超过3年。在离岗期内学校保留其人事关系，原聘用合同暂停履行。在离岗期内出现聘用合同到期情形的，聘用合同自然延续至离岗创业期限结束。

第十三条 工资和社会保险。学校在离岗创新创业人员离岗期内停发各项工资福利待遇。按规定需缴纳的各项社会保险费用中个人承担部分由本人缴纳，单位承担部分由学校缴纳。按规定缴纳社会保险费和职业年金的，离岗创业期间作为学校工作年限并连续计算工龄。所在企业应当为离岗创业人员缴纳工伤保险费，发生工伤的，由所在企业承担相应的工伤保险责任；所在企业应当为离岗创业人员办理社会医疗保险。

第十四条 专业技术职务评审。离岗创业人员可参加专业技术职务评审。离岗创业期间取得的科技开发和转化成果，可作为其职称评审的依据。

第十五条 考核管理。离岗创新创业人员在离岗期间的年度考核结果，由学院（部门）根据所在企业出具的意见确定。离岗创业人员应定期向学院（部门）书面汇报创新创业情况和履行约定情况，保持经常性联系。

第十六条 离岗期满人事关系处理。离岗创新创业人员在其创业期满前，本人要求回学校工作的，应提交书面申请，学校在经省主管部门备案后，恢复相应专业技术岗位。离岗创新创业人员创业期满，不愿意回学校的，应在创业期满之日前一个月内向学校书面申请，并于期满之日起15个工作日内办理聘用合同解除手续。对离岗创新创业人员在创业期满之日起满15个工作日既不回学校工作，又不办理辞职解聘手续的，学校将解除（终止）聘用关系，并按规定转移档案。

第十七条 合同（协议）约定。学校与离岗创新创业人员在充分协商的基础上，签订有关离岗创新创业的合同（协议），就离岗期限、离岗期间双方权利义务关系、科研成果归属、收益分配等事项予以约定。

第四章 程序规定和手续办理

第十八条 符合基本条件的专业技术人员申请兼职或离岗创新创业集中在每年5月和11月按以下审批程序操作：

（一）申请人向所在学院（部门）提出书面申请，填写《×大学专业技术人员创新创业申请表》《江苏省事业单位专业技术人员创新创业申请表》和《江苏省事业单位专业技术人员创新创业统计表》，详细说明申请兼职或离岗创新创业期限、创新创业内容、预期创新创业成果等相关内容。

（二）所在学院（部门）初审，经集体研究同意后，将相关信息在学院（部门）内部公示5个工作日。公示无异议后方可报学校职能部门审核。

（三）所在学院（部门）与申请人拟定初步协议，约定创新创业期限、保密、知识产权保护等事项。创新创业项目涉及学校知识产权、科研成果的，有关学院、专业技术人员、相关企业签订协议，明确权益分配等内容。涉及承担国防、国家安全等工程和项目的专业技术人员和涉密人员的企业兼职和离岗创业，按国家和学校相关规定执行。

（四）将相关表格、单位讨论决定、公示材料和结果、初步协议等相关材料报科学技术处、人文社科处和人事处等相关职能部门审核。

（五）校人才工作领导小组研究。

（六）学校报省主管部门审批。

（七）经省主管部门审批同意兼职或离岗创新创业的，正式签订协议。

第五章 附 则

第十九条 兼职和离岗创新创业人员应积极承担本校学生的创新创业

教育工作。

第二十条 兼职和离岗创新创业人员应当严格遵守法律法规、创新创业协议约定和所在企业的规章制度。对未定期报告创新创业情况、违反协议和发生违纪违规行为的，学校视情形终止创新创业协议，责令其返回学校，并按照有关规定严肃处理。

第二十一条 本办法由人事处负责解释，未尽事宜按国家和省有关规定处理。

第二十二条 本办法自颁布之日起施行。

×大学拟引进人才高级专业技术职务评议认定办法(试行)

第一章　总　　则

第一条　为适应我校高水平研究型大学建设的发展需要，贯彻实施国家、省和学校有关人才引进、职称评聘和人才评价的改革要求，保证客观、公正、准确地评价学校拟引进的高级专业技术职务人员，制定本办法。

第二条　本办法适用于拟按“优秀人才”待遇引进到我校全职工作且具有高级专业技术职务的人员。

第三条　高级专业技术职务包括教师系列中的教授(研究员)、副教授(副研究员)，以及教师外系列(工程、实验、医疗卫生等)中的高级专业技术职务。

第二章　基本条件

第四条　遵守中华人民共和国宪法和法律，拥护中国共产党领导和社会主义制度；有理想信念、有道德情操、有扎实知识、有仁爱之心；师德高尚、学风严谨、爱岗敬业、为人师表。

第五条　心理、身体健康；无违法犯罪记录；无党纪、行政纪律处分；无师德师风负面清单行为。

第六条　引进高级专业技术职务人员原则上应具有博士学位，特殊学科可适当放宽；正高级自然科学类专业人员年龄原则上不超过45周岁，人文社科类专业人员年龄原则上不超过50周岁；副高级自然科学类专业人员年龄原则上不超过40周岁，人文社科类专业人员年龄原则上不超过43周岁。

第三章　业绩条件

第七条　原则上引进至我校的高级专业技术人员近五年取得成果不低于我校相应高级专业技术职务评审条件中科研业绩、成果要求，且当年申报现高级专业技术职务材料不低于我校相应高级专业技术职务评审条件中教学和科研业绩、成果要求。相关业绩、成果材料需按照学校评议认定程序和要求准备。

第八条　业绩、成果达到第七条条件的，可以提交会议研究作为引进人才，达不到的原则上不予引进。

第四章　评议认定程序和要求

第九条　评议认定程序和要求：

（一）申请认定人员向学院提出申请，并提交当年申报现高级专业技术职务和自取得现高级专业技术职务资格以来的业绩、成果材料；学院组织资格审查、心理测试、民意测评、面试答辩、考察等。

（二）人事处组织申请认定人员的同行专家鉴定工作；申请认定正高（副高）人员需将3篇（2篇）代表作送5位（3位）专家鉴定；申请认定正高（副高）人员鉴定结果如出现2个（1个）“未达到”，或3个（2个）“基本达到”，则不得参加后续认定程序。

（三）学院组织审核推荐小组评议推荐，申请认定人员的赞成票须超过出席专家人数的二分之一；学院公示申请认定人员基本情况和业绩成果；学院党政联席会议研究。

（四）人事处组织资格和材料审核。

（五）学校遴选专家组织评议，申请认定人员的赞成票须超过出席评委人数的三分之二；学校组织公示。

（六）经人事处处务会、校人才工作领导小组会议等人才引进程序后，办理入职手续。

第十条　经过学校评议认定程序的，认可其高级专业技术职务资格和任职时间，入职后可聘用在相应高级专业技术岗位，并按岗位最低档兑现待遇。

第十一条　引进人才的岗位晋升工作根据学校岗位设置与聘用有关规定由人事处统一组织开展。

第五章　附　　则

第十二条　对取得重大理论创新成果、前沿技术突破、解决重大工程技术难题、在经济社会事业发展中作出重大贡献的，可不受第七条限制，一人一议。该类成果需按国家和省有关规定由学校相关职能部门鉴定。

第十三条　具有高级专业技术职务人员申报学校“拔尖人才”待遇的，但在学校会议研究时未能按“拔尖人才”待遇通过，需按本办法申请认定并重新提交学校会议研究。

第十四条　引进人才聘用在教学科研岗位但不具有教师系列高级专业技术职务的，原则上应在聘期内转评为教师系列。

第十五条　除国家政策性安置、上级任命人员外，学校非引进且具有高级专业技术职务的新进人员参照本办法执行。

第十六条　本办法由人事处负责解释，未尽事宜按照学校职称评审和人才引进的有关规定执行。

第十七条　本办法自公布之日起试行。

×大学人事代理人员管理暂行办法

为深化人事制度改革，完善用人机制，合理配置人力资源，进一步规范人事代理人员的聘用管理，保障人事代理人员的合法权益，根据《中华人民共和国劳动法》《中华人民共和国劳动合同法》《江苏省劳动合同条例》等有关法律法规精神，结合学校实际，特制定本办法。

第一章　总　　则

第一条　人事代理是指由政府人力资源和社会保障部门所属人才服务机构代理学校部分人事管理职能，学校与受聘人员通过签订聘用合同，确定聘用关系，明确双方权利和义务的人事管理制度。

第二条　人事代理人员作为事业编制人员的重要补充，是学校深化改革和可持续发展的重要力量，聘用遵循“按需设岗，公开招聘，择优聘任，严格考核，分类管理，能进能出”原则。

第二章　聘用程序和条件

第三条　学校严格控制人事代理人员的总体规模和设岗范围。用人单位确因教学、科研和管理等工作需要聘用人事代理人员的，应向学校申报用人计划。

第四条　公开招聘人事代理人员按照以下程序规范操作：

（一）用人单位拟定用人计划和招聘方案并报学校审批；

（二）学校研究后，人事处公布招聘岗位、资格条件等招聘信息；

（三）组织审查应聘人员资格条件；

（四）组织招聘考试；

（五）组织体检；

（六）确定并公示拟聘用人员名单；

（七）签订聘用合同，办理聘用手续。

第五条　招聘的人事代理人员须符合以下基本条件：

（一）认真贯彻拥护党的路线、方针、政策，遵纪守法。

（二）热爱教育事业，有较强的事业心和责任感，有良好的道德品质，愿意为学校的教学、科研、管理服务。

（三）身心健康，能胜任本职工作，履行岗位职责。

（四）应聘者原则上应具有硕士及以上学位。首次聘用人员年龄一般不超过35周岁。

（五）具备应聘岗位的具体条件。

第六条　符合学校高层次人才引进配偶校内安置政策的按学校有关规定执行。

第三章　聘用管理

第七条　人事处是学校人事代理人员的综合管理部门，负责人事代理人员的用人审核和规范管理。校内二级用人单位作为用人主体，是人事代理人员管理的具体责任单位，负责日常管理与考核等工作。

第八条　人事代理人员管理职责的划分：

（一）人事处负责人事代理人员的招聘、审核、聘用合同的签订（解除），社会保险、住房公积金缴纳，工资审核发放，专业技术职务评聘，岗位聘任，劳动纪律监督检查等工作。

（二）用人单位负责人事代理人员岗位职责的制定、政策法纪、职业道德和校纪校规的日常教育、岗位业务能力的培训、工作安排和日常管理、工作职责的监督检查、年度考核、聘期考核等工作。

第九条　学校委托人才服务机构依法代理人事代理人员有关人事业务。主要包括：

（一）管理聘用人员的人事档案和人事关系；

（二）代办聘用人员社会保险等；

（三）办理人事关系转移；

（四）办理用人单位与聘用人员的聘用合同及劳动争议的调解；

（五）办理聘用人员户籍、党团组织关系的迁转；

（六）开展其他代理服务。

第十条　人事代理人员的聘期和考核

（一）首次聘期一般为3年，首次聘用的试用期一般为6个月，试用期包括在聘用合同期内。期满后需要续聘的，每次续聘期一般为3年。试用期结束后，经考核合格者继续聘用，不合格者予以解聘。

（二）聘用合同的签订、变更、续订、解除和终止等有关规定参照《江苏省事业单位人员聘用制暂行办法》执行。

（三）人事代理人员的年度考核纳入学校教职工年度考核范围，聘用期满考核在聘用合同期满前45天左右进行。聘期考核结果分为优秀、合格和不合格三个等次。聘期考核工作由校内用人单位考核工作小组组织开展，按照客观、公正的原则，在征询群众评议的基础上提出考核结果，报学校审定。年度考核和聘期考核结果作为续聘、解聘、奖惩以及岗位调整的主要依据。

第十一条 用人单位应加强对人事代理人员的年度考核和聘期考核，考核结果作为协议延续、终止或解除用工关系的主要依据。符合下列情形的，用工关系应当终止或解除：

（一）在试用期内被证明不能胜任岗位要求的；

（二）严重违反学校规章制度的；

（三）给学校造成不良影响或侵害学校合法权益的；

（四）在外兼职，经学校提出拒不改正或给学校工作造成重大影响的；

（五）被依法追究刑事责任的；

（六）年度考核或聘期考核不合格的；

（七）人事代理人员与用人单位协商一致、并经学校同意解除的；

（八）人事代理人员违反聘用协议约定，致使合同无法履行的；

（九）按照法律法规规定应当终止或解除用工关系的其他情形。

第十二条 符合以上终止或解除用工关系条件，用人单位拟不再继续用工的人员，用人单位需在协议终止或解除前30天报人事处，经学校同意后，并为其办理解除或终止用工关系的相关手续。聘用期满，学校同意续聘的人员，应及时签订续聘合同，否则，视为自动放弃，其与学校的聘用关系自聘用期届满之日起终止。

第十三条 人事代理人员的待遇

（一）人事代理人员参照学校事业编制同岗位人员发放国家工资和绩效工资，按规定参加各类社会保险，缴纳住房公积金（含新职工住房补贴），并享受其他福利待遇。

（二）人事代理人员参加社会医疗保险，不再享受校内公费医疗相关政策。人事代理人员的子女，享受与校内事业编制人员子女同等校内待遇。

（三）人事代理人员在聘期内参加学校的党、团、工会活动，并按规定交纳党、团、会费，享受相应的权利，承担相应的义务。

（四）人事代理人员符合学校专业技术职务任职资格评审条件的，经个人申报，由学校评审并聘任。

（五）人事代理人员历年年度考核和首聘期考核合格，符合学校干部任职相关文件规定的，可同等条件选聘在管理岗位上。

（六）聘在专任教师岗位申请在职攻读博士学位的人事代理人员需来校

工作满2年;聘在其他岗位申请在职攻读博士学位的人事代理人员需来校工作满3年。相关程序和进修费用参照学校有关政策执行。

(七)人事代理人员因公、因私出国(境)按照学校相关规定执行。

第十四条　根据队伍建设发展的需要,对于部分表现突出的来校工作满3年、历年年度考核和聘用期满考核合格及以上等次人事代理聘用人员,符合江苏省和学校相关进编规定的,通过公开招聘方式,转为事业编制人员。

第四章　附　　则

第十五条　学校下属具备法人资格单位及经济独立核算单位可依据国家、省市有关规定,参照本办法制定本单位人事代理人员聘用管理规定,进行人事代理人员聘用、合同签订及管理等工作,自行承担相应的法律和经济责任。

第十六条　用人单位可根据本办法制定具体实施细则,报人事处备案。

第十七条　本办法由人事处负责解释,未尽事宜按国家有关规定执行。

第十八条　本办法自颁布之日起施行。

×大学教师基本工作量要求暂行规定

为客观、合理地评价教师履行岗位职责情况，激发广大教师从事人才培养、科学研究和公共事务的积极性，增强队伍活力，促进教师成长，提高办学质量与效益，形成推动教师和学校共同发展的有效机制，特制定本暂行规定。

一、制定原则

教师基本工作量要求的制定遵循以下原则：

1. 尊重规律，科学导向；

2. 强化基本，突出绩效；

3. 分类管理，分级考核；

4. 学校主导，学院主体。

二、考核对象及分类

（一）考核对象

受聘于学校教学科研岗位的专任教师和专职科研人员。

（二）岗位分级

学校根据教学科研岗位职责、目标任务设置正高级、副高级、中级和初级四个层次及一至十二级岗位，一至四级为正高级岗位、五至七级为副高级岗位、八至十级为中级岗位、十一至十二级为初级岗位。

（三）岗位分类

学校对教学科研岗位实行分类管理，设置教学为主型、教学科研并重型、科研为主型和研究型四类。实体研究机构的专职科研人员可选择研究型。学院可根据教师个人意愿，按照不同岗位类别的标准对教师岗位类别进行认定，教学科研并重型的教师人数不低于参加评价人数的50%。

三、基本工作量的要求

全校专任教师均须承担基本工作量。基本工作量由教学工作量、科研工作量和公共事务工作量三部分组成。实体研究机构的专职科研人员基本工作量由科研工作量和公共事务工作量两部分组成。

教学工作量以当量课时为单位进行核算。当量课时包含本科生和研究生教学当量课时，涵盖理论教学、实践教学等各个环节。教学工作量核算办法见附件1、3、5。

科研工作量以业绩点为单位进行核算。业绩点是对科研工作的具体量化，涵盖科学研究、教学研究。科研工作量核算办法见附件2、4、5、6、7。

公共事务工作量以工作时为单位进行核算。公共事务工作是指关系到学校、学院发展的工作，涵盖与教学、科研、管理等相关的服务工作。公共事务工作量核算办法见附件8。

学校对教师年度基本工作量要求提出指导性标准，具体见下表：

1. 专任教师可根据自身实际情况，选择当年岗位类别，学院根据教师选定岗位类别进行认定和评价。

2. 专任教师每学年至少独立承担一门本科生课程，且不少于32课时(2个学分)。初级职称专任教师每学期听课不少于30课时。

3. 专任教师承担的教学和科研工作量超出表中要求的部分，可以按照表中相应岗位级别的冲抵比例X(X＝“教学科研并重型”教学当量课时/“教学科研并重型”科研业绩点)冲抵教学和科研工作量。

(1) 45周岁及以下专任教师(不含公共课教师)可用科研工作量冲抵教学工作量，但不可用教学工作量冲抵科研工作量。冲抵比例：1个科研业绩点＝X个教学当量课时，原则上最多只能冲抵教学工作量的1/2。

(2) 公共课教师、45周岁以上专业课教师可以按1个科研业绩点＝X个教学当量课时进行相互冲抵折算。

4. 具有副高及以下职称的55周岁(中级职称女教师可以放宽至50周岁)及以上的专任教师，可以申请其科研业绩点要求为上表中相应标准的1/2，但须承担指导青年教师及学院分配的其他任务，并不少于科研业绩点1/2相等量工作量。

四、基本工作量的减免

(一) 各学院从事教学科研工作并担任正处级领导职务人员，可以补贴其应完成教学科研并重型教学工作量标准的1/2；各学院从事教学科研工作并担任副处级领导职务人员，可以补贴其应完成教学科研并重型教学工作量标准的1/3。

(二) 专任教师在经过批准的时间内攻读学位、国内进修学习，第一学年可以补贴其相应的教学工作量，具体为：在本校攻读学位的补贴标准教学工作量的1/2，在外校攻读学位、进修学习的补贴标准教学工作量的2/3；第二学年起，应正常承担规定教学工作量。

(三) 参加各类公派出国进修、赴国外攻读学位的专任教师在经过批准的进修时间内不设教学工作量和公共事务工作量要求，回国报到后应正常承担工作量。

(四) 新进中级及以下专业技术职务的专任教师当年可不设基本工作量

要求，以听课或科研为主。

（五）新引进高级专业技术职务的专任教师、新转入教学科研岗位的专任教师当年基本工作量按引进（转入）后的月份进行折算考核。

（六）新晋升专业技术职务人员当年按原专业技术职务规定的基本工作量计算要求考核。

（七）女教师法定产假期间不设基本工作量要求。

（八）上半年办理退休手续的教师，上一年基本工作量减半要求；下半年办理退休手续的教师当年基本工作量由学院根据实际情况考核。

（九）经批准参加省帮扶工作队、科技镇长团等挂职锻炼（或上级借用）的专任教师，挂职（借用）期间不设基本工作量要求。

五、年度评价与聘期考核

教师基本工作量完成情况采取年度评价与聘期考核相结合的办法进行。

（一）年度评价

学院成立教师基本工作量年度评价领导小组及工作组。专任教师的年度评价由各学院对照基本工作量要求自行组织实施，评价结果作为教师奖励性绩效（职责绩效＋业绩绩效）发放及教师年度考核的重要依据。

完成基本工作量要求的教师全额发放职责绩效，未达到基本工作量要求的教师按完成部分（教学工作量、科研工作量、公共事务工作量）的比例发放相应的职责绩效，学院将扣减职责绩效的情况公示后报人事处，由人事处审核后将扣减的职责绩效返回至学院，由学院进行二次分配。

教师完成基本工作量要求，超额部分的工作量可作为学院业绩绩效分配的依据。原则上，专任教师未完成年度基本工作量要求的，不得参加业绩绩效分配。

（二）聘期考核

1. 学校教学科研岗位的聘期为3年。聘期考核由各学院根据学校的安排组织实施。

2. 考核结果分为合格、基本合格、不合格3个等级，具体要求如下：

合格：聘期内教学、科研、公共事务三项工作量均达到上表中年度基本要求3倍标准。

基本合格：聘期内教学、科研、公共事务三项工作量中有两项达到上表中年度基本要求3倍标准，另一项达到上表中年度基本要求3倍标准的60%及以上。

不合格：未达到聘期内基本合格标准。

3. 考核程序：

（1）个人总结，自我评价并核算工作量、申报考核等次，并按规定填报相关表格；

（2）学院成立教师基本工作量聘期考核领导小组及工作组。学院汇总并审核教师申报材料并形成考核结论，并将工作量统计情况及考核结论在学院公示，公示期满无异议后将考核结果报送人事处。人事处汇总全校教师考核结果，并报学校审定。经审定后的考核结果反馈到各学院。

六、其他

（一）基本工作量要求是基于学校发展的历史与现状提出的指导性标准，将随着学校事业发展进行调整。

（二）各学院应根据本单位教师队伍的实际情况，结合学科特点与发展目标，在统筹安排各项工作任务的基础上，按不低于学校规定的基本工作量指导性标准，制定本单位教师的额定工作量要求与绩效考核办法。学院制定的相关规定经学校审核后实施。涉及顶尖成果的奖励由学校负责补贴。

（三）各学院在制定本学院基本工作量要求时，还应将继续教育学生、留学生、独立学院学生等其他教学工作和学生管理工作考虑在内。临床医学、临床兽医学、体育、艺术、烹饪等实践操作性较强学科的工作量核算办法，由相关学院参照学校宏观指导性意见自行确定。

（四）特殊人才按聘用合同管理；学科特区成员按相关考核办法另行考核；学院还可拟定年度评价与聘期考核免考教师人员名单并报学校审批。

（五）学院除专任教师以外的其他教辅岗位的专业技术人员的基本工作量要求参照本规定执行，具体办法由学院制定。

（六）本规定自公布之日起施行。

（七）本规定由教务处、研究生院、学科建设办公室、科学技术处、人文社科处、人事处负责解释。

×大学辅导员职务职级双线晋升实施办法

第一章　总　　则

第一条　为全面贯彻全国全省高校思想政治工作会议精神，切实加强辅导员队伍专业化职业化建设，根据教育部、省教育厅辅导员队伍建设有关文件精神和《中共×大学委员会　×大学关于加强和改进新形势下思想政治工作的实施意见》，结合学校实际，制定本办法。

第二条　本办法适用于全校专职辅导员，包括学院党委副书记、学工办主任、团委书记等专职工作人员。

第三条　辅导员职务职级双线晋升工作的总体要求是明确专职辅导员教师与管理干部的双重身份，实行辅导员专业技术职务与岗位职级的双线晋升，保证辅导员工作有条件，干事有平台，待遇有保障，发展有空间，进一步激发辅导员在人才培养工作中的积极性和创造性，更好地围绕学生、关照学生、服务学生，为推进高水平研究型大学建设提供重要支撑和保障力量。

第二章　岗位设置

第四条　辅导员既可以按照职称评定标准评聘学生思想政治教育学科或其他相关学科专业技术职务，也可以同时根据工作年限和实际表现聘任相应的岗位职级。

第五条　辅导员岗位职级设一级、二级、三级、四级、五级，对应享受五级、六级、七级、八级、九级管理岗位待遇。

第六条　辅导员专业技术职务设专业技术三至十二级，其中专业技术三级、四级是正高级，专业技术五级、六级、七级是副高级，专业技术八级、九级、十级是中级，专业技术十一级、十二级是初级。

第七条　辅导员岗位结构比例按照《×大学岗位设置与聘用暂行办法》执行。

第三章　岗位职级聘任条件

第八条　辅导员岗位职级聘任的基本要求为爱国守法，敬业爱生，育人为本，终身学习，为人师表。有下列情况之一者，不得参加当年度辅导员岗位职级聘任：

1. 近3年教职工年度考核或辅导员工作考核等级有基本合格或不合格。

2. 因疏于教育引导以致学生严重违纪影响恶劣者，或无正当理由未能及时到达突发事件发生现场并妥善处理者。

3. 在学生评奖评优、申贷助学、就业指导等学生教育管理工作中弄虚作假者。

4. 包庇学生违纪行为，对学生错误行为放任不管，教唆或怂恿学生违纪造成不良影响者。

5. 有其他师德失范行为或未完成学校、学院规定的辅导员工作要求者。

第九条　五级辅导员聘任条件：

1. 认真履行辅导员工作职责。

2. 试用期考核及辅导员工作考核合格。

第十条　四级辅导员聘任条件：

1. 担任辅导员满2年，符合科级干部聘任基本条件。

2. 积极履行辅导员工作职责，并取得成效。

3. 有明确的学科归属、研究方向、职业发展路径，积极参加学校组织的各项培训，完成相应的年度培训任务。

4. 任现职期间，教职工年度考核、辅导员工作考核均为良好以上。

第十一条　三级辅导员聘任条件：

1. 在四级辅导员岗位上工作满3年或在辅导员岗位上累计工作满8年，符合科级干部聘任基本条件，且每年学生测评满意度不低于90%。

2. 把握思想政治教育规律和大学生成长规律，善于结合学生的成长特点和思想实际，深入细致地做好学生思想教育工作，促进学生全面发展。

3. 具备心理咨询师、职业指导师、生涯规划师或创业指导师等资质，创新开展辅导员工作并取得成效。

4. 结合学科归属与工作实际，积极开展理论研究，并取得成果。

5. 任现职期间，教职工年度考核、辅导员工作考核均为良好以上，且至少获得1次优秀。

第十二条　聘任二级辅导员，须在任现职期间符合下列1～8项基本条件，并符合9～12项中的任意一项：

1. 满足中共中央《党政领导干部选拔任用工作条例》、×大学《处级领导干部选拔任用工作实施办法》等基本条件。

2. 在三级辅导员岗位上工作满3年或在辅导员岗位上累计工作满15年，且每年学生测评满意度不低于90%。

3. 热爱并熟悉学生思想政治工作，有较高的政策水平和丰富的实践经验，工作思路清晰，富有成效。

4. 具备较强的业务研究能力，主持完成的辅导员工作精品项目获得校级以上表彰。

5. 至少获得1次校级“辅导员年度人物”或“最受学生欢迎的辅导员”等荣誉称号。

6. 任现职期间，教职工年度考核、辅导员工作考核均为良好以上，且至少获得1次优秀。

7. 承担一定量的形势政策教育、心理健康教育、创业就业指导、军事理论课、党团课等第一、第二课堂的教学工作，反映良好。

8. 具有指导四、五级辅导员开展工作的能力，积极参与组织学校辅导员培训工作并担任专题主讲人，反映良好。

9. 具体负责的工作、所指导的班级(学生组织)获得省教育厅、团省委等表彰不少于2次。

10. 荣获全省辅导员年度人物评选活动提名奖以上、省级优秀共产党员、省级优秀党务工作者等。

11. 荣获全国辅导员年度人物评选活动入围奖以上。

12. 荣获辅导员职业能力大赛省级一等奖以上。

第十三条 申报一级辅导员，须在任现职期间符合下列1～8项基本条件，并符合9～12项中的任意一项：

1. 满足中共中央《党政领导干部选拔任用工作条例》、×大学《处级领导干部选拔任用工作实施办法》等基本条件。

2. 在二级辅导员岗位上工作满3年或在辅导员岗位上累计工作满20年，且每年学生测评满意度不低于90%。

3. 对学生的思想政治教育和管理工作有较深入的研究，长期在辅导员岗位上服务奉献，工作实绩突出，成效显著。

4. 在学生思想政治工作研究与实践方面作出贡献，总结凝练的工作经验在校内推广。

5. 至少获得1次校级“辅导员年度人物”或“最受学生欢迎的辅导员”等荣誉称号。

6. 任现职期间，教职工年度考核、辅导员工作考核均为良好以上，且至少获得1次优秀。

7. 承担一定量的形势政策教育、心理健康教育、创业就业指导、军事理论课、党团课等第一、第二课堂的教学工作，反映良好。

8. 具有指导三、四、五级辅导员开展工作的能力，在校内外辅导员培训工作中担任专题主讲人，反映良好。

9. 具体负责的工作、所指导的班级（学生组织）获得教育部、团中央等表彰。

10. 荣获全国优秀共产党员、全国优秀党务工作者等。

11. 荣获全国辅导员年度人物评选活动提名奖以上。

12. 荣获辅导员职业能力大赛华东赛区一等奖以上。

第十四条　在学生思想政治工作方面有突出贡献者，可优先聘任。

第四章　专业技术职务评聘条件

第十五条　辅导员评聘专业技术职务突出其从事辅导员工作的特点，坚持工作业绩、育人实效和科研成果相结合的原则，对于中级及以下职务侧重考察工作实绩。

第十六条　辅导员评聘专业技术职务相关条件，按照《×大学学生思想政治教育高、中级专业技术职务资格条件》执行。

第十七条　经认定，相关科研成果有重大学术价值者，可优先评聘。

第五章　组织管理

第十八条　学校成立辅导员岗位职级聘任工作领导小组，由学校分管领导和党委办公室、校长办公室、党委组织部、人事处、学生工作部（处）、研究生工作部、团委等职能部门负责人组成，负责指导全校辅导员岗位职级聘任工作，研究职级聘任工作中的相关问题。三级及以下辅导员岗位职级的聘任由人事处、学生工作部（处）共同组织，并报校人才工作领导小组批准；二级及以上辅导员岗位职级的聘任由党委组织部、人事处、学生工作部（处）共同组织，经校人才工作领导小组审议后，报校党委常委会批准。

第十九条　三级及以下级别辅导员岗位职级聘任工作每年进行一次，学校根据岗位职数和实际工作需要，确定各级辅导员职级聘任职数。由辅导员本人填写相关表格，经所在学院组织测评并签署推荐意见后报人事处；二级及以上级别辅导员岗位职级聘任工作每3年进行一次，由辅导员本人填写相关表格，经所在学院组织初评并签署推荐意见后报党委组织部。

第二十条　专业技术职务评聘工作由人事处组织开展。辅导员专业技术职务评聘单列计划、单设标准、单独评审。

第二十一条 强化聘期管理，对受聘各岗位职级和专业技术职务的辅导员进行客观、公正、科学、规范的评价，采取年度考核与聘期考核相结合的方式进行履职考核，考核结果作为解聘、低聘、缓聘、续聘以及晋升的依据，在岗位聘用中实现辅导员职务职级能上能下。

第六章 工作程序

第二十二条 岗位职级聘任程序如下：

1. 个人申请。拟应聘相应岗位职级的辅导员提出书面申请，按要求提交有关材料。

2. 学院推荐。所在学院初审申报资格及材料，对申报四级及以上职级辅导员者，须经学院内部测评、党政联席会议研究确定、组织填写推荐意见、学院党委审核盖章后，将相关材料报送学校相关职能部门。

3. 资格审核、评审、考察。组织、人事部门对申报人员进行材料核实和资格审查，召开评审会议，评审通过三～五级辅导员拟聘任人员，集中组织一级、二级辅导员申报者进行述职和民主测评，研究确定一级、二级辅导员考察对象，发布考察预告，组织考察。

4. 研究决定。学校根据有关程序对聘任方案集体研究决定。

5. 公示。评审结果在全校范围内公示，时间不少于5个工作日。

6. 聘任上岗。公示无异议后公布评审结果，学校按照有关规定办理聘任手续。

第二十三条 专业技术职务评聘程序按照《×大学专业技术职务评聘工作办法（试行）》和《×大学岗位设置与聘用暂行办法》相关规定执行。

第七章 相关政策

第二十四条 辅导员待遇在受聘管理岗位、专业技术岗位、岗位职级三者之间，按照最高标准计算。

第二十五条 辅导员首次申报岗位职级，按现任职务参照相关要求直接认定；转出辅导员岗位可保留相应职级；学校其他岗位转入辅导员队伍工作满一年，可根据原有岗位级别直接聘任相应职级辅导员。

第二十六条 学校进行党政管理岗位聘任工作时，对于学院党委副书记、学工办主任、团委书记等专职辅导员岗位，优先聘任相应职级的辅导员。

第八章　附　则

第二十七条　长期连续在学生工作部门工作的管理人员，根据考核情况，可参照本办法执行。

第二十八条　本办法由人事处、党委组织部、学生工作部（处）负责解释。

第二十九条　本办法自印发之日起施行。

×大学公开招聘工作人员流程图

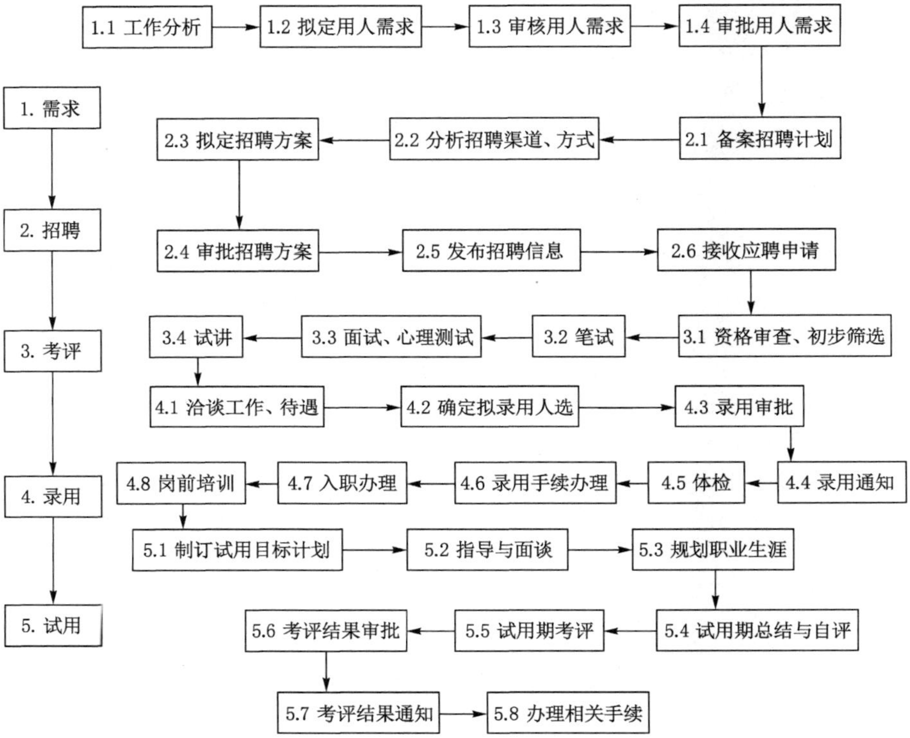

×大学机构设置、岗位设置流程图

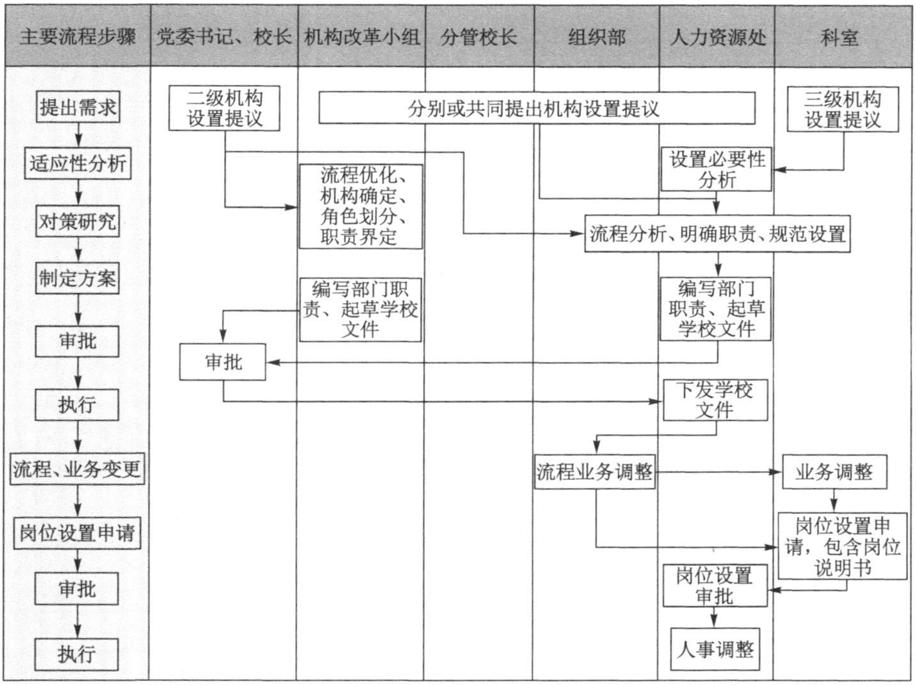

×大学人力资源年度工作管理流程图

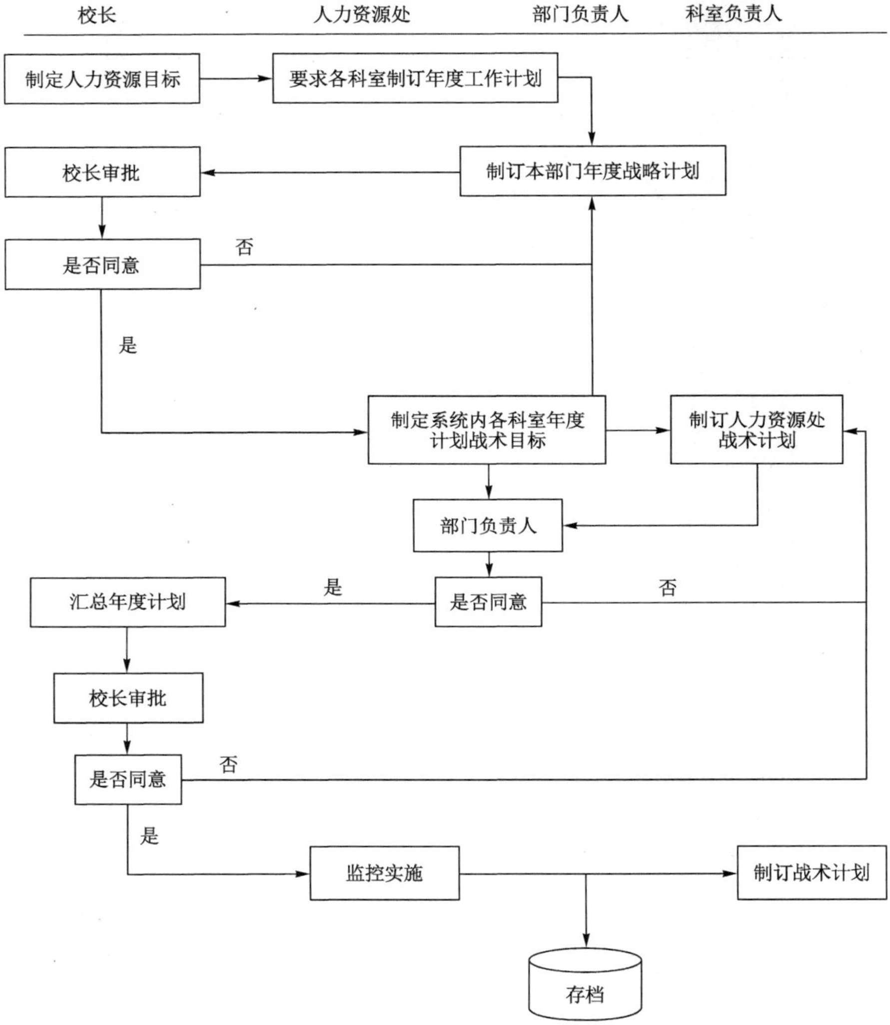